人生宜保

——险在哪？有多险？怎么办？

■ 聂方义 著

中国金融出版社

责任编辑：张哲强

责任校对：李俊英

责任印制：丁淮宾

图书在版编目（CIP）数据

人生宜保（Rensheng Yibao）：险在哪？有多险？怎么办？/聂方义著.
—北京：中国金融出版社，2015.1

ISBN 978 – 7 – 5049 – 7409 – 9

Ⅰ.①人…　Ⅱ.①聂…　Ⅲ.①保险—基本知识　Ⅳ.①F84

中国版本图书馆CIP数据核字（2014）第249375号

出版

发行　中国金融出版社

社址　北京市丰台区益泽路2号
市场开发部　（010）63266347，63805472，63439533（传真）
网 上 书 店　http://www.chinafph.com
　　　　　　（010）63286832，63365686（传真）
读者服务部　（010）66070833，62568380
邮编　100071
经销　新华书店
印刷　天津市银博印刷集团有限公司
尺寸　148毫米×210毫米
印张　11.375
字数　290千
版次　2015年1月第1版
印次　2015年1月第1次印刷
定价　58.00元
ISBN 978 – 7 – 5049 – 7409 – 9/F. 6969
如出现印装错误本社负责调换　联系电话（010）63263947

保险是现代人守卫自我尊严的底线，也是爱护生命、保护家庭的有效途径。随着中国人均GDP超过7000美元，保险也将越来越多、越来越快地走进大众家庭。但对社会大众而言，人生的风险在哪？有多大？如何规避？这些问题了解起来颇有难度，却亟需答案。

聂方义先生的这本书正由此而生。它没有艰涩难懂的理论，也没有言辞冰冷的说教，而是从发生在身边的一个个鲜活的真实故事入手，条分缕析人生在世四处潜伏的种种危机和风险，再以专业的视角，深入分析风险的大小和影响，并结合相关的保险产品，针对性地给出可操作的、结构化的具体建议。全书既有数据和图表的专业分析，又深入浅出，通俗易懂，且在字里行间充满着令人触动的人文关怀。可以说既是一本增长知识、充满阅读趣味的轻松读物，也是一本可以置于案头、时时翻阅备用的工具书。正如作者所言，这本书虽然不能完全解决你的有关风险与保障的所有问题，却一定可以帮助你找到最终的答案。

马蔚华

编者按：马蔚华先生现任香港永隆银行董事长，中国金融学会常务理事，曾任招商银行执行董事、行长，招商信诺、招商基金董事长。

对于大多数人而言，意识到"为什么要买人寿保险"这件事情，已经难能可贵；而接下来想自主地从琳琅满目，花样繁多的保险产品中，"搞清楚买什么保险"这件事情，则是勉为其难了；现实生活中，除了保险产品本身复杂的因素外，人们通常还缺乏对保险行业和从业人员的信任和热情，因此"买什么保险"这件事情的结果往往就成了"没买"或是"买错"，而要知道怎么做通常也变得最难讲得清楚的了。

本书以对家庭的爱与责任为本，看重生，看清死，从知晓知止，算计应对的步骤，指引风险和保险产品之间相对应关系，深入浅出，温情而理性地来应对人生中所遇之各种风险。书中对于三大风险之"死得早"的风险，指出了规划该类风险的根本是以保障本身的额度来覆盖死亡风险保障的缺口（GAP），因此提醒人们多考虑简单可负担得起的消费型定期寿险；而三大风险中之另一"活太长"的风险，是为要满足人们"老不死"时的各种财务所需，而推荐复杂型的万能年金产品。如此格物致知，化繁为简，对于我们做保险产品的开发和规划时都非常有启发。

所幸本书虽有很多专业精算的角度，但却是一本人人都能读懂的书。与其说它是在为有兴趣购买保险的潜客户而写，不如说是它是为所有人——每个在生命中都会遇到生老病死、失业创业、投资失败、货币贬值风险的人而写。

孙 勇

编者按：孙勇先生现任招商信诺人寿保险有限公司总经理

这本书将帮助读者认识众多种类的人生风险，理解如何通过有效的风险管理以降低该等风险所带来的负面财务影响。此书优胜处在于弃用艰深的专业保险词汇及复杂的精算理论，相反，作者聂方义先生采用浅显易懂的语言详述诸多个人与家庭风险管理的方法，细读之，读者一定能获益良多，明了人生风险的所在及其影响，掌握人生风险的对策。

保险行业在中国于过去的二十多年间发展迅猛，但相比其他欧美市场目前仍处于发展中的阶段。我相信这本书一定会提升社会人士的风险管理意识和对保险功用的认同，进而好好善用保险为自己和家人提供更好的保障，继而无后顾之忧地向理想进发，安心享受人生。

陈汝浩

编者按：陈汝浩先生现任富卫人寿保险（百慕达）有限公司首席市场总监，曾任香港永明金融有限公司个人业务副总裁、中国太平洋人寿保险股份有限公司总精算师、信诺环球人寿保险有限公司（香港分公司）首席财务总监。陈汝浩先生是北美精算师协会会员、加大拿精算师协会会员，并为中国及中国香港合资格精算师。

中国经济奇迹的洪流裹挟着保险行业滚滚前行，在过去的二十几年，中国保险行业所取得的成绩有目共睹。

在这样的时刻，我读到这本书稿，很快便被它的内容吸引，它确实拥有极强的可读性与实践意义。作为一名精算师与金融分析师，作者用理性的思维与大量的客观数据论述了日常生活中所面临的种种不确定性风险，解释各类保险产品背后的层层逻辑。作为一名有着坚实理论基础和丰富保险从业经验的专业人士，作者不吝于从个人经历出发，深入浅出地传授风险管理与保险保障的知识，分享所学所感，并不旨在提供答案，更在于引人思索，重新审视与理解保险。

我衷心祝愿这本书的出版能为保险意识在中国大地上的传播助力；祝愿所有读者都能在阅读中有所获益，有所思考；祝愿大家都能拥有"更加安全，更加健康，更有保障，更加自由"的人生！

钟家富

编者按：钟家富（Garth Jones）先生现任友邦保险控股有限公司（AIA Group Limited）首席财务总监（CFO），曾任中国太平洋人寿保险股份有限公司常务副总裁，并曾在英国保诚集团和瑞士再保险公司的亚洲业务中担任多个高级管理职务。钟家富先生是英国精算师协会会员。

本书有两点非常值得推荐的地方：一是有着大量事实数据和图表，作者聂方义先生是一名有着实战经验的保险精算师和金融分析师，所以本书他发挥自身优势，列举了大量读者平时很难看到、角度很新的专业数据和图表，使得所述观点更为客观、理性，读者能够一目了然；二是观点来源于真实生活，作者聂先生有着丰富多元的人生阅历，在美国、中国香港、上海都长期生活和学习过，本书从他身边发生的一个个真实小故事开始，带着真挚的感情和人性温度，与大家娓娓道来，倾心诉说，为我们献上一个更加安全、健康、保障、自由的从容人生。

徐敬惠

编者按：徐敬惠先生现任中国太平洋人寿保险股份有限公司董事长、总经理，长江养老保险股份有限公司董事长。

献给妈妈

2005年初夏作者与母亲摄于美国优胜美地国家公园

致　谢

　　我爱读书思考，写书出书却是头一遭。小半年写书、大半年出书的历程里，我逐步认识到：写书是一个人独自在纸上进行的系统思考，出书却是一群人协作着竭诚为读者服务。对比着最初投递给出版社的书稿和最终拿在手中的样书，我心里充满感恩之情。

　　我首先要感谢先后为此书作序的金文洪先生和丁当先生。两位中国保险业的创业元老共同为这本小书作序，让我既感动又感激。

　　让我同样感动和感激的还有慷慨地为此书背书增信、不吝推荐的各位业界领袖（以姓氏笔画为序）：马蔚华先生，孙勇先生，陈汝浩先生，钟家富（Garth Jones）先生，徐敬惠先生。

　　各位推荐人及时的反馈与暖心的勉励消除了我创作过程中的忐忑，让我深深感动、衷心感激的不仅仅是他们同意推荐，更是他们对我写书推广保险和保障这一目标的认同和赞许。与其说各位推荐人是帮助我推广这本书，不如说他们推广的就是保险和保障本身。

　　对于各位推荐人的关怀勉励和慷慨推荐，我谨致谢忱！同时，我谨声明，书中疏漏谬误难免，一切责任皆在于我，与各位推荐人毫无相关。

　　此书的出版发行亦受到了马明哲先生的关心和指导，对于马明哲先生的帮助我同样心存感激、心怀感恩。

我还要感谢几位直接为此书的出版发行花费了不少时间精力的师长和好友。感谢本书的责任编辑、中国金融出版社编辑部主任张哲强先生，从确定书名、审阅文稿到推广发行，张先生为此书花费了巨大心力；感谢同为北美精算师的张佳楠女士和王海岭先生伉俪帮忙校验了我为书中相关章节所建立的精算模型和测算的风险事件概率，以免我在无意间误导了读者；感谢我的小学同学、美术老师陈欣女士为此书创作了不少图画，使得这本书更加亲近读者。

我同时感谢诸多或帮助我审阅修改书稿、或给予我温暖鼓励、或为我写书出书出谋划策、提供帮助的朋友和国内金融保险业同仁（以姓氏笔画为序）：王胜先生，王大伟先生，石磊先生，许菁女士，刘渠先生，刘振中先生，李敬先生，陈音子女士，汪海龙先生，汪健兵先生，周可达先生，周燕芳女士，赵永刚先生，钱慧女士，徐万才先生，崔静女士，康凯先生，曹杰萍女士，路趯女士，以及其他一些我并不知道姓名但是也审阅了书稿的同仁。

回望出书的大半年时间中我所得到的方方面面的帮助，我真切地感受到，出书是一群人协作着竭诚为读者服务。借用丁当先生的话，我诚挚感谢以上各位的"大爱"情怀，谢谢您的慷慨帮助，与我携手推广保险和保障。

写书、出书虽不过一年时间，前期准备却真是"十年磨一剑"。因此，此书能得以问世，我还要感谢在我的学术、职业和人生道路上给予我关怀指导和莫大帮助的各位师长、领导、兄弟和家人。

我要感谢我大学本科时期的导师、上海交通大学金融系教授胡海鸥博士。没有胡教授长期激励我独立思考，鞭策我写作立言、为社会而读书，我根本就没有可能写出这本书。

我要感谢我在太平洋寿险工作期间的老领导金文洪董事长和徐敬惠董事长。自我大学毕业后，金董事长在我职业生涯的每一个关键节点上都给予了莫大的关怀、指导和帮助。徐敬惠董事长也同样给予了我许多关怀和机会；徐董事长"多用数字说话、多用事实说话"的工作要求更是直接塑造了我的工作态度、直接影响了这本书的结构和内容。

我要感谢中德安联人寿执行董事兼首席执行官陈良先生。没有陈良先生当年指引、举荐我到美国天普大学读书，我就不会踏上留学、精算之路。

　　我要感谢我在美国攻读精算科学硕士时期的导师Michael R. Powers博士和Jatinder S.Mehta博士。两位教授不仅教导我攻读精算科学，还为我在美国继续求职和求学提供了诸多帮助，让当年身在异国他乡的我备感温暖、深受感动。

　　我要感谢长期关心我的长辈李容根先生，对于您的关爱与托举之情，我深深感恩。

　　我要感谢今朝、庆峰、孙骏、学源兄弟在我求学路上的支持和对我的深情厚谊，没有你们的相知相伴，人生会少了多少乐趣？

　　我还要感谢我的兄长聂方明、聂方宏对我的爱护和教导，从小到大，我一直都以你们为榜样。

　　最后，我还要感谢我所有的家人。没有家，哪有我？千言万语化作一句：我爱你们。

序言一

国务院在2014年8月发布《国务院关于加快发展现代保险服务业的若干意见》，其中提到要"提升全社会保险意识。发挥新闻媒体的正面宣传和引导作用，鼓励广播电视、平面媒体及互联网等开办专门的保险频道或节目栏目，在全社会形成学保险、懂保险、用保险的氛围"。

你手中的这本书就是一本能真正帮助你系统地"学保险、懂保险、用保险"的读本；更准确地说，这是一本完全从广大读者的角度出发、能够帮助读者"知风险、懂保障、得宜保"的佳作。

无论是普惠或者救助性质的社会保险保障，还是品类繁多的商业保险产品，都是管理人生风险、为人生保驾护航的一种有效工具。"学保险"，首先就要"知风险"。只有在充分了解人生所面临的种种风险和对应的保障需求之后，才能够真正地理解保险的功用和意义，进而善用保险这个工具为实现我们的人生目标服务。这本著作在深入浅出地介绍个人和家庭可能遇到的种种重大风险的基础之上，就如何应对人生风险提出了诸多具有高度可行性的建议，并且从风险管理的源头出发，通俗易懂地逐一介绍了几乎所有类型的人寿、健康和养老保险产品。根据我个人的观察，在全球范围内，这都是一本不可多得的向广大老百姓推广、宣传和普及个人和家庭风险管理以及保险保障基础知识的优秀著作。

因此，当这本书的作者聂方义在2014年7月将书稿寄给我、请我为之作序的时候，我欣然同意。对于作者能够创作出这样一本著作，我既感到十分高兴，又觉得是水到渠成。

在我和作者共事的四五年间以及十多年来的持续交往过程中，我看到作者一路成长、不断进步，通过长期不懈的努力不但深入掌握了保险业的核心精算技术，而且在投资、风险管理、资产负债管理乃至公司战略等各个方面都打下了深厚的专业基础，在保险领域逐步成长为一个知识结构完整、学贯中西的专家。

相对于其专业知识和能力而言，更加难能可贵的是，作者对社会实践的高度重视和学以致用的务实精神。从上海到美国再到中国香港，从保险精算咨询公司再到各类型的保险公司，作者在不断拓展自身能力和视野的同时，始终将保险作为一个社会事业进行研究，深切关注社会各阶层的风险所在和保险需求，积极思考如何能够更好地学以致用，为推动保险业尤其是中国的保险业向前发展出一份力，促进保险事业更好地服务大众、服务社会。

因有其人，故有其书。就我看来，这本面向大众介绍风险、保险知识的著作既有理论又很通俗，既有哲理又有故事，既有精算科学又有人文情怀，既有专业深度又有人性温度。作者匠心独运、条分缕析、旁征博引，著作既可提高风险、保险知识的可获得性，又可提升风险、保险知识的易传播度，为解决当前中国广大消费者和保险业之间严重的信息不对称问题提供了一个很好的答案。

对于广大的人民群众和保险消费者而言，我相信这是一本浅显易懂、能让人读得下去、读后让人反思、促人行动的书。

对于广大的保险从业人员而言，我相信这本书也极具参考价值，能够提供很多专业人士需要但是很少有人能够系统地进行梳理和总结的、有关风险管理和保险保障的知识和思想。

正如《国务院关于加快发展现代保险服务业的若干意见》中所指出的，改革开放以来，中国的保险业快速发展，但是目前"仍处于发展的初级阶段，不能适应全面深化改革和经济社会发展的需要"。这具体体现在中国的保险业目前还没有紧紧跟上整体社会经济发展的步伐，还没有完全满足人民群众日益增长的风险规避和保险保障需求，还没有最大程度地为推动社会文明进步和提高人民生活质量作出应有的贡献。

加快发展中国的保险业，最终还是要以人为本、以客户为中心，一方面，需要着力提升广大人民群众对各种风险的认知以及对保险的功用和价值的认同；另一方面，需要着力开发能够真正满足广大消费者真实保险需求、具有真切保障利益的保险产品。希望这本著作能够促进全社会保险意识的提升；希望这本著作能够协助保险从业者开发出更多更好的保险产品；希望广大读者和人民群众能够早得"宜保"，为自己和家庭提供充足而适宜的人生保障。

金文洪

2014年11月10日

（编者按：金文洪先生曾任中国保险行业协会副会长和
中国太平洋人寿保险股份有限公司董事长、总经理）

序言二

保险，最高境界的善

　　1993年，我入职平安的第一次"因公出差"，是奉命为公司第一所希望小学选址。跑遍了大半个安徽省后，我们最终决定在六安市顺河镇捐建。1994年，首所平安希望小学在这里拔地而起。作为一个事件，当时办公室的同事们普遍认为这是平安的商业活动，打算好好策划，在媒体宣传曝光。时任公司董事长的马明哲先生拒绝了办公室的提议，说"有违慈善的初衷"。我们精心准备的传播计划自然就搁置了。长久以来，这件事情带给我很大震撼，促使我深入思考人寿保险的真意。

　　之后，我开始了二十余年的企业管理生涯。在这个过程中，我逐渐发觉，保险本质是一种高境界的慈善。众所周之，保险是通过保单这种契约形式，把多数人的资金筹集起来，互济互助，共同消弭个体对生、老、病、死和天灾人祸的惶恐和无措，帮助更多的人感受生命的尊严与爱的责任，其本质体现的是一种"救济"与"补偿"，蕴含着公益因子与慈善精神。我甚至认为，世界上的商业机构里，恐怕只有人寿保险公司与慈善有如此直接的关联！

　　卖保险、买保险，都是经济行为。但为什么卖，为什么买，理由却有万万千。境界恰恰蕴含在这些理由里。在我看来，保险销售或购买是分几种境界的。最浅显的境界是"为我所用型"，这种境界下，买卖保险不从人的角度考虑，只是单纯算计回报。曾经，中短期理财型产品一度热销，而真正能起到保障作用的产品不那么受欢迎，那是因为这种想法成为了主流。第二种境界是"为亲所用型"，认为保险是一种爱，买卖保险是一种责任与担当，体现晚辈对长辈、父母对子女的呵护，体现保险公司对客户危机时刻的救济。所以，有了这个认识的客户，购买保险时，会倾向于购买能照顾自己和家人的保障型产品。如果从佛法讲，这种境界算"小乘"，目标是想用保险救度自己和家人。第三种境界，我认为其属于"大乘"境界。大乘者，既有能力救度自己，也有力量和智慧救度他人。这种境界就是"为人所用型"，认为买卖保险是一种"捐助"，为他人所用，视买保险为"积德行善"。我以捐助的心态购买保险，如果终生都没有因为灾祸疾病理赔，说明行善的福报体现出来了。因为缴纳的保险费用一定会帮助那些需要资金的，而且不知姓名的人，或者是一个襁褓里的婴儿，或者是一个风华正茂的青年人，或者是需要药物延续生命的老人。这种最高境界的"善"不刻意，不着相，用现在话讲，是"做好事不留名"，福报最深厚。

我当然希望保险的销售者们、需求者们能有这样的认识，期望大家从内心认同。如此，每个人买卖保险，都可以看成是一种慈善，一种布施——买保险、卖保险都是把这种获得"福报"的机会送到千家万户。有了这种认识，作为买保险的人，心安理得，痛痛快快；作为卖保险的，为工作注入意义，在工作中寻觅到内心信仰。

一家企业依靠冰冷的制度不足以迈向伟大，还必须拥有真正的灵魂，拥有醇厚的企业情怀。保险的本质是"慈善"，保险文化就是"慈善文化"，保险人及保险企业理应具有"大爱"情怀——或许这是马明哲董事长当年举动的初衷。

现在，摆在我案头的这部书，聂方义先生将通过它向万千读者旁征博引、深入浅出地分析人生风险，提供保障方案，我想，这何尝不是情怀与慈善之举，不是保险人当行之道？但愿读者能从书中获益，体会保险为生命撑起的尊严，为内心带来的安宁。

　　"一切恐怖，为作大安"，保险和保险人如果循善而行，完全是可以承担起这样的伟大使命！

　　　　　　　中国平安人寿保险股份有限公司董事长兼CEO　丁当
　　　　　　　2015年1月8日

目　录

引 言

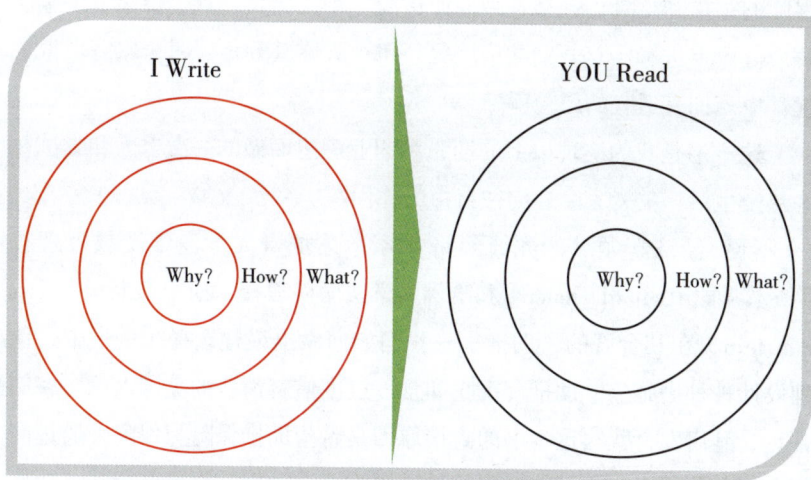

图解：受西蒙·西奈克（Simon Sinek）先生推广的"黄金圈"（Golden Circle）概念启发[1]，这篇引言旨在回答我写这本书、你读这本书的"关键三问"。

1. 我为什么要写这本书（Why）？你为什么要读这本书（Why）？

2. 这本书是如何组织的（How）？这本书有些什么内容（What）？

3. 你可以如何读这本书（How）？读完你将会得到什么（What）？

为什么写（Why）——我的期盼与理想：助推保险与保障

我期盼一个更加安全、更加健康、更有保障、更加自由的世界。

以此为念，作为一名精算师和金融分析师，我致力于推广保险、储蓄和投资相关的知识，利用我的所学所能，让更多的人和家庭能够更加容易地得到更加适宜的人身和财务保障，更早地享有更大程度的人身和财务上的自由。简言之，我的职业理想之一就是"精算人生，民享宜保，民享自由"。

"宜保"有两层含义，既指你应当拥有风险保障，又指适合于你的具体风险、具体需求和具体情况，在你的支付能力之内，切实解决你的具体风险保障问题的最佳方案。"宜保"中"保"指的是各种各样风险保障的举措和工具，包括各种商业保险、个人储蓄、社会保险、安全防护、健康促进和医疗救助的措施等。每个人终其一生、每个家庭世世代代都应当拥有适宜的风险保障。

这本书是我为实现以上的期盼和职业理想而做的一次努力和尝试，为热爱生活、关爱家庭、向往自由的你而写。

行为经济学领域的先锋经济学家、芝加哥大学商学院教授理查德·泰勒（Richard Thaler）和哈佛大学法学院教授卡斯·桑斯坦（Cass Sunstein）在其合著的《助推——我们如何做出最佳选择》一书中，谈到设计种种措施，"助推"寅吃卯食、过度借贷消费的美国人民多多储蓄。受其启发，我写这本书的直接原因是希望助推保险与保障，通过向你介绍和分析人生中可能遇到的种种风险，"助推"你采取行动，让你和你的家人能够更加容易地得到更加适宜的人身和财务保障，更早地享有更大程度的人身和财务上的自由。

为什么读（Why）——你的保障目标，你的保险问题

保障人人想，自由大家爱。

但是，为什么需要保障？如何得到适宜的保障？什么样的保障是你真正需要的？又有些什么工具、服务和产品能够帮助你获得最适宜的保障呢？市面上的种种商业保险产品到底提供了什么样的保障、能帮助你解决何种风险问题？各家保险公司的保险产品又到底哪一款好、哪一款更适合你呢？等等。这些问题相当重要却并不容易回答。

此外，保险和保障相关还好理解，但是为什么保险还能和自由扯上关系，并且还可以帮助你追求和享受自由呢？

如果你对以上这些问题心存疑惑，并且希望在解答这些问题的基础上，进一步采取切实行动，以更好地去关爱和保护你自己与你的家人，以获得更加适宜和全面的保障，以更早享受更大程度的自由，那么你就应该考虑阅读或者浏览这本书。

因为你的这些关于个人与家庭保险与保障的目标、问题就是本书的主题所在。这本书虽然不能完全解决你有关风险及保障的所有问题，但是至少能帮助你最终解答和解决这些问题，为你应对个人与家庭的种种风险提供具有相当价值的参考。

如何写（How）——统一的结构，真实的情感，专业的态度

我在本书中逐一分析讨论了个人与家庭在人生里可能遇到的种种重大风险。在讨论分析每一种风险时，我采用了一致的结构：首先，简介一些或亲身经历或看到读到的真实故事，引出需要管理的风险和需要解决的问题。之后，以专业的态度，定性地分析各种风险的所在，定量地分析各种风险的大小。最后，提出高度结构化的、关于如何去面对和应对种种人生风险的具体建议。

之所以采用统一的结构，一方面，是因为这种结构确实适用于各种风险的分析；另一方面，平行类似的结构会使得阅读稍微容易些，让你在浏览各章时能够更快把握行文的脉络和要点。

各章开篇简要讲述真实的、风险相关的故事，旨在展示风险的客观真实性，旨在"动之以情"，并引导旨在"晓之以理"的正文。子曰："能近取譬，仁之方也！"[2]保障和保险基于理性和人性。理性地面对和分析，人性的情感和需要，正是管理各种人生风险、设计各种保障之道的两个相辅相成的必要条件。

专业的态度体现在正文的分析部分。专业能力最为重要的体现之一就是能将复杂的问题讲得简单易懂。我自然不会自诩为"砖家"，但我努力通过两个"尽量"达到把问题讲清楚、讲简单、讲透彻的目标：一是尽量把一个大问题分解成若干相对更容易解答的小问题，二是尽量用事实、数字、图表说话，做到言之有据。

有什么（What）——我的祝福，我的三板斧与四部曲，我的絮叨

附在以上骨架脉络之上的，是我对你的四句祝福：看透生死、去病无灾、赚钱日新、颐养天年。本书前四大部分分别以一句祝福为题。

第一部分"看透生死"有两章，分别讨论英年早逝和寿终正寝的死亡风险，通俗来讲就是"死得早""死不起"和"死得伤"的风险。

第二部分"去病无灾"有四章，分别讨论发生伤害、罹患重疾、住院门诊、残疾失能的风险。

第三部分"颐养天年"有两章，分别讨论年老后的长寿风险和因为失去生活自理能力而需要长期护理的风险，通俗来讲就是"老不死"和"久病床前无孝子"的风险。

第四部分"赚钱日新"有四章，分别简要地讨论通货膨胀、打工失业、投资亏损、创业失败等各种会带来显著财务损失的风险。"日新"语出《大学》[3]，是我的人生观，也是应对本书讨论的种种人生风险的原始出发点和最终解决之道，同时也是我对你的最大祝福。

在分析每一种风险时，我都用"三板斧"予以删繁就简，讨论"险

在哪？""有多险？"和"怎么办？"三大问题。"险在哪"多用定性分析，"有多险"多用定量分析。无论是定性分析还是定量分析，都只是回答"怎么办"这个最重要的问题的必要铺垫。我建议通过"四部曲"来解决"怎么办"这个问题，即"知晓""知止""算计"和"应对"这四步。"应对"最为重要，其中也包含了我对各种风险保障举措、工具、服务和产品的简介。

在本书的最后一部分"谈谈保障"中，我从三个方面就个人与家庭的风险保障这个命题絮絮叨叨地谈了一些个人的看法：关于保险与保障对于个人和家庭的意义；个人面对风险和保障问题时可能会有的倾向性态度和宜有的态度；以及保险与保障的现在和未来。

怎么读（How）——读重点，常质疑，多思考

如果你只打算花时间读这本书的一章，那么我建议你读第一章。因为在第一章中我分析讨论了人生所面临的最大风险——英年早逝的风险。如前面所说，其他各章结构一致，读好第一章也会辅助你阅读其他各章。对于其他各章，你可以按照自己的兴趣和需要自行确定重点所在、先后顺序和详读略读。虽然各章之间有一定的逻辑联系，但是你如果跳读、选读，应该也不会对理解各章的内容造成不便。

在我非常喜欢的一本名为《思考，快与慢》的书中，诺贝尔经济学奖得主丹尼尔·卡尼曼（Daniel Kahneman）列举了诸多有意思的实验，展示出人们常常过于自信并做出错误的决定，显示了人们的主要认知问题是过度自信而非缺乏自信。反观自己，不能免俗，我也是个常常过度自信、自以为是的人。

因此，在写这本书的时候，我常常告诫自己不要过于自信，不要觉得自己作出的一些关于个人与家庭风险管理的分析和建议是适宜的、最佳的，即使这些分析和建议是基于我在国内外多年的工作经历，即使我

也颇花了些力气和心思，起早贪黑、咬文嚼字地把这本书写出来。

既然连我自己都怀疑自己，那么我当然也建议你在读这本书的时候常怀质疑之心。觉得言之有理、稍有可取之处的请认可采用，觉得无稽之谈、逻辑谬误之处你就一笑置之。

对你和你的家庭而言，重要的当然不是我在这本书里对"险在哪、有多险、怎么办"这些问题说了什么、写了什么。重要的是：你对这些人生的重要风险和保障问题最终是如何考虑的。

试自问：对种种客观存在的人生风险，你主观上是否愿意去面对？你是怎么想的？在面对这些风险时，你是否如卡尼曼教授所指出的那样，也表现得过于自信、盲目乐观了呢？

得什么（What）——宜保是宝，助你得宝

对你和你的家庭而言，你是怎么想的虽然重要，但还不是最重要的。最重要的是：面对人生的重要风险和保障问题，你最终是怎么做的。因为唯有行动才能最终解决问题。我在此抛砖（指这本书）引玉（指你的所思所行），绝非谦词。

适宜的人身和财务保障让人免于后顾之忧，是自由心态的前提条件，是享受人生的必备基础。可谓"宜保是宝"。

阅读本书会帮助你想清楚为什么要"宜保"、什么是"宜保"，如何做才能得到"宜保"。简言之这本书会"助你得宝"。

请注意：只是助你而已，并非提供最终答案。这是因为你的具体情况需要具体分析，真正的"宜保"因人而异、需要定制。

在将此书束之高阁或丢入垃圾桶之前，你如果对自身和自家面临的风险有了一些新的认识，对我而言，也就实现了写作此书的目标。如果某章某节的某句话促使你采取了某个行动（即使不是我建议的行动），从而让你和你的家庭有了更好的保障，使得你和你的家人在身体和财务

上都更加安全、更加健康、更有保障、更加自由一些，那么我高兴得简直就要跳起来啦！

第一部分　看透生死

导言
看重生，看清死

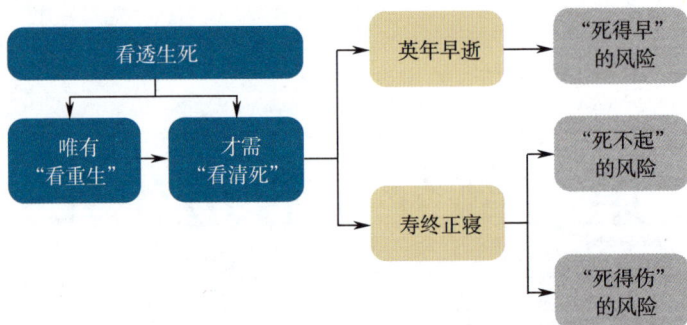

```
看透生死 ──┬──────────────→ 英年早逝 ──→ "死得早" 的风险
           │
   ┌───────┴───────┐
   │               │
 唯有           才需      ──→ 寿终正寝 ──┬──→ "死不起" 的风险
"看重生"       "看清死"                  │
                                        └──→ "死得伤" 的风险
```

　　古人云：死生亦大矣！人固有一死，"逝者长已矣"，对于死者，死则死矣；对于生者，家人的故去却可能带来情感上长久的伤痛和家庭财务上重大的损失。虽然"生死观"和"死亡教育"不是本书的重点，但是阐明生与死的关联对于管理个人与家庭的死亡风险是不可或缺的。

　　唯有关爱"生者"、关心"生者"在"逝者"亡故后的生活，才有可能谈及管理死亡风险，所以说需要"看重生"。

　　为了有效地管理死亡风险，我们首先需要了解死亡可能导致的各种风险的所在和大小，所以说需要"看清死"。

　　直面生与死这样严肃的人生话题，既需要理性的面对，又需要人性的关爱，并非易事。唯有理性、豁达而慈爱的人才能真正看透生死，为家族的生生不息提供充足的风险保障。

　　所以，首先，我祝愿诸位读者，能看透生死。

然后，我在本部分的两章里介绍如何"看重生"，帮助读者"看清死"。

第一章《英年早逝的风险》讨论"死得早"这个最大的人生风险，分析"生者"的各种财务需求，测算早亡的可能性和早亡风险的大小，介绍各种应对的举措和各种人寿保险产品的特点。

第二章《寿终正寝的风险》讨论"死不起"和"死得伤"两种死亡风险，分析"丧葬费"和"死亡税"这两件"身后事"可能导致的风险以及应对之举。

第一章　英年早逝的风险

图解：陈欣作图，取材于我喜欢的一部美剧《越狱》。该剧中的高智商主人公麦克凭借聪明才智逃脱各种戒备森严的监狱，却无法逃脱命运的嘲弄，30岁出头就因病英年早逝。全局终了时所展现的他墓碑上的铭文 "Be the Change You Want to See in the World" [4] 让我感动。"成为你期望的改变"，这句话在一定程度上激励了我写作这本书，希望也能激励你采取切实行动，为你自己和你的家人提供更适宜更周全的保障。

本章旨在概略回答如下三个问题：

1. 险在哪？——英年早逝的风险到底险在哪？为什么要管理英年早逝的风险？

2. 有多险？——如何衡量英年早逝的风险？英年早逝的风险具体有多险？

3. 怎么办？——如何应对英年早逝的风险？各种人寿保险产品究竟保的是啥险？

1988年，某一个阴郁的日子里，壮年不幸罹患癌症的父亲问还在上小学五年级的我："如果爸爸死后妈妈改嫁，你跟谁过日子？"我回答："那我就跟大姨。"同样的问题我的父亲大概也问过我的大哥和二哥。

面对死亡，我父亲最担忧的是"人亡"而"家破"的风险，忧心一家老小可能从此各奔东西，生计没有着落。

就我看来，英年早逝是人生最大的风险，没有之一。

1. 险在哪？

英年早逝通俗来讲就是"死得早"，主要险在于"情伤"和"财伤"两个方面，在于家人情感上无法弥补的伤痛和家庭财务上重大的损失。如果家里的顶梁柱不幸英年早逝，家人不仅痛失所爱，而且还会失去主要的收入来源。

情伤

自身"出师未捷身先死"，壮志未酬，天不假年，人生目标无法得以实现，诚然"常使英雄泪沾襟"。

家人情感上的伤痛和损失更是无法弥补，唯有时间才能稍稍平抚。

财伤

英年早逝致使家庭的主要收入来源被斩断，致使诸多需要花钱的地方可能没钱可花。

试自问：如果不幸早逝，家庭财务上的损失是否已经有所准备？父、母、妻、子的生计还有着落吗？他们还有足够的钱去过着你期望他们能够拥有的生活吗？

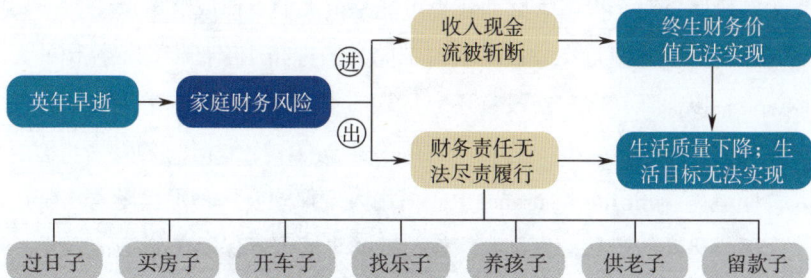

图1-1　家庭顶梁柱英年早逝风险所在与财务责任分解示意图

如图1-1所示，英年早逝所带来的财务风险直接体现在失去家庭的主要收入来源上，最终可能导致家庭生活质量大幅下降，导致设定的生活目标无法实现。

家庭顶梁柱具体的财务责任大致有七个方面：

（1）过日子

日常穿衣，吃饭，看病，交水、电、煤账单的钱还有吗？基本的生存有保障吗？除了"衣食住行"外，日常"过日子"其实还应该包含生病就医，因为"人吃五谷杂粮、哪有不生病的"呢？医疗服务是每一个人与家庭日常都需要的、不可或缺的服务。

首先活着，然后才有可能活好。

（2）买房子

有地方住吗？住得如意吗？房贷还有多少要还？未来有钱还房贷吗？

孟子曰："居移气，养移体。大哉居乎！"[5]"得宜居"确是人生大事。西南财经大学2014年3月公布的全国性调查数据[6]显示，房产占中国大陆各地家庭资产的66%，在北京地区，这一比率高达84%。在美国，这一比率也为41%，但相对中国人，美国更多的家庭愿意持有股票和债券。

房产对应的很可能就是住房抵押贷款。鉴于房产在家庭资产中的超高比例，房贷对于很多家庭而言也可能是最大的负债或财务责任。

在国外很多银行在发放房贷时都同时销售和住房抵押贷款挂钩的人寿保险，以保证在客户在没有还完贷款前不幸亡故的情况下能用死亡保险金来支付剩余的贷款。这种人寿保险甚至有一个专门的名称，叫信用人寿保险（credit life insurance）。信用人寿保险有一种保额随着房贷还款而逐步递减的产品，也称为保额递减的定期人寿保险（decreasing term life）。

（3）开车子

日常你怎么出行？随着经济的迅猛发展，私人小汽车在很多国家和地区都早已经不是什么稀罕物。但是对很多家庭而言，购买和保有一辆汽车也是一个非常大的花销所在。对于那些贷款买车，尤其是贷款买豪车的家庭而言，汽车所对应的贷款和开销也是另一个很大的财务责任，后者如强制性车险、牌照费、油费、年检费、停车费等。

（4）找乐子

计划的国内外旅行还去吗？各种娱乐、放松、充电的活动项目还打算继续进行吗？

"衣食住行"或者说"衣食住行医"这些基本的生活需求都高枕无忧后，生活的快乐程度在很大程度上就取决于"找乐子"。快乐不一定要有很多钱，但有钱可以帮助"找乐子"。据美国经济分析局统计，2012年全美国娱乐类个人消费支出达7 500亿美元左右，占1.1万亿美元总个人支出的7%左右[7]。

（5）养孩子

有孩子要抚养吗？有几个孩子？还需要供养孩子多久？孩子未来的各种生活开销、教育费用是否有计划、有保障？

从进化心理学的角度看，通过漫长的人类进化历程，确保子女后代能够长大成人、子子孙孙繁衍不息是深深烙入人类基因里的本能式的需求，是支配人类情感、决策和各种活动的强大驱动力。"有孩子啦"对很多家庭和个人而言都是一个重大的人生转变，由此才开始正视和管理各种人生风险，为未来作准备。

（6）供老子

有老人需要你赡养吗？有足够的钱让家里的老人过上称心、安稳的晚年生活吗？

中国长期实行独生子女政策，这些问题对那些独生子女来说尤其重要。我记得曾看到过中国的"失独父母"申请国家补偿的报道，那些独生子女不幸英年早逝的老人家，不仅承受着巨大的丧子之痛，而且对自己的未来和晚年充满担忧。

如果家里只有一个人工作，"供老子"也指要考虑配偶在家庭顶梁柱不幸英年早逝情况下的未来养老问题。

（7）留款子

百年之后，你是否打算给子孙后代留些遗产、留些钱呢？具体打算留些什么、留多少钱呢？

"留款子"也指遗产规划，在下一章《寿终正寝的风险》中我将稍加展开讨论。

综上所述死亡是确定性事件，但什么时候死却是不确定的。"英年早逝"会给家庭带来重大的情感和财务损失。财务上的损失将会影响到生活的方方面面，这反过来又进一步增强了情感上的损失。

2. 有多险？

了解完自身的财务责任和英年早逝的风险所在，接着就要考虑英年早逝的风险到底有多大。英年早逝风险的大小由两个方面决定，一是早亡可能性的大小，二是早亡发生后家庭财务损失的程度。这两点有时也可总结成生命死亡和财务死亡可能性的大小。

早亡的可能性

首先，计算早亡的可能性需要明确定义什么是早亡。古时候"人到七十古来稀"；近半个世纪以来，人类的平均寿命随着科技和医疗的进步而大幅提高。世界银行的相关数据显示，中国人平均预期寿命由1960年的43.5岁大幅提高到2012年的75.2岁[8]。可见定义何时亡故算是"早亡"有着时间上的相对性。

其次，考虑到现在的人口预期寿命和一般的人口退休年龄，为了易于量化和比较、沟通和记忆，这里权且暂时将65岁前亡故的情况定义为早亡。

　　如图1-2所示，根据中国人寿保险行业经验生命表（2000—2003）的非年金业务表计算，30岁以下男性在65岁以前早亡的可能性为14%左右，30岁以下女性65岁前亡故的可能性为8%左右；女性早亡的可能性虽然大大低于男性，但是8%左右的可能性也是相当高的。

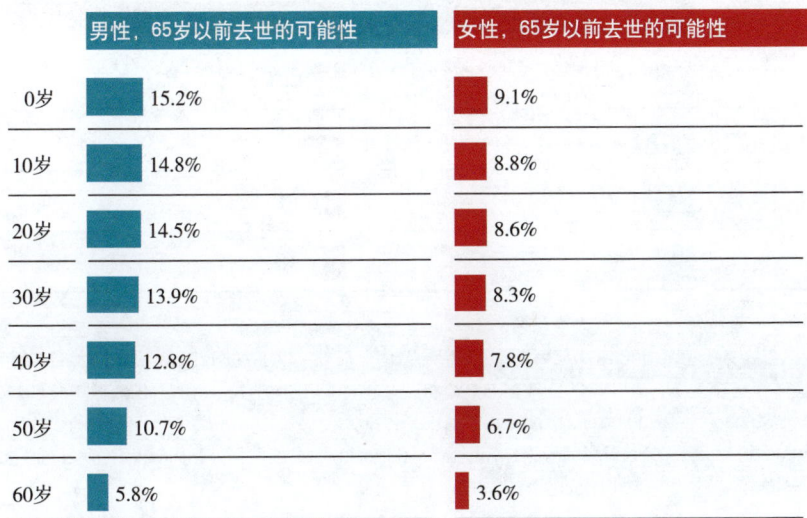

男性，65岁以前去世的可能性		女性，65岁以前去世的可能性	
0岁	15.2%		9.1%
10岁	14.8%		8.8%
20岁	14.5%		8.6%
30岁	13.9%		8.3%
40岁	12.8%		7.8%
50岁	10.7%		6.7%
60岁	5.8%		3.6%

　　资料来源：中国人寿保险行业经验生命表（2000—2003），非养老金业务用表；基于作者分析计算。

图1-2　中国大陆人口早亡（65岁以前去世）可能性示意图

　　图1-3比较了中国、中国台湾、中国香港和新加坡等地区的早亡可能性大小，早亡可能性的地区差异也比较大。

　　值得指出的是，这些数据不一定具有直接的可比较性，因为中国和中国台湾的数据是基于人寿保险行业的经验数据，中国香港和新加坡的数据是基于总人口的死亡情况。相对精确的概率数据对于精算人员而言非常重要，但是对于保险消费者而言，对这些风险可能性的数据有个大概的了解和认知就可以啦，具体统计数据显示的是15%还是18%的可能性，并不会影响决策。

我希望通过列示这些数据，让读者可以对早亡的可能性有一个更为具体和直观的认识。至于具体某个人的早亡可能性有多大，则是一个近乎不可能有确切答案的问题，因为影响早亡的风险因素实在太多了。

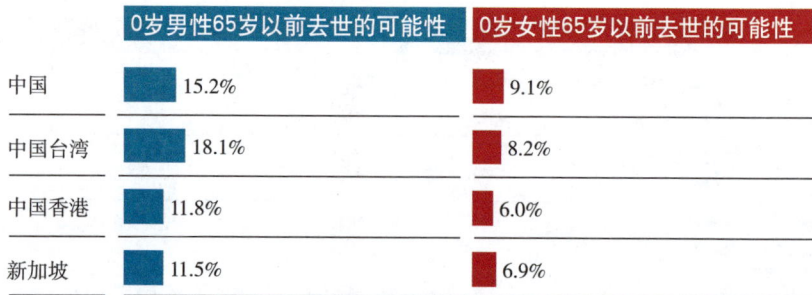

	0岁男性65岁以前去世的可能性	0岁女性65岁以前去世的可能性
中国	15.2%	9.1%
中国台湾	18.1%	8.2%
中国香港	11.8%	6.0%
新加坡	11.5%	6.9%

资料来源：1. 中国人寿保险行业经验生命表（2000—2003），非养老金业务用表；2. 台湾寿险业第五回经验生命表；3. 香港人口生命表（2006—2041），表11（2011年香港女性生命表），表12（2011年香港男性生命表）；4. Complete Life Tables 2008–2013 for Singapore Resident Population, Table 32 Complete Life Table for Singapore Male Residents, 2013（Preliminary），Table 33 Complete Life Table for Singapore Female Residents, 2013（Preliminary）；5. 基于作者分析计算。

图1-3　部分国家或地区早亡可能性比较示意图

考虑到早亡定义的不精确性，我在表1-1中列出了不同年龄的中国男性在10年内、20年内、30年内以及65岁之前去世的大致可能性数值。在本章的附录中我也同样列出了中国、中国台湾、中国香港、新加坡人口早亡可能性的大致数值，供读者参考。

通过这些基于历史经验数据计算得出的早亡可能性数值，我们可以看出，早亡的可能性还是很显著的，英年早逝的不幸故事在这个不完美的世界里常常上演。

表1-1 中国男性早亡大致可能性数值参考表

中国男性／年龄	10年内去世的可能性	20年内去世的可能性	30年内去世的可能性	65岁之前去世的可能性
0岁	0.4%	0.8%	1.5%	15.2%
10岁	0.4%	1.1%	2.3%	14.8%
20岁	0.7%	1.9%	4.2%	14.5%
30岁	1.2%	3.5%	8.6%	13.9%
40岁	2.4%	7.5%	21.3%	12.8%
50岁	5.2%	19.3%	49.4%	10.7%
60岁	14.9%	46.6%	85.9%	5.8%

资料来源：中国人寿保险行业经验生命表（2000—2003），非养老金业务用表；基于作者分析计算。

生命早亡的可能性受诸多因素影响，例如年龄、性别、生活方式乃至个人命运等。如表1-1所示，刚出生的女性在65岁前亡故的可能性比男性要小很多；又如图1-4所示，年死亡率在60岁以后随着年龄的增长快速递增，同时吸烟者的死亡率高于不吸烟者的死亡率，这也是常理之中的事。

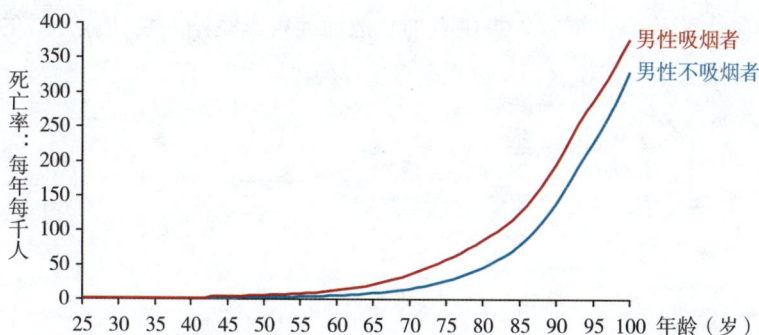

资料来源：北美精算师协会http://mort.soa.org/，2008 VBT（MPT）NS ANB and 2008 VBT（MPT）SM ANB Ultimate Tables。

图1-4 美国吸烟与不吸烟男性死亡率对比示意图

考虑到死亡率并不能直观地反映英年早逝可能性的大小，我在图1-5中对比了美国不同年龄的购买了保险的吸烟与不吸烟男性的死亡率，从图中我们可以看出，吸烟导致英年早逝的可能性翻了一倍多！

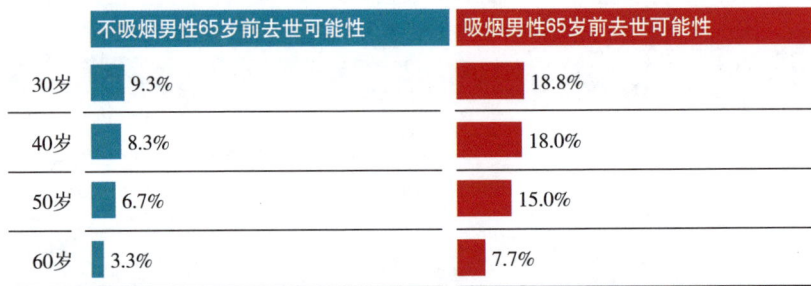

不吸烟男性65岁前去世可能性		吸烟男性65岁前去世可能性	
30岁	9.3%		18.8%
40岁	8.3%		18.0%
50岁	6.7%		15.0%
60岁	3.3%		7.7%

资料来源：北美精算师协会http://mort.soa.org/，2008 VBT（MPT）NS ANB and 2008 VBT（MPT）SM ANBUltimate Tables.

图1-5　美国吸烟与不吸烟男性英年早逝可能性大小对比示意图

早亡所致财务损失的程度

英年早逝是发生可能性相对低、但是损失严重程度非常大的一种风险。

一旦家庭的顶梁柱不幸早逝，家庭财务上的损失通常会十分严重。如果由于家庭主要收入提供者的亡故而使得家庭陷入负债或赤贫的状态，那么也可以说这个家庭在财务上已经"死亡"了。

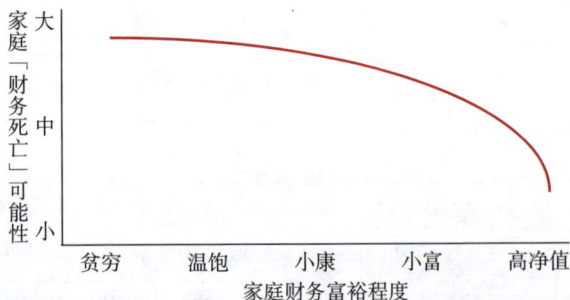

图1-6　早亡所致财务损失严重程度与家庭已积累财富关系示意图

如图1-6所示，显而易见，家庭"财务死亡"的可能性大小和家庭财务上的富裕程度成反比：家里钱越多，家庭财务上死亡的可能性就越小。如果家里还不够殷实、富裕，还没有来得及攒够一大笔钱以备不时之需和日常之需，那么早亡所引致的家庭财务风险将非常大。

对于"小康"或"小富"的个人与家庭而言，因为已经小有家底，"财务死亡"的风险显然要比"贫穷"和"温饱"之家要小一些，但是"小康"或"小富"的个人与家庭对于未来生活的期望也更高，所以如若发生家庭顶梁柱英年早逝的不幸，"小康"或"小富"之家也将面临严重的财务损失，极有可能就此导致"家道中落"。

对于"高净值"家庭而言，英年早逝所致的风险更多地体现在情感损失上，家庭的财务状况和物质生活水平应该都不会受到太大的负面影响。

"小康""小富"的家庭虽然面临着很大财务风险，但是因为"小康""小富"的家庭已经有了一定的财力，所以他们有经济能力去购买保险，以达到转移风险、确保能维持"小康""小富"的生活水平的目标。这就是保险行业需要有一定的社会经济基础才得以发展壮大的根本原因。这一点也解释了中国台湾、中国香港、新加坡等保险市场比中国的保险市场要发达的原因，因为中国台湾、中国香港、新加坡等地区和国家有更多家庭都已经过上了"小康"或"小富"的生活，而这些家庭又都有避险的强烈需求和购买保险的支付能力。

对于中国而言，随着改革的持续深入和社会经济的不断发展，"小康"社会的目标越来越近，越来越多的家庭也将能够过上"小康"或"小富"的生活，这也就意味着中国的保险市场前景光明、大有可为。

3. 怎么办?

了解风险的所在和风险的大小，都是为了解答"怎么办"这个最为关键的问题。

如图1-7所示，管理个人与家庭面临的各种风险大致可以分四步走，这四步简而言之可以总结为"知晓""知止""算计"和"应对"。

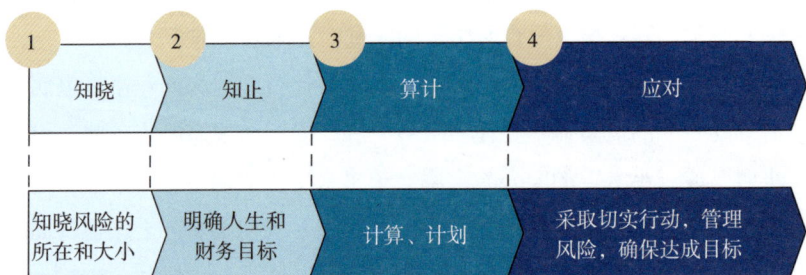

图1-7 个人与家庭风险管理的大致步骤示意图

知晓

知晓风险的所在和大小是管理任何风险的第一步。

管理英年早逝这个在感性上显得颇为晦气的重大个人与家庭风险，首先要克服心理上的障碍，理性地去正视这个风险。以上两个小节旨在帮助你认识这一风险，在你看以下的建议之前，值得再浏览一下"险在哪"和"有多险"这两个小节。

知止

《大学》有云：知止而后有定[9]。这里建议的"知止"，指的是要明确自己的目标。具体而言，"知止"指根据自身和家庭的当前情况和合理预期，清晰地订立自己和家庭的人生目标，以及各项人生目标所对应的财务方面的目标。

设定人生目标时，可以参考以上提到的"过日子""买房子""开车子""找乐子""养孩子""供老子""留款子"来分解目标，并逐一制定。

对于英年早逝的风险而言，"知止"就是想清楚短期、中期和长期想过什么样的日子，住什么样的房子，开什么样的车子，孩子读什么样的学校，病了去哪就医，老了过什么样的退休生活等。如果家里的顶梁柱不幸早逝，家人还期望过同样的生活吗？如果生活质量有所调整，那调整后的生活状态和财务目标又是如何？这些重要的家庭问题都想清楚了，可谓"知止"。

算计

有了大致的目标，然后就要"算计算计"。这里说的算计当然不是指阴谋诡计陷害人，而是指算算账，并根据计算、算账的情况制定达到目标的方针和计划。

计算

计算就是要根据"知晓"和"知止"的情况，计算清楚自身和家庭的风险敞口和风险缺口。

对于英年早逝的风险而言，风险敞口是不幸英年早逝的情况下所损失的未来所有收入（所谓"收入法"），也可以是尚未完成的各项财务责任的总和（所谓"支出法"）。

风险缺口是风险敞口和已有财富之间的差值，这个概念对应的一个专业的名词是"在险净值"或"在险价值"。

算账可粗可精。"粗算"一方面可以大致评估自家的财产，未来的收入预期，这些是你家的财富；另一方面是你当前的负债，以及未来确定或不确定的各项开销，这些是你的未尽责任。两相比较，查缺补漏，就可以对自己和自家的早亡风险敞口和缺口有个大致的了解。

"精算"则可以考虑建立家庭的资产负债表、收入支出表和现金流表，并考虑各个收支项目的优先级、不确定性（发生的概率）和时间价值。"精算"明显比"粗算"要复杂得多，所以"精算"可以成为一个专业。但是对大多数人而言，包括精算师在内，在考虑自身和家庭的风险的时候，能做到"粗算"一般来说就足够了。

无论是粗算还是精算，目标都是要量化目标和风险，做到"心中有数"。

计划

计划基于计算，也基于个人对风险的厌恶程度或容忍程度，基于个人的风险承受能力。风险容忍程度是对风险的主观态度，风险承受能力是承受风险的客观能力。

不同的人对于同样的风险可能有着不同的厌恶程度或容忍程度，也有着不同的承受风险的客观能力，从而具体的"计划"也将因人而异，根据风险容忍程度和风险承受能力的不同而不同。

所以，计划的第一步就是问自己对该种风险有多么厌恶、问自己对该种风险有多大的容忍程度，是完全不能容忍该种风险可能带来的恶果，还是在客观衡量自己的风险承受能力的基础上，觉得可以承受、自担一部分或者全部的风险。

计划的第二步是根据自身的情况，对短、中、长期未来中或好或坏的情况作好预备，尤其是对坏的情况要有所准备，所谓"未雨绸缪""凡事预则立，不预则废"，都指的是计划的重要性。

对英年早逝风险的计算和计划，和专业金融分析与精算实务工作中常常用到的"压力测试"和"情景测试"的方法基于同一个道理，都是要全面地预估在特定情况下的财务状况和发生这种状况的可能性，根据自身的风险容忍程度和风险承受能力，预设在各种情况下的不同计划，做到"遇事不慌""胸有成竹"，确保达成自己和家庭的目标。

关于"算计"中的"计算"和"计划"，需要指出的一点是，"计算"和"计划"相辅相成，"计算"是为了"计划"，"计划"需要最终体现在"计算"的框架和形式中。

简而言之，"算计"就是作压力情景测试，定家庭大政方针，做到"心中有数"和"胸有成竹"。

应对

做到"心里有数""胸有成竹"需要费心费力，并不容易。然而，即使能够做到，也只是"行百里者半九十"，因为最重要的，还是在大计既定后，选择具体的路径、方法和工具，采取切实的行动来应对和管理风险，确保达成既定的个人与家庭的人生和财务目标。

从广义上讲，"应对"其实可以包含"知晓""知止""算计"等几个步骤，这里取"应对"的狭义理解，另列一点，以强调"应对"的多种具体方案和选择，强调行动的重要性。

针对英年早逝的风险而言，应对的选择有很多种。值得再次指出的是，最佳的、具体的方案因人而异，根据"知止"和"算计"情况的不同而不同。

应对英年早逝的风险，也可以从早亡发生的可能性和相应的财务损失严重程度两个方面着手，减少风险事件发生的可能性和降低风险事件不幸发生后的财务损失严重程度。

减少早亡风险发生的可能性

最好的情况是不要死得太早，得享天年。虽然说命有定数，但是能"操之在我""由我作主"的事，还是应该先"尽人事"，再"听天命"。

尽可能活得健康、活得安全是减少早亡风险发生可能性的必由之路。

第一是要保持健康。保持健康的建议众多，我听到过的最简练易记的建议是"管住嘴，迈开腿"，我再加三个字"放宽心"，综合而成我的健康九字箴言和座右铭："管住嘴，迈开腿，放宽心"，简言之就是要戒烟少酒、合理膳食、适当运动和开朗乐观。

第二是要远离危险。"君子不立于危墙之下"，注意生产安全、行车安全、交通安全、生活和娱乐安全，远离各种故意为之和意外发生的危险。

具体的保持健康和远离危险的建议我会在第二部分"去病无灾"中稍加展开讨论，在本章中就不再赘述。

降低财务损失的严重程度

"死得早"的风险可以努力减少，但是从人群总体的角度看，起码在目前和可预见的未来之内还不能完全消减。如在"有多险"一节中介绍的，早亡的可能性还是非常显著。在不幸发生的情况下能够有工具、有手段尽量弥补家庭财务损失、尽量降低个人与家庭财务损失的严重程度是应对英年早逝风险的必需之策。

降低财务损失的严重程度有两种并行不悖、常常合用的方法：一是"多攒钱"，二是"买保险"。

多攒钱——储蓄，积累财富，自担风险

多攒点钱是最自然而然地应对所有家庭财务风险的手段。道理显而易见，如图1-6"早亡所致财务损失严重程度与家庭已积累财富关系示意图"所示，攒的钱越多、家庭财务能力或经济条件越好，财务死亡的可能性就越小，财务风险就越小。

美国人习惯借贷消费，个人与家庭的储蓄是个大问题；亚洲各国包括中国却是普遍储蓄率太高。除了文化上的原因以外，起码中国储蓄率高的一大原因就是因为大众需要存钱应对各种各样的人生风险。政府扩大社会保障和医疗保障范围，就是要解决人民的后顾之忧。个人与家庭的底线风险控制住了，人们敢花钱，"内需"才能有效启动。

当然，在目前中国的社保体系相对于发达国家或地区还有很大差距，对于绝大多数的"温饱""小康"和"小富"家庭而言，做到"手中有钱"才能真正"遇事不慌"。在应对死亡风险一事上，无论你是在发达国家或地区还是在中国这样的发展中地区，与其依靠国家，不如多靠自己。

除了继承财富外，赚钱、攒钱、积累财富的方法无外乎打工、储蓄投资、创业三大类。这些问题我会在本书的第四部分"赚钱日新"中再讨论。

"多攒钱"是储蓄性质的减少风险的手段。但是攒到足够多的、能够完全化解早亡所致财务风险的钱，对于大多数人和家庭而言需要假以时日。所以，储蓄作为一种应对风险的手段有一个重大的缺点或风险，那就是钱还没有攒够但人就亡故了的风险。故而通常还需要更为有效地管理风险的手段——买保险转移风险。

购买人寿保险——保险，储蓄，转移风险

购买商业人寿保险，或者加入互保公司的保障计划，是通过总体风险汇集达到个体风险转移的有效手段。

对英年早逝的风险而言，人寿保险在被保险人亡故的时候支付合同约定的保险金额给被保险人指定的受益人，从而十分有效地降低家庭财务损失的程度。

但是人寿保险种类繁多，到底购买什么样的保险产品呢？确定了打算买的产品后，如何去货比三家、决定找哪家保险公司通过什么渠道购买呢？为这些看似简单的问题提供最佳的解决方案其实并不简单。以下是我个人的想法，也许不是最好的答案。

如图1-8所示，人寿保险产品大致可以分为两个大类，一类是纯死亡风险保障的人寿保险产品，另一类是具有储蓄或投资功能的人寿保险产品。第一类常简称为风险保障型产品（英语称为risk products 或 protection products），第二类常简称为储蓄型产品（savings products）。

保障型人寿保险产品指定期寿险，是我个人最喜欢的人寿保险产品，没有之一。

储蓄型人寿保险产品包括除定期寿险以外的几乎所有的人寿保险产品。

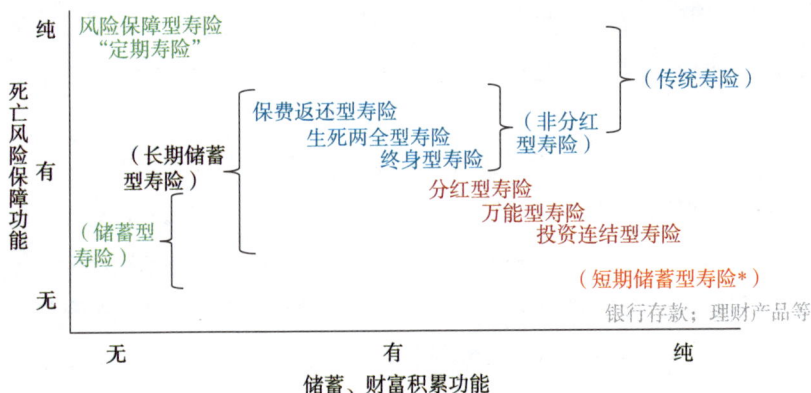

注：* 短期储蓄型寿险可以有多种形态，如非分红型、分红型或万能型等，短期储蓄型寿险产品的风险保障功能普遍非常弱、几近于无。

资料来源：基于作者理解，仅示意用，并不完备精确。

图1-8　人寿保险产品大致分类示意图（"寿险7型"示意图）

为什么保险又和储蓄扯上了关系，并且大部分人寿保险产品是所谓的"储蓄型保险产品"呢？结合以上的讨论分析，考虑到储蓄是应对英年早逝风险的最直接最自然的手段，保险产品中根据客户的需要既提供风险保障功能、又提供储蓄和财富积累功能也就不难理解、顺理成章啦。

事实上，储蓄型人寿保险产品在很多市场上都是主打产品，在中国这种高储蓄率的市场上储蓄型人寿保险产品更是占绝对主导地位。储蓄型人寿保险产品花样繁多，各有各的特点、各有各的渊源和市场地位，比如说虽然在中国分红型人寿保险产品一支独大，但是在美国是万能型人寿保险产品独领风骚。

我认为人寿保险产品大致可以分为七种类型，根据图1-8，这七个类型分别是：

（1）纯风险保障型，或风险保障型

（2）保费返还型

（3）生死两全型

（4）终身型

（5）分红型

（6）万能型

（7）投资连结型

其中，保费返还型、生死两全型、终身型人寿保险既可以没有定期分红的功能、又可以有定期分红的功能，一般提供分红功能的产品会在其名称后用括号（）注明是分红型，例如"我爱我家生死两全人寿保险"一般指非分红的生死两全型人寿保险产品，而"我爱我家生死两全人寿保险（分红型）"则指分红型的生死两全型人寿保险产品。

非分红型的人寿保险产品和风险保障型的保险产品在中国市场有时也被称做是"传统人寿保险产品"，以和2000年左右才从国外市场引进的分红型、万能型和投资连结型等"新型人寿保险产品"相区别。

虽然我在图1-8中展示出七种类型的人寿保险产品的储蓄功能逐次增加、风险保障功能逐次减弱，但是我想强调的是，这并不意味着储蓄型人寿保险产品就没有风险保障的功能。这种功能的强弱对比只是示意用，具体某种储蓄型人寿保险产品的风险保障与储蓄功能的强弱需要具体分析。

根据保险合约期限的长短，储蓄型保险产品还可以分为"长期储蓄型"和"短期储蓄型"人寿保险产品，"长期储蓄型人寿保险产品"的保费一般是分期缴付的，比如，缴费10年、20年等（当然也有一次性付款的长期储蓄型人寿保险产品）；"短期储蓄型人寿保险产品"的保费一般是一次性缴付的，也成为"趸缴"。"短期"多指5年期及以下。

"短期储蓄型人寿保险产品"的风险保障功能一般来说是非常小的，在会计作账的时候，这种产品一般归为"存单"而非"保险"，可见其主要是侧重于储蓄功能而不是风险保障功能。我个人不是太喜欢这种风险保障功能弱的保险产品。

　　我之所以花这么多的篇幅谈论人寿产品的类型，主要是希望读者在考虑购买人寿保险产品的时候、或者有人推销介绍人寿保险产品的时候，起码能知道自己到底是在买什么样的产品、保险产品会有哪些功能、还有哪些其他类型的人寿保险产品可供考虑和选择。当你购买某款人寿保险产品的时候，你可以将"寿险7型示意图"拿出来对照参考，确定它是你打算购买的哪一类型。

　　讨论完人寿保险的大致类型和分类命名后，我在表1-2中列示、对比了这7大类型人寿保险产品的主要保险利益。请注意这只是一个简单的介绍而已，旨在让你在考虑购买某个具体的寿险产品时有一个大致的参考。

表1-2　7大类型人寿保险产品大致保险利益示意图

人寿保险产品类型	保单约定期限内亡故，死亡保险金	保单约定期限内未亡故，满期生存保险金	退保，现金价值	其他定期支付的生存保险利益
风险保障型（定期寿险）	有	无	无或很少	无
保费返还型寿险	有	有，返还保费	有	无
生死两全型保险	有	有	有	无
终身型寿险	有	无	有	无
分红型寿险	有	终身型无 定期型有	有	定期分红（如每年）
万能型寿险	有	终身型无 定期型有	有	定期支付利息（如每月）
投资连结型寿险（可变万能型）	有	终身型无 定期型有	有	定期结算投资收益（如每天）

资料来源：基于作者理解，仅示意用，并不完备精确。

　　坦白而言，具体某款或某几款人寿保险产品的分析和对比其实是比较复杂的，需要具备一定的保险知识才能看得清楚、比较得通透。虽然如此，你也完全没有必要担心保险产品太过复杂不好挑选，你只要想清楚自己买保险到底是要解决什么问题、分析一下你考虑的具体保险产品是否解决了你需要解决的问题，再看看自己是否有财力支付保费，也就八九不离十了，可以较好地通过购买商业保险去应对、解决你具体的风险保障问题啦。

纯风险保障型人寿保险产品（一般称为定期寿险，也称"消费型人寿保险产品"）

- 解决的问题：转移"死得早"的风险。
- 保险期间：定期，如1年、5年、10年、至60岁或65岁等。
- 保险利益：

  1. 如果被保险人在保险期间内亡故，保险公司支付一笔事先合同约定的钱（也称为"保险金额"或"保险金"或"保额"）给指定的受益人。保额可以根据不同人的不同需要而确定，通常设有上限防止骗保的道德风险。
  2. 退保时一般没有现金价值或退保现金价值非常少。
  3. 如果被保险人在合同约定期限内没有亡故，保费不会返还，所以纯风险保障型的人寿保险也称做"消费型"的寿险产品。

- 保费（价格）：每千元保额的保费较其他储蓄型人寿保险小非常多，比较容易负担得起。
- 作者评论：

  1. 购买定期人寿保险是管理英年早逝的财务风险损失程度的最有效手段。我个人认为定期人寿保险是最经典的保险解决方案。在美国或英国这些保险业发达的国家，定期人寿保险都已经在很大程度上商品化了，但是在中国远未普及和商品化。这样一种经典的保险产品目前还没有最大限度地造福中国这样人口众多的地区，实乃憾事。

2. 关于如何推广定期寿险这个我最喜欢的保险产品，我曾经想到过一个方案。我认为可以通过政府的力量实行某种类似于强制性车险的强制性定期寿险制度，例如，在一个家庭为新生儿登记户口或身份证的时候，要求新生儿的父母通过税前的收入为父母自己购买一份一定保额的定期寿险，保障在父、母一方不幸英年早逝的情况下家庭（尤其是孩子）可以获得一笔保险金。由于承保的人群非常大，通过规模效应可以为社会提供价格低廉的定期寿险产品、为广大的家庭解决英年早逝的风险。

3. 我又觉得我的这个想法太过理想化、不太现实。然而，在我为这本书的《"久病床前无孝子"的风险》一章作研究的时候，我无意中发现新加坡政府居然就采取了类似于我以上想法的措施来推广定期寿险。那就是新加坡中央公积金局制定的"家属保障计划"[10]。根据新加坡中央公积金局网站上的资料介绍，"'家属保障计划'是一项非强制性的定期保险，最高保额为46 000新元（约合37 000美元，227 000元人民币，285 000港元），直至会员年满60岁为止。这项计划的保障是全球性的。家属保障计划保额将于受保会员不幸去世或永久性丧失工作能力的情况下支付。""家属保障计划（DPS）是一项保费易负担的定期保险计划，旨在为参与这项计划的公积金会员及其家属在投保会员不幸永久失去工作能力或去世的情况下提供保障，以帮助他们度过最初几年的困难时期。目前，家属保障计划由大东方人寿保险和职总英康保险两家保险公司进行管理。16岁至60岁之间的新加坡公民或永久居民的公积金会员，在第一次缴交公积金时均可获得这项计划的保障。"

4. 看到新加坡的这个"家属保障计划"，我感叹真是"没有想不到、只有做不到"。我非常欣赏新加坡政府"助推"定期寿险的有效制度设计，认为这个计划和这种制度设计值得在全球范围内推广。

- 好产品的标志：价格便宜，条款清晰明了，保险公司评级好。

保费返还型人寿保险产品（非分红型）

- 解决的问题：

  1. 转移"死得早"的风险。

  2. 合同满期后如果不幸事件没有发生，保险公司返还全部或部分所缴保费，让客户觉得买保险没有损失钱，觉得缴纳的保费没有打水漂。

  3. 让客户有储蓄和财富保值的感觉；或让客户觉得用储蓄产生的利息支付了保险的成本，至少没有损失储蓄的本金。

- 保险期间：定期，一般较长期，如10年、至65岁等。

- 保险利益：

  1. 如果被保险人在保险期间内不幸亡故，保险公司支付合同约定的保额。

  2. 合同期满后，如果被保险人没有亡故，保险公司返还保费，返还的保费可以是部分保费（如50%的所缴保费）、全部所缴保费（100%）、或比所缴保费多一些金额（如110%的所缴保费）。

  3. 如果客户中途退保，保险公司在扣除退保手续费后，支付保单的现金价值。

- 保费（价格）：因为返还保费的产品设计，每千元保额的保费较保障型的寿险产品高很多。

- 作者评论：

  1. 因为在风险事件没有发生的情况下承诺返还保费，保费返还型保险产品满足了客户对"拿回自己的钱"的需求，用本金产生的利息支付保险成本。其实羊毛出在羊身上，虽然返还保费，但是所缴的保费额要远远大于对应的纯风险保障产品的保费。

2. 这是因为只有保费额大了，保险公司才可以用这些保费进行投资，产生足够多的投资所得，覆盖保险公司的风险成本、经营成本和利润要求。客户支付的是所缴保费的时间价值（或可能投资收益）。

3. 理论上，如果你有更好的投资工具和不错的投资能力，可以考虑自己投资，再用投资收益支付定期寿险的保险成本。但是对于那些自己不去理财、又希望把本金拿回来的客户，保费返还型人寿保险产品具有相当的吸引力。

● 好产品的标志：价格便宜（定价利率高，附加费用率低），条款清晰明了，保险公司评级好、服务佳，投资和资产负债管理能力强。

生死两全型人寿保险产品（非分红型）

● 解决的问题：

1. 转移"死得早"的风险。

2. 储蓄、财富保值，合同期满后也可获得保险金（实际上是所缴纳全部保费加利息）。

● 保险期间：定期，如5年、10年、至65岁等。

● 保险利益：

1. 如果被保险人在保险期间内亡故，保险公司支付合同约定的保额。

2. 如果被保险人在保险期间内没有亡故，合同期满后保险公司也支付合同约定的保额。

3. 如果客户退保，保险公司在扣除退保手续费后，支付保单的现金价值。

- 保费（价格）：因为储蓄的成分比保费返还型保险多得多，每千元保额所需的保费较保费返还型寿险产品还要高很多。

- 作者评论：

  1. 保险期间内无论生死都能获得保额，是所谓"生死两全"。相对于保费返还型人寿保险产品而言，生死两全型人寿保险产品的期满生存保险金额更大。

  2. 除期满支付保额的产品设计外，还有定期支付部分保额的设计，如保单第18年支付50%的保额，保单第22年再支付50%保额，等等。很多所谓的"子女教育年金保险"在本质上就属于这种生死两全型人寿保险产品。

- 好产品的标志：价格便宜（定价利率高，附加费用率低），条款清晰明了，保险公司评级好、服务佳，投资和资产负债管理能力强。

终身型人寿保险产品（非分红型）

- 解决的问题：

  1. 转移"死得早"的风险。

  2. 无论何时亡故都可获得保险金；故而有储蓄或财富保值的功能。

  3. 由于人寿保险金一般无须缴纳所得税，故而也可利用终身型人寿保险产品进行遗产规划、规避遗产税。

- 保险期间：终身，直至被保险人亡故。

- 保险利益：

  1. 如果被保险人亡故，保险公司支付合同约定的保额。因为人终有一死，所以终生保险也可看作是两全保险的一个特例，期限是终身。

  2. 如果客户退保，保险公司在扣除退保费后，支付保单的现金价值。

- 保费（价格）：因为终身型人寿保险含有储蓄成分，并且储蓄的成分比保费返还型人寿保险多得多，所以其每千元保额的保费比定期寿险和返还型人寿保险都要高。

- 作者评论：

  1. 因为终身寿险的价格较定期寿险而言贵很多，所以我个人认为终身寿险并不是"死得早"的风险的最佳解决方案。

  2. 有的客户因为担心年老后由于健康的原因无法获得人寿保险，所以选择购买终身寿险，但是前期需要缴纳较为高额的保费。有保险公司针对这种情况设计出含有"保证续保"条款的定期寿险，承诺在相对较便宜的定期寿险到期后，保证客户可以投保终身寿险。这种"定期转终身"的产品设计免除了很多客户对老年后寿险的可获得性的担忧。

- 好产品的标志：价格便宜，条款清晰明了，保险公司评级好、服务佳，投资和资产负债管理能力强。

非分红险型人寿保险产品小结

- 保险利益：以上这些保险产品都没有定期分红的保险利益，也称为传统人寿保险产品或普通型人寿保险产品。

- 作者评论：

  1. 影响传统人寿保险产品价格的重要因素之一是定价利率。定价利率越高，等于保险公司隐含承诺的投资回报越高，非分红型人寿险产品的价格就越便宜。

  2. 在中国，传统人寿保险产品的定价利率自1999年以来长期被管制，最高设定在2.5%。对于非分红的储蓄型人寿保险产品而言，这一定价利率上限在很大程度上类似于银行的存款利率上限。这种监管实际上是价格监管，导致保费贵，保险公司如同银行一样可以轻松赚取利差，因此实在是一件不公平的事情。

3. 2013年8月，中国保险监督管理委员会放开了对2.5%定价利率的限制，朝着为民监管的方向迈出了非常重要的一步。

- 好产品的标志：价格便宜，条款清晰明了，保险公司评级好、服务佳，投资和资产负债管理能力强。

分红型人寿保险产品

- 解决的问题：

  1. 转移"死得早"的风险。

  2. 储蓄，财富保值增值，获得定期的分红。

- 保险利益：

  1. 保费返还型、生死两全型和终身型寿险也都可以设计成分红型人寿保险的形态。保险公司根据自身的经营情况和投资收益情况，为客户提供定期（如按年）的保单分红。

  2. 分红可以通过直接分现金（现金分红险）或通过增加保险金额（保额分红险）的方式分发，也可留存在保险公司累计生息。

  3. 投资决策由保险公司作出，投资风险部分由保户承担，但保险公司一般提供最低分红利率保证，例如2.0%、2.5%等。

- 作者评论：

  1. 如在前文中提到的，按保险期限，分红险也可分为短期储蓄型和长期储蓄型寿险。短期储蓄型人寿保险的风险保障成分非常少，常常只是银行存款的替代型产品，是销售误导的重灾区，不是什么好的保险产品。

  2. 如果分红水平高且稳定，并且保险公司的投资及资产负债管理能力过关，那么长期储蓄型分红寿险就能为客户有效提供风险保障和财富增值两个方面的解决方案。

- 好产品的标志：价格便宜，分红高且稳定，保险公司评级好、服务佳，投资和资产负债管理能力强。

万能型人寿保险产品

- 解决的问题：

  1. 转移"死得早"的风险。

  2. 储蓄，财富保值增值，获得定期的利息收入（如每月）。

  3. 提高风险保障的灵活性和储蓄理财的透明度。

- 保险利益：

  1. 万能寿险之所以被称为"万能"，并不是指它什么风险都保，而是指保费、保额可根据客户的需要灵活改变；万能险不但提供死亡风险保障，而且也提供财富保值增值的功能。

  2. 保险公司为万能险客户设立独立的账户，每期计入由保险公司管理的投资组合所产生的利息，并从中扣减管理费用和保险费用。如果客户在保单有效期间内不幸亡故，保险公司支付死亡保险金。

  3. 如果客户中途退保，保险公司在扣除相关退保手续费用后支付独立账户的账户价值。

  4. 客户可以根据自身的需要和情况，灵活选择、安排保费和保额。但是也有一些万能险产品对保费和保额设有一定的要求和限制，例如最低保费和最低缴费年限等。

  5. 保护独立账户的投资决策由保险公司作出，投资风险部分由保户承担，但保险公司一般提供最低结算利率保证，如最低不低于1%或2.5%等。

- 保险期限：通常为终身，但也有非终身期限的万能险产品。

- 作者评论：

  1. 万能险在中国并不是主流产品，但在美国非常流行。在美国有多种不同特点的万能险产品，功能各有侧重，如含有不失效保障的万能险侧重风险保障，低管理费用的与股票指数挂钩的万能险侧重于财富的保值增值，等等。

2. 万能险的设计相对复杂，但是相对于分红险而言它提供了一些独特的价值，例如独立账户运作的透明性。客户定期（如每个月）都能清楚地了解到自己的保险投资账户的投资收益是多少，又有多少钱被扣减用于缴纳管理费和保险费用，如果退保现金价值有多少等，这些特点都是分红险所不具备的。

3. 考虑到万能险的优点，万能险在中国的地位远远不如分红险，对我而言实为憾事。

4. 2011年我和我的朋友沈激先生合写了一篇介绍美国万能险产品的文章《以客户需求为导向创新保障型万能险产品——美国万能险产品简介及启示》，刊载在2012年第7期《保险研究——实践与探索》杂志上。我将此文附录在书尾，供有兴趣的读者参考，希望未来保险业能开发出更多更好的万能险产品为大众服务。

● 好产品的标志：附加费用少，保险费用低，结算利率高且稳定；保险公司评级好、服务佳，投资和资产负债管理能力强。

在以上储蓄型保险产品"好产品的标志"评述中，我都写了一句"投资和资产负债管理能力强"。对此你可能会有疑问：我买的是保险，保险公司的投资和资产负债管理能力强固然好，但这和我有何相干？此外，"投资"还好理解，"资产负债管理"是个什么东西，和我买保险有关系吗？

对于不分红、分红和万能型的储蓄型人寿保险产品而言，我认为"投资和资产负债管理能力强"非常重要，也应该是你挑选储蓄型保险产品，尤其是长期的储蓄型产品时需要重点考察和评估的一点。这是因为储蓄型人寿保险产品的定价利率、分红水平、结算利率的高低以及稳定性决定了这类产品的核心储蓄功能是否有效、是否强大、是否能帮助你解决储蓄、资产保值增值的问题。

这就是为什么常说保险公司是由"承保"和"投资"双轮驱动的原因。在全球的很多资本市场、尤其在安全性相对较高的债券市场中，保险公司都是举足轻重的专业机构投资者，这是因为保险公司，尤其是寿险公司和养老金公司不仅仅为客户、为社会解决风险的问题，还为客户、为社会提供长期储蓄和财富保值增值的解决方案。

投资是有风险的。为了片面追求投资收益、扩大经营规模而打价格战，从而轻视投资风险，导致经营亏损的情况在全世界各地的保险市场中都屡见不鲜，例如，中国保险业1999年前的巨额利差损问题、2008年国际金融危机中美国保险业在可变年金业务上的巨额亏损和时至今日都困扰整个台湾地区寿险市场的利差损问题。

由此可见，保险公司如果要实现长期的稳健经营和可持续发展，就需要在"承保"和"投资"这两个轮子之间打造一个强有力的车轴，使得保险公司的负债（指承保业务）和资产（指投资业务）能够相互匹配、相互促进、相得益彰。

对于非保险专业的读者而言，如果你打算购买储蓄型的人寿保险产品，你至少可以就这种保险产品的"储蓄"功能问一些能够"问到点子上"的问题，比如说定价利率是否高（越高越好）、分红险的分红水平是否高（越高越好）、万能险的结算利率水平是否高（越高越好）、历史上的分红、结息水平是否稳定（越高越稳定越好）、是否有最低的分红和结息利率保证（有则好）、最低的分红和结息利率保证是否高（越高越好），等等。

你越是能够多问一些"问到点子上"的问题，就越是能够更清楚地知道你所考虑购买的保险产品是否能够满足你的需求、是否能够解决你的问题，你被误导的可能性也就越小。

投资连结型人寿保险产品（也称为"可变万能型人寿保险产品"）

● 解决的问题：

　1. 转移"死得早"的风险。

　2. 股票、基金投资以实现财富的增值。

　3. 提高风险保障的灵活性和投资理财的透明度。

● 保险利益：

　1. 投资连结型人寿保险产品也称为"可变万能型寿险"。"可变"指的是投资账户的管理权由客户所有，而不是保险公司所有，客户可以自行作出投资决策，投资于股票、基金等投资产品。保险公司一般提供自设的投资基金或由基金公司提供的基金，供客户选择投资。"万能"指的是投资连结型保险的设计和万能险一样，设有独立账户，保险公司定期从客户的独立账户中扣减管理费用和保险费用，计入客户的投资收益。

　2. 如果客户在保单有效期间不幸亡故，保险公司支付死亡风险保额。

　3. 如果客户退保，保险公司在扣除相关退保手续费用后支付独立账户的账户价值。

　4. 客户可以根据自身的需要和情况，灵活选择、安排保费和保额。

　5. 投资决策由客户作出，投资风险一般由客户承担。

　6. 有一些投资连结型人寿保险产品提供不失效保证，保证只要客户按规定缴纳一定的保费，遵守一定的投资限制，那么即使投资亏损，独立的账户净值为负不足以支付管理费用和保险费用，保单也不会失效、继续提供死亡风险保障。韩国的投资连结型人寿保险产品按其监管规定就都提供此类的不失效保证。

中国、台湾地区、香港地区的投资连结型人寿保险产品则鲜有提供此类保证的。

- 保险期限：通常为终身，但也有非终身期限的可变万能险产品。
- 作者评论：

1. 对很多客户而言，投资连结型人寿保险产品主要提供的是一个投资于股市和基金的平台，附带提供风险保障。部分客户也可能是希望用投资收益来支付保险的费用。

2. 在牛市中投资连结型人寿保险产品在很多市场都大行其道；但在熊市中，投资连结型保险都不太好卖，这可能就是因为投资连结型保险的客户更看重的是"投资"而不是"保障"。

3. 就投资连结型人寿保险产品的风险保障过低和费用率过高的问题，香港保险市场中近期（2012—2014）出台和准备出台一些新的行业规定，要求2015年开始投资连结型人寿保险产品提供的最低死亡风险保障不得低于投资账户价值的105%；此外，还打算出台不允许保险公司收取过高管理费用或手续费用的规定。

4. 考虑到香港保险业是比较发达的，这些新的监管规定引起了我的研究兴趣。通过浏览香港市场中销量居前的投资连结型人寿保险产品的资料，我发现一些产品的收费高得离谱、绝对有侵害那些财务上不够精明的消费者权益的嫌疑。这让我感到愤慨的同时，也让我体会到，对于大众的金融、财务保护，即使是在香港这样金融业发达的地区，都还是任重道远。金融从业人员需要自律，应该本着专业的态度和精神去服务大众、服务社会。在自律的同时，人还需要制度的约束。只有通过自律和他律的结合，才能保证规范、公允作业，促进行业的健康发展和社会的进步。

- 好产品的标志：附加费用少，保险费用低，投资品种选得精；
  保险公司评级好、服务佳；如果保险自设投资基金供客户选
  择，那么其投资能力强就非常重要。

具体选择哪个保险产品来应对英年早逝的风险，因人而异。如在前
文中提到的，我个人最喜欢的应对英年早逝风险的工具是定期寿险，储
蓄和财富保值增值的功能我个人利用其他的金融工具或产品来实现。但
储蓄型寿险也有其独特的价值所在，尤其是那些具备上文中"好产品的
标志"的保险产品。坦白而言，在我接触过的亚洲市场中，我个人的观
察是，好的储蓄型人寿保险产品并不多见，而纯风险保障型的定期寿险
产品在亚洲市场中的地位还亟待提高。

结语

面对和管理好"死得早"的风险需要有相当的理性。现实生活中
如果还没来得及去如此理性地做好家庭风险的管理和预备，但是不幸的
事情却发生了，也不需要觉得天就塌下来了。逝者长已矣；对于生者而
言，最重要的应对之举，还是不要被不幸和苦难所打倒，始终挺起胸膛
做人，积极主动地去努力改善自己和家人的生活。

我的父亲1989年去世时，我的妈妈才三十几岁，我大哥、二哥和我
分别上高中、初中和小学。在遗言中我的父亲要求我的两个哥哥："无
论如何要把小弟拉扯大，这是你们义不容辞的责任！"面对死亡，我的
父亲只有要求我的两个未成年的哥哥履行原本属于他的责任。每每回忆
起此情此景，我都不禁眼眶湿润。

面对一贫如洗的家庭和三个孩子，我妈妈为了始终把家维系在一
起，没有改嫁；为了谋生，我的两个哥哥不得不辍学工作，后来家里借
钱开了一个小小的杂货店，艰辛度日，但是一家人始终不离不弃、团结
一心。依凭多年的、不间断的辛勤努力，时至今日，我的哥哥们有了属

于他们自己的令人骄傲的成绩和事业；我也考上大学、出国留学，虽然工作上东奔西跑、四处漂泊，但也算能依凭自己的努力有个小康生活；只是妈妈老了，幸好她身体硬朗健康，一如既往地豁达乐观。

基于以上的个人经历，我认为：爱，爱生活，无论如何都始终积极主动地去生活，才是应对所有风险和苦难的最佳之道。

我爱我的妈妈、我的大哥、二哥和我所有的家人。

本章小结　英年早逝的风险（"死得早"的风险）

险在哪?

- 险在自己壮志未酬
- 险在家属痛失所爱，孤苦无依
- 险在家庭失去收入，生活质量大幅下降

有多险?

- 发生频率相对低（大致上，65岁前去世的可能性男性为10%~15%；女性为6%~10%。）
- 损失程度非常高（家庭顶梁柱的未来收入都没了！）
- 整体风险很显著（你说险吗?）

怎么办?

- 知晓英年早逝风险的所在和大致大小
- 想清楚自己和家庭的生活目标和财务目标
- 做生活压力测试，应对万一不幸发生的悲剧，未雨绸缪
- 健康生活，远离危险
- 多攒钱、多创富，以防万一
- 了解不同类型的人寿保险产品，考虑将"死得早"的风险转移出去
- 购买纯保障型的定期寿险
- 根据自己的具体需求和情况，考虑选购长期储蓄型人寿保险产品
- 请注意：储蓄型寿险产品种类繁多、各有特点，其适宜性因人而异、因具体产品而异
- 爱，爱生活，无论如何都始终主动积极地去生活

附录：中国、台湾地区、香港地区、新加坡等国家或地区人口早亡大致可能性参考表

中国男性／年龄	10年内去世的可能性	20年内去世的可能性	30年内去世的可能性	65岁之前去世的可能性
0岁	0.4%	0.8%	1.5%	15.2%
10岁	0.4%	1.1%	2.3%	14.8%
20岁	0.7%	1.9%	4.2%	14.5%
30岁	1.2%	3.5%	8.6%	13.9%
40岁	2.4%	7.5%	21.3%	12.8%
50岁	5.2%	19.3%	49.4%	10.7%
60岁	14.9%	46.6%	85.9%	5.8%

资料来源：中国人寿保险行业经验生命表（2000—2003），非养老金业务用表；基于作者分析计算。

中国女性／年龄	10年内去世的可能性	20年内去世的可能性	30年内去世的可能性	65岁之前去世的可能性
0岁	0.3%	0.5%	0.9%	9.1%
10岁	0.2%	0.5%	1.1%	8.8%
20岁	0.3%	0.9%	2.1%	8.6%
30岁	0.6%	1.7%	4.8%	8.3%
40岁	1.2%	4.3%	13.6%	7.8%
50岁	3.2%	12.5%	36.7%	6.7%
60岁	9.7%	34.6%	76.2%	3.6%

资料来源：中国人寿保险行业经验生命表（2000—2003），非养老金业务用表；基于作者分析计算。

台湾男性／年龄	10年内去世的可能性	20年内去世的可能性	30年内去世的可能性	65岁之前去世的可能性
0 岁	0.2%	0.6%	1.4%	18.1%
10 岁	0.3%	1.1%	2.6%	17.9%
20 岁	0.8%	2.3%	5.5%	17.6%
30 岁	1.5%	4.8%	11.4%	16.9%
40 岁	3.3%	10.1%	23.6%	15.7%
50 岁	7.0%	21.0%	46.9%	12.8%
60 岁	15.1%	42.9%	77.8%	6.2%

资料来源：台湾寿险业第五回经验生命表；基于作者分析计算。

台湾女性／年龄	10年内去世的可能性	20年内去世的可能性	30年内去世的可能性	65岁之前去世的可能性
0 岁	0.2%	0.4%	0.7%	8.2%
10 岁	0.2%	0.5%	1.0%	8.0%
20 岁	0.3%	0.9%	2.1%	7.9%
30 岁	0.5%	1.8%	4.7%	7.6%
40 岁	1.2%	4.2%	11.7%	7.1%
50 岁	3.0%	10.6%	30.0%	5.9%
60 岁	7.8%	27.8%	64.8%	3.0%

资料来源：台湾寿险业第五回经验生命表；基于作者分析计算。

香港男性／年龄	10年内去世的可能性	20年内去世的可能性	30年内去世的可能性	65岁之前去世的可能性
0 岁	0.3%	0.5%	0.9%	11.8%
10 岁	0.2%	0.6%	1.3%	11.5%
20 岁	0.4%	1.2%	2.8%	11.3%
30 岁	0.8%	2.4%	6.8%	11.0%
40 岁	1.7%	6.1%	16.8%	10.3%
50 岁	4.5%	15.4%	39.2%	8.8%
60 岁	11.4%	36.3%	75.5%	4.5%

资料来源：香港人口生命表（2006—2014），表12（2011年香港男性生命表）；基于作者分析计算。

香港女性／年龄	10年内去世的可能性	20年内去世的可能性	30年内去世的可能性	65岁之前去世的可能性
0 岁	0.3%	0.4%	0.6%	6.0%
10 岁	0.1%	0.3%	0.7%	5.7%
20 岁	0.2%	0.6%	1.6%	5.7%
30 岁	0.4%	1.4%	3.5%	5.5%
40 岁	1.0%	3.2%	8.3%	5.1%
50 岁	2.2%	7.4%	21.2%	4.2%
60 岁	5.3%	19.4%	55.4%	2.0%

资料来源：香港人口生命表（2006—2014），表11（2011年香港女性生命表）；基于作者分析计算。

新加坡男性／年龄	10年内去世的可能性	20年内去世的可能性	30年内去世的可能性	65岁之前去世的可能性
0 岁	0.3%	0.5%	0.9%	11.5%
10 岁	0.2%	0.6%	1.2%	11.3%
20 岁	0.4%	1.0%	2.5%	11.1%
30 岁	0.6%	2.1%	6.5%	10.7%
40 岁	1.6%	6.0%	16.6%	10.2%
50 岁	4.5%	15.3%	40.1%	8.8%
60 岁	11.3%	37.3%	74.5%	4.5%

资料来源：Complete Life Tables 2008—2013 for Singapore Resident Population, Table 32 Complete Life Table for Singapore Male Residents, 2013（Preliminary）；基于作者分析计算。

新加坡女性／年龄	10年内去世的可能性	20年内去世的可能性	30年内去世的可能性	65岁之前去世的可能性
0 岁	0.3%	0.4%	0.6%	6.9%
10 岁	0.1%	0.3%	0.7%	6.6%
20 岁	0.2%	0.6%	1.5%	6.5%
30 岁	0.4%	1.3%	3.9%	6.3%
40 岁	1.0%	3.5%	9.7%	5.9%
50 岁	2.6%	8.8%	26.0%	5.0%
60 岁	6.5%	24.1%	60.8%	2.5%

资料来源：Complete Life Tables 2008—2013 for Singapore Resident Population, Table 33 Complete Life Table for Singapore Female Residents, 2013（Preliminary）；基于作者分析计算。

第二章　寿终正寝的风险

> 今日的你，昔日的我；
> 今日的我，明日的你；
> 跟随基督，获享永福。
> As you are now, I once was,
> As I am now, you soon will be,
> So prepare for death and follow Jesus.

图解：作者摄于香港跑马地（英语地名"Happy Valley"直译为"欢乐谷"）的天主教坟场。左图大闸门外对联为"今夕吾躯归故土，他朝君体也相同"。我有次在出租车上路过此地看到这副对联，印象颇为深刻。有人认为这句对联由拉丁文诗句翻译过来（中文大致意为：旅人，你与我当年一般，而你终有一天也会成我这模样），意思是人终有一死，生者要珍惜生命[11]。我觉得右图石墙上的英语铭文（摄于该坟场的另一个入口处）对应于这副对联，目的都是要告诫生者要为死亡做好准备（"So prepare for death"）。值得一提的是，建于百年前的坟场，如今附近的地价已是寸土寸金，附近山上的一百平方米左右豪宅竟贵达几千万港元。

本章旨在概略回答如下三个问题：

1. 险在哪？——"死不起"和"死得伤"的风险是什么、险在哪？
2. 有多险？——寿终正寝的风险具体有多险？如何衡量呢？
3. 怎么办？——如何去管理"死不起"和"死得伤"的风险？

我的父亲去世前留下遗愿，希望火化后不下葬，要等我的祖母百年之后，尽到他做儿子的责任，纵然火化成灰，也要将她老人家送老归山，之后再葬在我祖母的坟旁。我的祖母生于1922年，一辈子虽然历尽艰辛，尝遍人间苦楚，但是个性坚强独立，始终坚韧勤劳。我的两个哥哥和我都由祖母一手带大，人品的确立都深受她的影响。2002年我的祖母八十几岁高龄离世时，子女儿孙相伴左右，得以善终。

对我的祖母而言，平安健康活到寿终正寝是人生的幸事。中国独特的"喜丧"文化，也就是对这种人生幸事的庆祝。

然而，对某些人和某些情况而言，寿终正寝也可能带来一定的财务上的风险。这一章就谈谈即使是寿终正寝也有可能需要忧虑、需要管理的风险。

1. 险在哪？

寿终正寝的风险险在于生前对"身后事"的担忧，在于"身后事"对家庭财务状况的潜在重大负面影响。"身后事"可能需要花钱的地方大致有两个方面，一是丧葬费用，二是可能有的"死亡税"。

经济条件比较一般的人或家庭（贫穷、温饱和小康之家）可能会担忧是否有钱安排体面得宜的葬礼，让自己或家人走好人生的最后一段旅程；经济条件非常好的人（高净值人士）会担忧死后是否要缴纳大量的遗产税，财富能否如愿传承给子子孙孙。这些风险的所在可以总结成"死不起"和"死得伤"的风险。

死不起

"死不起"的风险在于担心丧葬费用过高，死后家属没有能力或非常吃力地去支付一个比较体面的葬礼。古代"卖身葬父"的故事就是极端的"死不起"风险的例子。

对"死不起"风险的担忧据说是人寿保险的起源。据瑞士再保险公司的一篇文章介绍[12]，"寿险记录可追溯至公元前2500年，当时埃及地区的石匠们组建了丧葬合作社，以便在成员死亡时提供支持。这些在当时被称为慈善协会或葬礼社团的组织在公元前1000年的印度和古罗马也十分常见。很久之后的17世纪，开始出现了现代寿险业。简单的定期寿险合同和首家现代寿险公司于18世纪的英格兰设立。"

在当前的中国常有天价墓地的报道，"死不起"的风险对很多经济能力有限、手头并不宽裕的家庭而言还真是一个需要面对和解决的问题。

死得伤

没钱的担心"死不起"，有钱的担心"死得伤"，这种"伤"体现在巨富之家担忧巨额财产在代际传承的时候需要向政府缴纳巨额的遗产税。

在欧美等发达国家流行的"遗产规划"包括的内容之一就是通过合理合法的手段，规避或者减少需要向政府缴纳的遗产税，确保死后家庭财富能够最大限度地按照自己希望的方式传承给后代。

2. 有多险？

寿终正寝风险的大小也可以从风险事件发生的可能性和对应的财务损失严重程度两个方面来考虑。

风险事件发生的可能性——死定了

不幸的消息你早就知道：你死定啦。正所谓"人生自古谁无死"。第一章里我们定义了在65岁之前去世为英年早逝，这一章让我们将活过出生时的预期寿命后才亡故定义为寿终正寝，中国、中国香港和新加坡的出生时的预期平均寿命如图2-1所示。预期平均寿命的定义也就隐含了50%的人预计活过预期平均寿命。

从图2-1可见，总体预期寿命在过去的半个世纪里大幅增加。以中

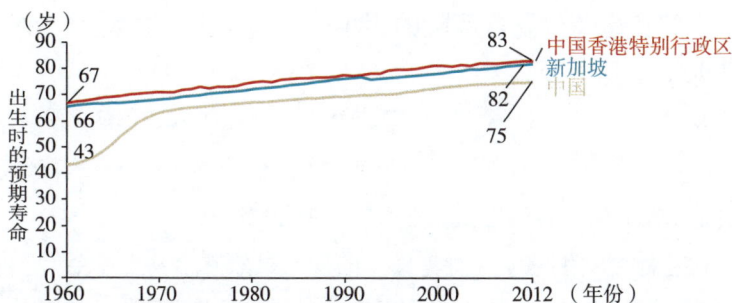

资料来源：世界银行。

图2-1 部分国家或地区的历史总体平均寿命趋势[13]对比示意图（1960—2012）

国为例，半个世纪以来出生时的总体平均预期寿命从1960年的43岁大幅上升到当前的75岁。这意味着在不区分男女性别的情况下，当前估计有一半以上的新生儿将活过75岁；考虑到在不区分男女性别的情况下某个新生儿65岁之前亡故的可能性在12%左右，那么38%左右的新生儿预估在65岁到75岁之间去世，50%在75岁之后去世。从而可见，寿终正寝是一个非常可能的大概率事件。

从全球的平均数据来看，女性出生时的预期寿命比男性大概要长4岁到5岁。这一点可以从图2-2中看出。中国香港、新加坡等地女性的平均预期寿命更是接近90岁，可以预见这些地区的老年人口比例和老年人口的数量都会逐步上升，整个社会的养老问题会越来越严重。

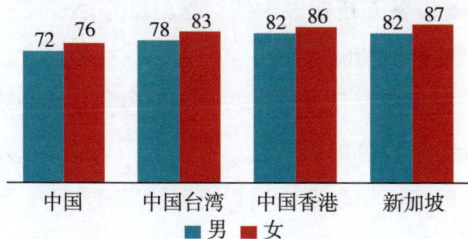

资料来源：世界卫生组织2013年数据。

图2-2 部分国家和地区的男女平均寿命（2013年）[14]对比示意图

寿终正寝所致财务风险的大小——钱太少，钱太多，都可能让人烦心

丧葬费

显然，丧葬费导致的财务损失严重程度由家庭的财务状况和经济能力决定。越有钱，自然也就越不用担心丧葬费。

封建社会发生的"卖身葬父"的惨剧虽然不会发生在今天，但是"因葬返贫"或因为办丧事而使得家庭财务状况急剧恶化的情况，对经济条件一般的家庭而言还是很大的风险。

以下是部分国家和地区有关丧葬花费的一些资料：

中国的丧葬费大致情况

近年来常有天价墓地、丧葬业费用太高以致涉嫌暴利的报道。据央视网2011年4月2日"今日谈"154期的报道《一个中国人的丧葬费清单》分析[15]，假设在北京某位普通老人去世，从去世到最后入土为安涉及多项流程，即使"在办理丧事过程中秉承了所有花费事项'随大流''不铺张'的原则"，总花费也将在3.2万元人民币左右（约5 000美元）。当然，正如这篇报道中指出的，"一场丧事要花费多少钱？在中国至少在北京是很难有确切的答案。"

台湾的丧葬费大致情况

台湾殡葬咨询网也表达了同样的关于丧葬费难有定论的观点，其网站介绍[16]，"一场丧事要花费多少钱？这犹如在问：吃一餐饭要花费多少钱一样，是很难有确切的答案。"但是，它也指出"目前一般台湾民众的治丧费用，在30余万元台币左右。其中包括丧礼的费用20万元台币上下，以及灵骨塔位的费用10万元台币上下。当然，这仅是一个参考数字，要更简单肃穆或豪华隆重，仍有很大的增减空间。"30万元台币大致相当于1万美元。

此外，据台湾媒体报道[17]，台湾地区领导人马英九母亲逝世，"丧

礼一切从简，只有家祭、火化、捡骨及安厝仪式，没有设灵堂，也没有公祭。马母秦厚修的丧葬费用仅花费8万元新台币。"8万元新台币相当于2 700美元。

香港的丧葬费大致情况

根据《北京晚报》报道[18]，"一个香港居民死亡，殡葬服务的最低消费是11 180港元，这是香港社会福利署为综援领取者提供的殓葬津贴，这也是香港殡仪行业服务的收费起点基准。11 180港元的殓葬服务，包括死亡注册费、火葬费、棺木、寿衣、殡仪化妆、灵车服务、骨灰龛，直到火葬完毕领回骨灰。

除了这种基本服务外，一般香港家庭附加在殡仪馆设置悼念灵堂、打斋等宗教仪式。总体而言，香港普通家庭完成一场火葬殓葬仪式的收费普遍在3万港元左右。殡葬仪式复杂或简单由家人定，有富贵人家可以选择几十万港元的灵堂布置形式，也有普通市民选择清简的灵堂布置。

香港人大部分选择火葬，而存放骨灰的骨灰龛分为政府和私人两类。政府骨灰龛收费低廉，一个骨灰龛位视乎大小和位置所在，收费在2 800~4 000港元，政府骨灰龛位是一经出售永久存放。私人骨灰龛位价格则昂贵很多，收费在5万~50万港元，价位差距悬殊。"

11 180港元大致相当于1 500美元；可见香港政府有兜底的丧葬福利。普通家庭3万港元的花费大致相当于4 000美元。

新加坡的丧葬费大致情况

根据新加坡保险前三大保险公司之一职总英康保险公司网站报价[19]显示，三天或五天的全套丧葬服务花费为3 780新币或4 680新币，合3 000~3 700美元。

部分发达国家丧葬费大致情况参考

●美国的丧葬费大致情况

据央视网图解新闻说明书第63期《一个美国人的丧葬费清单》[20]

介绍，美国传统土葬花费总共1万美元或更多，火葬费用从1 000
美元到4 000美元不等，另外还有2 300美元左右的隐性费用。

● 英国的丧葬费大致情况

据英国《每日邮报》2014年1月21日报道[21]，巴思大学政策研究所
所作调查显示，2013年英国丧葬平均费用上涨7%，达到7 622英
镑（约1.3万美元）。2004年至2013年，丧葬费上涨达到80%，
预计今后5年将继续涨价。报告预计2014年英国将有10万人支付
不起丧葬费。尽管低收入家庭可获得政府提供的丧葬费资助，但
报告认为帮助程度有限，平均缺口达到1 277英镑（2 000美元左
右）。

遗产税

巨富家庭财富代际传承时所面临的遗产税（也称为"死亡税"）
的问题，随各国遗产税法的不同而不同。显然，遗产税率越高，风险越
大。以下是部分国家或地区的遗产税情况：

中国的遗产税情况——目前无

目前中国没有遗产税，但是中国遗产税立法的情况给"死得伤"的
风险增加了不确定性。

中国财政部早在2004年就推出了《中华人民共和国遗产税暂行条例
草案》，并于2010年予以修改。按照遗产税新版草案超额累计税率表的
规定，应纳税遗产净额超过80万元人民币的继承者必须缴纳遗产总值20%
的税额。遗产税草案中的最高税率为50%，适用于纳税遗产净额超过
1 000万元人民币的继承者。这个草案争议颇多，到目前为止尚未定案。

按道理来讲征收高额的遗产税应该是社会主义国家的一个标志，达到
生前保护私有财产以促进财富的创造、死后征收高额的遗产税实现财富社
会化的目标，但走具有中国特色社会主义道路的中国未来是否征收遗产税
是所有富人不得不面对的一种不确定性，这种不确定性也是一种风险。

台湾的遗产税情况——有

根据台湾财税基金会网站的介绍[22]，台湾的遗产税率分为10档，最低2%，最高50%。

香港的遗产税情况——无

根据《2005年收入（取消遗产税）条例》，香港于2006年2月11日取消遗产税[23]。"凡在2005年7月15日或之后但在2006年2月11日之前去世的人的遗产（"过渡期的遗产"），如基本价值超过7 500 000港元，只会被征收100港元的象征性税款。"

新加坡的遗产税情况——无

根据新加坡财政部网站介绍[24]，新加坡于2008年12月15日取消遗产税。

部分热门移民目的地国家和亚洲国家的遗产税情况

根据安永《国际遗产和继承税指南2013》[25]的介绍，部分热门移民目的地国家的遗产情况如下：

- 澳大利亚——无
- 加拿大——无
- 新西兰——无
- 美国——有

2012年12月31日后去世的美国公民和居民[26]需要缴纳遗产税，税率最低18%、最高40%，起征点为500万美元，并且起征点逐年按通货膨胀率上浮，如2013年起征点为525万美元。对于在美国死去的外国人，死亡后也需缴纳遗产税，税率最高为40%，但是起征点非常低，只有6万美元，并且不随通货膨胀率上浮。美国人的"厚己薄彼"可见一斑，如果你还没有拿到美国的公民身份或永久居留权，又没有在美国居住足够长的时间，最好还是别死在美国。

● 韩国的遗产税情况——有

韩国遗产税采用五级累进制税率，对于30亿韩元（合300万美元左右）以上的遗产，最高税率50%。据2014年6月《21世纪经济报道》的一篇新闻稿报道[27]，三星集团掌舵人李健熙（Lee Kun Hee）病重入院，因为可能需要缴纳57亿美元的天价遗产税而成为全球焦点。报道中指出："与欧美更流行用信托工具持股不同，韩国的法律环境决定了交叉持股可能是更好的方式。韩国与中国一样属于大陆法系国家，并没有英美法系下的信托概念，这可能是信托并不那么流行的一个原因。""对三星集团而言，秘书室既是集团业务的中枢管理部门，也是安排李氏家族财富传承的重要机构，担负着类似欧美家族办公室的职能。"由此可见，对于有遗产税的国家和地区，巨富家庭想方设法应对遗产税对实现财富传承是多么重要。

3. 怎么办？

管理寿终正寝的风险也可从"知晓""知止""算计"和"应对"四步入手。

知晓

知晓风险的所在和大小，对你预期的终老之地的基本丧葬花销有所了解。如果你有幸暂时拥有和管理巨额财富，并且希望死后由自己的子孙后代继承这些财富，那么你就应该对本国或地区的遗产税法也要有所了解。

我曾看到过一些负面的新闻报道，说有些保险代理人利用财富传承和遗产税的概念推销保险，而实际上在部分国家或地区已经没有遗产税啦。这凸显出无论是保险销售人员还是保险客户，知晓一些基本事实的重要性。

知止

对于大多数老年人，自然而然都会考虑提前安排好自己的"身后事"，首要需要考虑的，就是葬礼的规格，是喜欢隆重奢侈呢，还是希望俭朴有情就好？需要租一架飞机或轮船将骨灰撒向天空或大海呢，还是俭朴地葬入普通公墓就好？

对于巨富家庭，还需要想清楚自己应该如何对待财富，是希望将尽可能多的财富代代相传，还是希望财富取之于社会、反馈于社会？

算计

首先，需要计算风险敞口（即风险事件发生后，总共要多少钱）：根据你的希望，"身后事"打算花多少钱？百年之后要交多少遗产税给政府？

然后，再算风险缺口（即风险事件发生后，还缺多少钱）：根据你家的财力，自己或子女能轻松支付身后事的费用嘛？有足够的现金交税，还是不得不变卖部分财产用以纳税？政府是否有丧葬津贴也应该予以考虑，例如中国企业离退休人员可能有死亡丧葬补助费，香港社会福利署为综援领取者提供的殓葬津贴等。

之后，检查自己的风险厌恶程度或风险容忍程度（即对风险事件和潜在损失的心理态度）：问问自己是否能够接受俭朴的葬礼，是否愿意子女背负没有能力承担的丧葬费用；问问自己想到要缴纳巨额遗产税给政府是否心痛。

在算清以上三本账的基础上，看看自己设定的目标是否能够实现、是否需要调整。同时看看自己对待丧葬和遗产税的心态是否需要调整一下，可不可以不要太过执着，对死亡和财富都看得更加豁达一些呢？

最后，根据自己的目标和算账的情况列个计划，想清楚何时该做何事以确保自己能达成所愿，实现自己寿终正寝后的目标、得以安息。

应对

死亡的确定性决定了丧葬以及丧葬的花费必然发生。因此，最佳的应对之道就是根据自己的年龄和健康状况提前预备身后事，也就是本章开篇图里英语铭文中所指出的为死亡做好准备（"So prepare for death"）。无论你是否信仰天主教、无论你的宗教信仰如何，为死亡做好准备都是应该的。

攒足"棺材本"

对于"死不起"的风险，中国人从来都是非常厌恶的，这一点集中体现在对棺材的态度上。俗话"攒足棺材本""千万别把棺材本也赔进去啦"等俗语所指的就是生前买好棺材准备身后事的做法。这也体现了中国人对死的重视和豁达。记得小时候在我的安徽老家，很多老人家生前就备好棺木，挑选的时候有的老人还亲身躺进棺材去试试，挑好后有的存放在棺材铺，有的则放在自己家里，真是视死如归。

买"葬礼计划"人寿保险

终身寿险是一种针对老年人丧葬需求的保险产品，保障期限为终身，保额相对较低，一般和当地的丧葬费用挂钩。因为人死亡的概率为100%，所以这种保险是一种储蓄型的保险。例如，假设有一款针对老年人的葬礼计划保险，针对60~80岁的老年人群，以65岁女性为例，如选择保额10万元的终身寿险，年保费在每年1万元左右，那么如果投保人在75岁之前亡故，则所交纳的保险费低于保额，如果投保人活过75岁，则所交纳的总保费将高于保额。这种保险提供的保障主要是防止还没有"攒够棺材本"就去世的风险。

在有遗产税的国家，遗产规划的复杂程度各不相同，如前面指出的，设立信托基金或者进行复杂的交叉持股安排都有可能达到有效合法避税的目的。下面介绍两种更简单的应对"遗产税"的策略。

买高保额终身寿险

一般来说人寿保险的赔付金是无须缴纳所得税的。这一特点加上终身寿险的储蓄性特征使得高保额终身寿险成为一种有效的规避遗产税的工具。当然具体情况要根据各地遗产税法的具体情况而定。需要再次指出的是，中国目前没有遗产税，中国香港和新加坡则已经取消了遗产税。

移民或转移资产

如果就是不愿缴纳遗产税，通过移民把资产转移到没有遗产税的国家或地区，也是直接而有效的避免"死亡税"的举措。当然这需要考虑移民或转移资产的费用和成本。

我虽然从来没有打算移民，但是我在海外生活时接触过很多移民，也对海外的生活有所了解。我个人对"移民"的态度是，不要上升到"爱国"的高度，回国的不一定就爱国，移民的也不一定就不爱国。只要移民是他们自己选择、通过合法途径达成的。

这个话题让我想起南方周末记者专访伊朗电影《一次别离》主演佩曼·莫阿迪时，莫阿迪先生的一段话[28]："《一次别离》中，父母离婚，女儿要在父亲和母亲中选择一个，这个决定有其更深远的意义。这不是在选父母中的任何一方，而是在选他们的观点——父亲觉得，如果这个国家有问题，那么就要留下来解决问题；母亲觉得，这个国家有问题，那就应该离开它，去一个没有问题的国家。女儿必须二选一，这个选择是每个现代社会都会遇到的难题。很多人看了《一次别离》后找到我，说他们很困惑，他们看不出小女孩最后的选择是什么。但我如果告诉你，她最终选了爸爸，或是妈妈，有用吗？对我来说，这部电影有结局，结局就是，一个小孩要被迫在父亲和母亲之中选一个，这才是灾难性的。"

我非常欣赏莫阿迪先生以上的话，是留下来解决问题，还是离去，都是个人的选择，个人的自由意志只要合法就都应该无条件被尊重。被迫要做出去留的选择，才是灾难性的。希望我们的儿女后代、子子孙孙都无须被迫考虑"移民"的难题，这需要我们这代人、需要所有选择"留下来"的人做出艰苦的努力，这是我们对子孙后代的责任。

结语

我祖母百年之后按传统土葬礼仪归山，所用的也是她自己早早就准备好的棺木，出殡那天送殡的人绕城全程步行，送她走好最后一程。她给儿孙留下老宅祖业，更给儿孙留下做人处事的精神和文化。

我的祖母只读过几天私塾，我的父亲"文革"前也不过初中毕业，但我的祖母和父亲用行动告诉我什么是母慈子孝，什么是中华传统文化。我想，"文化"之所以能成为文化、称为文化，需要流入并传承于民族的血脉之中，或直接或间接地影响、决定千百万普通人的价值取向和行为方式。

对于丧葬可能带来的财务风险，继承和发扬中华传统文化，"慎终追远""礼，与其奢也，宁俭；丧，与其易也，宁戚"[29]，可能是最好的应对态度。

对于遗产税可能带来的风险，继承和发扬中华传统文化，"泛爱众"[30]，转变观点，认同"在巨富中死去，是一种耻辱"[31]，通过慈善活动主动将个人财富按照自己的意愿社会化，回馈和造福社会大众，可能是最好的应对之举。

我怀念我的祖母和我的父亲。

本章小结 寿终正寝的风险
（"死不起"和"死得伤"的风险）

险在哪?

- 险在家属可能无力支付丧葬费，太过凄凉
- 险在丧葬费使得家庭财务状况恶化，因葬返贫
- 险在可能要支付高额遗产税，财富不能代际传承

有多险?

- 发生频率：无论贫穷或富裕，人生自古谁无死?
- 损失程度：太穷可能死不起，温饱可能死得伤，小康、富裕无须忧，巨富可能也死得伤
- 整体风险：取决于丧葬费和遗产税与家庭财力的相对关系；取决于对待葬礼和财富的文化与态度

怎么办?

- 攒够棺材本，预备好后事
- 购买葬礼保险，预备丧葬费
- 转变观念，发扬优秀的中华传统文化，简丧宁戚
- 购买高额终身寿险，规避可能有的遗产税，传承财富
- 进行全面的遗产规划，移民或转移资产到没有遗产税的国家或地区
- 转变观念，发扬优秀的中华传统文化，泛爱众生，通过慈善主动将全部或部分个人财富社会化

第一部分
家庭作业（填空题）

Before I die, I want to...
在死之前，我想_____

_____

_____。

If I die, my family will...
如果我死了，我的家人将_____

_____

_____。

After I die, I hope...
百年之后，我希望_____

_____

_____。

图解：TED 大会，Candy Chang题为"Before I Die I Want to..."的演讲；图片截屏自网络
http://www.ted.com/talks/candy_chang_before_i_die_i_want_to

第二部分 去病无灾

导言
健康为要，平安是福

第一部分中我分析了死亡带来的种种个人与家庭的风险。这一部分我就导致死亡的大类原因进行分析讨论。

死因诸多，可以归为两大类：灾和病。

灾有天灾和人祸。人祸包括一切的故意伤害，例如侵略、战争、武装的阶级斗争、谋杀、自杀等，也包括非故意但由人的错误或疏忽导致的伤害，例如人力导致的饥荒、核电站爆炸、频发的矿难和交通事故等。

天灾指人力以外、由自然力量导致的伤害，例如地震、海啸、飓风、洪水等。

老话说：人吃五谷杂粮，哪有不生病的。更何况现在的人可能五谷不分，也不常吃杂粮，饮食结构不好，生病的情况就更加多发啦。病有大有小、有轻有重，重大疾病如癌症、心肌梗死、中风等可能就是夺命绝症；肺炎、肝炎、胆结石等大病虽然不会立即致死，但可能也需要住院或接受手术治疗；日常的感冒发烧、头疼脑热可能去门诊看看医生就可以了。

从灾和病导致的最终结果的严重程度看，最不幸的灾和病导致死亡，相当严重的灾和病导致不同程度残疾、轻微的灾和病经过医疗救治得以康复。灾、病所致的残疾和医疗救治还可能导致永久或暂时性地失去工作能力以及工作收入（简称"失能"）。

灾致难，病致痛，还有与灾病相随的各种程度的财务损失都是人生中不得不面对的重大风险。

所以，首先，我祝福你去病无灾。

然后，如以上"第二部分'去病无灾'结构图"所示，我在本部分用四个章节分别讨论灾和病所带来的风险。

第三章《发生伤害的风险》主要讨论故意为之和意外事故造成的人身伤害的风险。我在这章里重点讨论意外伤害的风险，但是这不是说故意伤害的风险就小了、就无须关注了，只是个人商业保险产品一般而言无法为故意伤害导致的风险提供保障。

第四章《罹患重疾的风险》讨论诸如癌症等重大疾病所带来的人身和财务风险，并在"应对"一节中介绍了不同种类的重大疾病保险。

第五章《大病小恙的风险》讨论患病后门诊、住院、手术的风险，介绍、分析各种社会医疗保险和商业健康险产品。

第六章《残疾失能的风险》讨论残疾、失去工作能力和工作收入的风险，介绍失能收入保险。

希望你在读完这一部分后，能够更加珍视平安和健康，心中常念：健康为要，平安是福；安全第一，健康第一。

第三章　发生伤害的风险

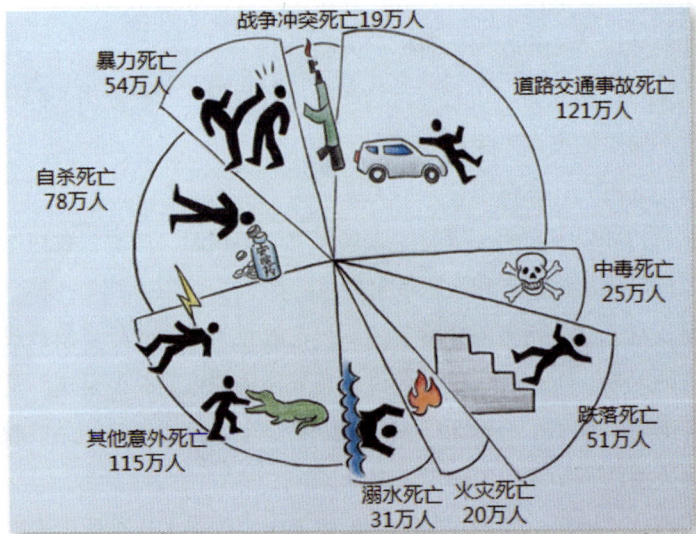

图解：陈欣作图。伤害死亡数据来源于世界卫生组织[32]。

本章旨在概略回答如下三个问题：

1. 险在哪?——伤害可能导致哪些风险?
2. 有多险?——发生意外的可能性有多大?
3. 怎么办?——如何去应对故意伤害和意外伤害所导致的风险?

　　我父亲去世后不久，在得知我二哥车祸受伤后，我妈说我哥这是"死爹的运"，并没有太过责备，一家人艰难地共同应对意外事故所带来的伤痛和损失。

　　等我长大后，了解了一些意外事故的统计数字，回头再看当年的家庭经历，觉得人世的不幸和苦难有些虽然是因为意外事故所致，有走背运的成分，但是很多意外事故也有某种统计意义上的必然性，正如鲁迅先生的那句名言所说："以为未必竟如所料的事，却每每恰如所料的起来。"[33]

相对于意外伤害而言，故意为之的伤害如果不是更让人不可接受，至少也是同样让人难以接受。

我在这一章里主要讨论发生意外伤害的风险，也稍加介绍和讨论故意伤害的一些数据和应对建议。

1. 险在哪？

如图3-1所示，伤害，无论其严重程度如何，都险在会给人带来身体上的伤害、情感上的伤痛和财务上的损失。

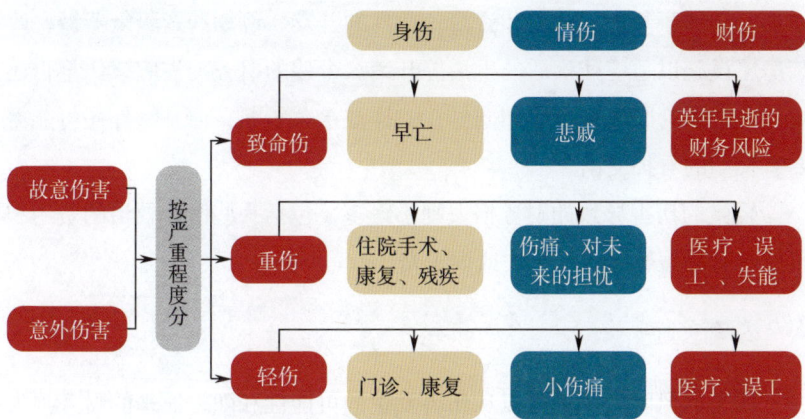

图3-1　发生伤害的风险所在示意图

身伤

按伤害的严重程度分，致命的伤害致人死地；严重的伤害经过医疗救治或可康复，或落下不同程度的残疾；轻微的伤害通过医疗救治则可获康复。

情伤

致死的突然伤害，让生命瞬间消失，给家人带来巨大悲痛；家人心理上毫无准备，只能惨然面对。严重的伤害，可能需要痛苦和漫长的治疗过程才能康复，也可能从此终生落下残疾，让受害者和其家人饱受身体和精神上的双重折磨，对未来的生活更是可能充满担忧。即使是轻微的伤害，也让人悚然而惊，极其不爽。

财伤

致死的伤害导致英年早逝，使被害者的收入现金流被永久斩断，这种财务风险已经在第一部分中分析讨论过。

严重的伤害，首先可能导致高昂的住院、手术等医疗救治费用，以及救治期间的误工费用和额外的开支；如果落下残疾，根据残疾的程度，收入现金流可能被暂时斩断、永久缩小、或永久斩断，并且还可能增加定期的康复护理开支和许多一次性的开支，例如购置康复器械、改装房屋设施以适应残疾后的生活等开销。全残的财务损失应该比早亡还要严重，因为收入现金流如同早亡一样被永久斩断，而且额外还可能需要有长期的看护支出。

轻微的伤害导致的财务损失则小得多，包括一些医疗救治的费用和可能会有的短暂的收入损失或误工费。

2. 有多险？

伤害的风险大小也可以从伤害发生的可能性和随之而来的财务损失的严重程度两个角度来分析。

意外伤害发生的可能性
全球意外伤害的数据

根据世界卫生组织2011年的估计数字，2008年全球约有67亿人口，死亡人数5 689万左右，年死亡率8‰左右，大约每1.1秒就有1个男人和1个女人离世。如图3-2所示，所有死亡人数中，大约有513万人死于外力伤害，占比约9.0%。在这9.0%中，大约有6.4%（362万人）是由于意外伤害导致死亡。意外伤害中，道路交通事故致死（121万人）的占比最大，约2.1%。值得关注的是，自杀（78万人）在所有死亡原因中也占1.4%的比例，高于其他所有故意伤害致死原因（包括暴力和战争冲突）的总和，令人触目惊心。

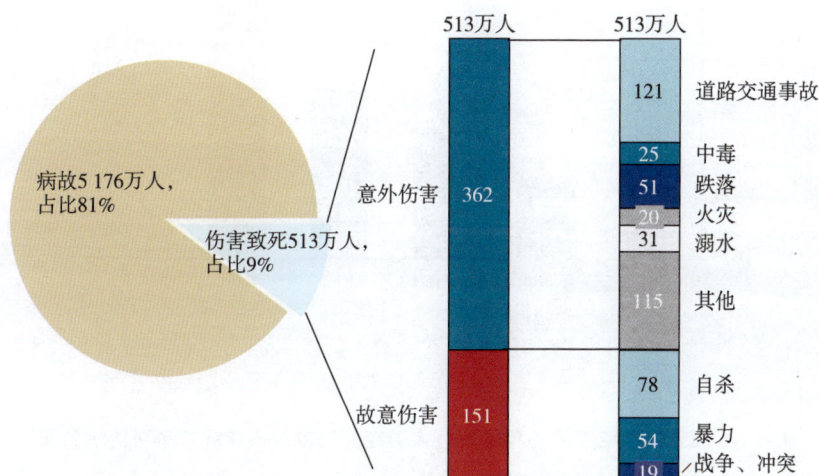

资料来源：世界卫生组织。

图3-2 2008年全球估计总死亡人数5 689万人的大类死因以及伤害类死因分类示意图[34]

以上的数据是全球死亡的绝对数字，虽然看上去很是吓人，但只是从一个侧面展示了这些事件发生的可能性。根据67亿人口中约有513万人死于伤害的数据，我们可以大概算出2008年有1‰的地球人口死于外力伤害；我们也可推算出一年内全球每10万人中大约有18人死于道路交通事故。

道路交通意外伤害的可能性

以下就意外事故中占比最高的道路交通事故进行进一步的分析。如你可以想象到的，全球各地的交通安全差异非常大。如图3-3所示，香港的道路交通安全状况全球领先，但是中国的情况比较糟糕，还有非常大的改善空间。

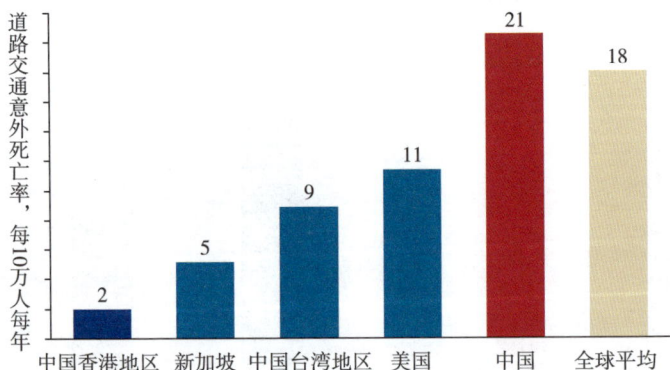

资料来源：世界卫生组织、中国香港运输署、中国香港政府统计处、中国台湾交通部门网站。

图3-3　部分国家或地区每年每10万人道路交通意外事故死亡率对比示意图[35]

如图3-1所示，外力伤害不仅导致死亡，也可致重伤和轻伤。如图3-4所示，以香港2010年道路交通事故数据为例，香港的道路交通意外事故发生率远远大于道路交通意外死亡率：导致人身伤害的道路交通事故的发生率为每年3‰左右，而道路交通事故的死亡率在每年十万分之二左右。不难理解，道路交通事故导致重伤、轻伤的可能性远高于导致死亡的可能性。考虑到不是所有的道路交通意外事故都会导致人身的伤害（例如只是车辆碰撞受损而人没有受伤的情况），总体道路交通意外事故的发生率估计远高于导致人身伤害的道路交通事故的发生率。

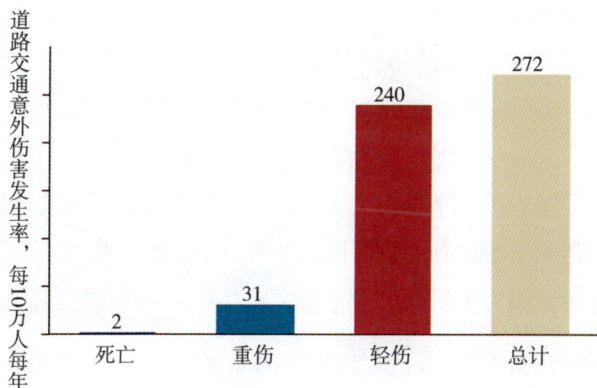

资料来源：香港运输署、香港政府统计处网站。

图3-4 香港道路交通事故意外伤害发生可能性示意图（基于2010年数据[36]）

根据世界卫生组织《道路安全全球现状报告2013——支持行动10年》统计，近年来全球道路安全总体有所提高，但是由于全球车辆在不断增加，总体上近年来每年都有124万人左右死于道路交通意外事故，其中中等收入国家道路安全状况（道路交通意外死亡率每10万人20.1人）比高收入国家（道路交通意外死亡率每10万人8.7人）和低收入国家（道路交通意外死亡率每10万人18.3人）都要糟糕。此外，一半左右死于道路交通意外事故的人是那些所谓的"弱势道路使用者"，即行人、骑自行车和摩托车的人。

空难的可能性

关于交通安全，人们通常会比较坐飞机安全还是坐汽车安全。这个看上去似乎简单的比较其实没有想象中那样简单，因为有意义的比较需要两个比较的数值基于同样的定义。

以上的道路交通死亡率由每年每10万人中道路交通死亡人数来定义，而不是每次坐车或走路发生意外死亡的可能性。而空难可能性通常以每次乘坐飞机可能遇到空难的概率来衡量。故而难以简单地说坐飞机就比坐汽车安全或者危险。

表3-1列示了基于历史数据的空难可能性。从表中可以看出，每次坐飞机遇到空难的可能性是非常小的，并且安全排名好的航空公司发生空难的可能性大大小于那些安全排名靠后的公司。

假设香港某人一年乘坐12次飞机，一个月一次，不挑航空公司，那他在一年内遇到空难而亡的可能性根据历史数据估计是四十万分之一左右，比在一年中因为车祸而亡的可能性五万分之一要小很多。

表3-1 基于历史数据的空难可能性示意图（1993—2012）[37]

	坐上某架航班，至少致一人死	坐上某架航班，遇空难而死
安全排名前39位的主要航空公司	1 000万分之一	1 980万分之一
安全排名后39位的主要航空公司	150万分之一	200万分之一
78家主要航空公司	340万分之一	470万分之一

资料来源：OAG Aviation & Plane Crash Info.com accident database, 20 years of data (1993–2012)。

所有意外伤害的可能性

考虑到道路交通意外死亡数占全球总意外死亡数的1/3左右，总体意外伤害（包括各种外因导致的各种严重程度的伤害）发生的可能性就会远远大于3‰。所以即使意外死亡的可能性相对较小，总体发生意外伤害的可能性还是相当显著的。

以中国台湾为例，如图3-5所示，意外伤害导致的医疗率（推测主要为轻伤）高达每10万人每年5 553次（或每100人每年5.5次左右），意外伤害导致的住院率高达每10万人每年1 423次（或每100人每年1.4次左右），风险相当显著。

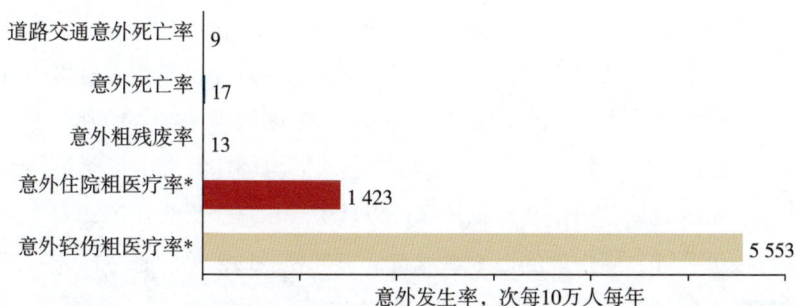

道路交通意外死亡率　9
意外死亡率　17
意外粗残废率　13
意外住院粗医疗率*　1 423
意外轻伤粗医疗率*　5 553

意外发生率，次每10万人每年

注：*"住院"、"轻伤"等状况乃作者根据《台湾寿险业个人伤害保险年度经验损失率研究报告2009》中提到的保险产品的名称推断得出。

资料来源：台湾寿险业个人伤害保险年度经验损失率研究报告2009，台湾交通部门网站。

图3-5　台湾2009年人寿保险业按意外伤害严重程度划分的意外事故经验发生率对比示意图[38]

故意伤害发生的可能性

自杀

如图3-2所示，故意伤害中，"自杀"人最多。虽然全球的自杀人数少于死于道路交通事故的人数，但是在部分国家和地区，从人群总体的角度来看，死于自杀的可能性远大于死于道路交通意外事故的可能性，自杀之祸大于车祸！

根据世界卫生组织"自杀预防"网页[39]介绍，"每年，有近百万人死于自杀。全球死亡率为十万分之十六，或者每40秒钟就有一人死亡。过去45年中，全世界的自杀率上升了60%。在一些国家，自杀位居年龄在15~44岁人群的前三位主要死因之列，是10~24岁年龄组的第二位主要死因；这些数字并不包括自杀未遂情况，而自杀未遂发生的频次比自杀身亡要高出20倍"。考虑到自杀者相对于死于车祸的不幸人在生前会承受更大的精神上的痛苦，这样的数字和对比真是让人触目惊心。

谋杀

相对于高企的自杀率，部分国家和地区的谋杀率虽然相对显得小得多，但仍然让人触目惊心。如图3-6所示，全球每年平均每10万人中约有6人死于谋杀，该数据虽然显著低于全球平均每10万人中每年约16人死于自杀的数据，但是我们也还是可以从中看出这个世界还远非安全之地。中国香港、新加坡的谋杀率显著低于世界平均水平，是全球相对而言最安全的地区；中国的谋杀率也相对较低。

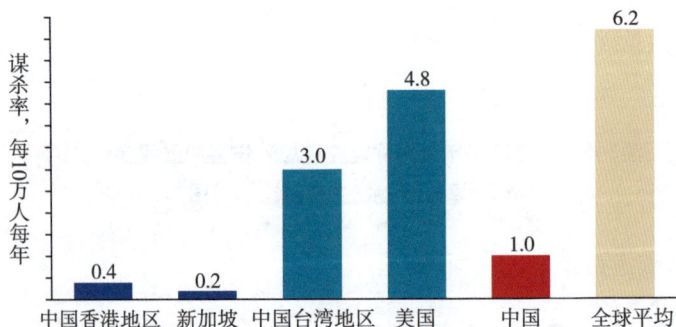

资料来源：维基百科网站Wikipedia, List of countries by intentional homicide rate词条；联合国毒品与犯罪办公室，全球谋杀研究报告2013。

图3-6　部分国家或地区谋杀率对比示意图[40]

此外，根据联合国毒品与犯罪办公室《全球谋杀研究报告2013》[41]报告，41%的谋杀案中使用了枪械，24%使用了尖锐物体，35%使用了其他犯罪工具。对比中、美的谋杀率，再考虑到美国的枪支政策，可见控制枪支、管制刀具的政策确实是可以救人性命的。

伤害发生后财务损失的严重程度

伤害发生的财务损失严重程度根据伤害程度的不同而不同，也根据各人财力、各地医疗保障制度等诸多因素的不同而不同。

外因伤害所致的死亡带来的财务损失严重程度已经在本书的第一部分讨论过。

外因伤害所致的残疾，尤其是全残或重度残疾，带来的财务损失严重程度甚至比死亡带来的财务损失严重程度还要大，因为受害者的收入不但完全丧失或大幅缩减，而且还有可能产生许多其他的支出和花费，例如康复费用和长期的看护费用等。当然，被害人越有钱，对财务损失的承受力就越大，面对的财务风险就越小。

医疗救治的费用因伤害的程度和救治的复杂性而不同，也根据当地具体的医疗保障制度而不同，例如台湾的全民健保和香港的公立医疗系统，都可以大大减少被害人受伤后医疗费用所带来的财务损失风险。当然如果社会性医保不能覆盖某些医疗费用，那么受害人就有可能需要自掏腰包，在身体遭受伤害的同时，财务上也要遭受一定程度的损失。

残疾和医疗救助都可能致使被害人在一段时期内失去工作能力从而失去收入（也称为"失能"），通常所说的"误工费"就是"失能"的一种体现。如果被害人的工作单位提供无上限的病假或意外伤害抚恤金，那么被害人则没有相应的"失能"所带来的财务损失风险，但是如果没有其他的"失能"收入补偿福利或法律民事赔偿，那么被害人就要面对因为或意外发生或故意为之的伤害所造成的或短期或长期的工作收入损失。

失能的时间越长，这种财务损失的程度就越大；钱越少、越是依赖于定期的收入以支持日常的生活支出，失能的财务损失和对应的风险就越大。

3. 怎么办?

知晓

首先，我们需要认识到，从人群总体的角度看，意外伤害和故意伤害具有一定的可预测性和客观性。根据历史的统计数据分析，发生意外或者遭受故意伤害的可能性是真实存在的；外力致死在目前的地球上还是一个主要的死因，意外死亡的可能性很显著，意外受伤的可能性则更大。

其次，我们还需要了解伤害可能带来的种种财务损失，包括医疗费用和工作收入上的损失。

知止

面对客观存在的人身伤害的风险，我想所有人都期盼"出入平安"！但是如果有不幸发生，则要想清楚在受到伤害的情况下，个人与家庭在生活和财务上的目标是否有变、是否需要调整。

算计

人身伤害所致的死亡或全残后的风险敞口和风险缺口计算，可参阅第一章。

计划的部分则不仅要包括财务上的预备，也需要将自身的风险因素加以分解和分析，看清楚自己最有可能遭受人身伤害的风险因素所在，例如是不是常常开车、驾驶习惯是否良好、工作的性质是不是相对危险等，并且计划采取和各种风险因素一一对应的各种安全防护措施。

应对

具体应对人身伤害风险的举措和工具有很多，以下是列举一些供你考虑和选择。

远离伤害——惹不起咱躲得起，君子不立于危墙之下

孟子曰："莫非命也，顺受其正；是故知命者不立乎岩墙之下。尽其道而死者，正命也；桎梏死者，非正命也。"[42]对于潜在的安全危险，知晓风险后，需要尽量远离风险的所在。

就我个人而言，自从我的一个做产险精算师的朋友告诉我有非常大比例的车祸发生在司机抢黄灯的时候后，每次我自己开车，看见黄灯我绝对会停车，牢记"君子不立于危墙之下"，绝不敢闯黄灯。

防范伤害——躲得起更要惹得起，防祸于先

古语有云："防祸于先而不致于后伤情。知而慎行，君子不立于危墙之下，焉可等闲视之。"[43]安全第一，安全无小事，安全需要大家共同努力和维护。以下几点是我对于伤害防范、防患于未然的一些想法：

- 齐心协力，促进道路安全法规的制定和实施。

  根据世界卫生组织《道路安全全球现状报告2013》介绍[44]，"仅有占世界人口7%的28个国家在五个主要危险因素方面具备综合性道路安全法律：

  1. 酒后驾驶；

  2. 超速；

  3. 不使用摩托车头盔；

  4. 不系安全带；

  5. 不使用儿童约束装置。"

拿儿童约束装置为例，我大儿子在美国出生的时候，如果没有儿童安全座椅，医院是不会同意出院的。但是在中国和香港地区，还没有这样的法律规定。我回中国时，还发现很多司机或坐车的人根本就不系安全带，并且还有一个安全带的插头插在安全带的扣子上以免汽车发出提醒的声音，真是让我啼笑皆非，感觉非常不好。

大众的安全意识有个质的提升需要长期的时间，其间会有大量的生命因为道路安全法规的不健全而亡故，所以我强烈支持各个国家实施最综合性的道路安全法律，我也建议你同样支持国家实施最综合性的道路安全法律。道路安全，需要执政者和越多越好的民众一并大力促进。

世界卫生组织《道路安全全球现状报告2013》中提到，"2010年，各国政府宣布道路安全行动十年，其目标是稳定并随后降低道路交通死亡不断增加的趋势，挽救500万生命。"500万生命啊！值得我们所有人

为之努力！

- 遵守交通法规，牢记并且始终做到：

  1. 绝对不要酒后驾驶；

  2. 绝对不要超速；

  3. 一定要使用摩托车头盔；

  4. 一定要系安全带；

  5. 一定要使用儿童约束装置。

- 在有救生员的泳池或海滨浴场游泳；小孩游泳时一定要有大人陪着。

- 促进各种安全生产防护措施的制定，遵守并执行各种安全法规和措施，牢记并且始终做到：安全第一。

- 凡事都要看开些；建立自杀社会救助的机构和机制。

  1960年成立的香港撒玛利亚防止自杀会曾在香港地铁作公益广告"人生总有起有落，起落时不忘喜乐事"[45]，充满人性关怀和哲理，如图3-7所示。它的网站www.sbhk.org.hk中包含一些自杀危机处理、生命教育、自杀危机的诱因等知识，值得浏览和推广。

- 支持、协助警察的工作，打击犯罪和恐怖主义。

- 维护和促进世界和平——这话好像说大了，但是和平是每个地球公民的责任，确实需要大家共同努力。

图3-7　香港撒玛利亚防止自杀会在香港地铁所作公益广告截图

财务上的预备和风险管理

在努力远离危险，确保人身安全的基础上，也要在财务上对可能发生的伤害事件做好预备。

留笔应急钱

首先，为预备意外事故导致的意外支出，可以考虑留一笔应急钱。具体留多少因家庭财力而定，我个人的应急储备有三个月的工资左右。

购买意外伤害人身保险

其次，可以考虑购买意外险以应对发生意外人身伤害时所产生的财务上的损失。

意外险根据意外伤害的缘由和严重程度可以分为很多不同的种类，但是市面上很多意外险产品往往都是提供比较综合的意外事故保障。意外险是纯保障的消费型保险产品，因为其风险特征，在许多国家和地区不但人寿保险公司可以经营人身意外险，产险公司也可以经营。

强制性的车险，其实就是一种意外险，只是车险除了承保人身伤害以外，还承保车辆的伤害和财产损失。强制性车险一定要依法按时购买，切忌不可以心存侥幸、不愿花钱买车险；关于这一点我知道一些惨痛的事例。

以下我大致介绍一些不同的人身伤害意外保险产品，供你参考：

意外死亡保险

- 解决的问题：转移因为意外伤害导致的"死得早"的风险。
- 保险期间：定期，一般为一年期，也有较长期的，如5年等。
- 保险利益：

1. 如果被保险人在保险期间内因为意外伤害而亡故，保险公司支付合同约定的保额。
2. 保额可以随意外事故的不同而不同，例如如果是空难导致死亡，可以支付200%的基本死亡保额，等等。

- 保费（价格）：因为意外死亡的可能性较小，故而意外死亡保险的每千元保额的保费相对便宜。
- 作者评论：如果已经购买了适宜的定期寿险，可以不用另外再购买意外死亡保险。单独提供意外死亡保障的保险产品很少见，市面上更常见的是提供多种意外伤害保障的综合意外人身伤害保险产品。
- 好产品的标志：同样的保障，更便宜的价格；条款清晰明了，保险公司评级好。

意外残疾保险

- 解决的问题：转移因为意外伤害导致残疾的风险。
- 保险期间：定期，一般为一年期，也有较长期的，如5年等。
- 保险利益：如果被保险人在保险期间内因为意外伤害导致不同程度的残疾，保险公司支付合同约定的保额，保额一般随残疾程度的不同而不同，例如全残支付的保额一般和意外死亡的保额相同。
- 保费（价格）：因为意外致残的可能性较小，故而意外残疾保险的单位价格相对便宜。
- 作者评论：意外死亡和意外残疾保险一般捆绑在一起销售。
- 好产品的标志：同样的保障，更便宜的价格；条款清晰明了，保险公司评级好。

意外住院津贴保险（台湾也称为意外医疗日额保险）

- 解决的问题：因为意外伤害导致住院治疗，住院期间每天可获得一笔钱作为住院津贴，用于弥补因为意外住院所产生的额外支出或误工费等财务损失。
- 保险期间：定期，一般为一年期，也有较长期的，如5年等。
- 保险利益：如果被保险人在保险期间内因为意外伤害导致住院，

保险公司在住院期间每日支付一笔津贴给被保险人，一般设有最长住院天数的限制，如90天或180天等。

- 保费（价格）：意外导致住院的可能性较意外致死致残的可能性大，但保额相对于意外死亡和残疾保险要低不少，故而意外住院津贴保险的单位价也可能相对便宜。

- 作者评论：如果已经购买了综合的住院津贴保险（保因为疾病和伤害导致的住院的情况），那么就可以不用再单独购买意外住院津贴保险。

- 好产品的标志：同样的保障，更便宜的价格；条款清晰明了，保险公司评级好。

意外医疗费用保险

- 解决的问题：意外伤害导致医疗和相应的医疗费用，如果有些医疗费用社会医疗保险或公立医院不报销，那么可以通过意外医疗费用保险补偿这一部分或全部的医疗费用支出。

- 保险期间：定期，一般为一年期，也有较长期的，如5年等。

- 保险利益：

  1. 如果被保险人在保险期间内因为意外伤害导致接受医疗救治，支付或报销所产生的医疗费用。

  2. 可能和社会医疗保险挂钩，只报销超过社保承保范围或额度的部分。

- 保费（价格）：意外事故导致医疗的可能性较大，而且医疗费用也可能比较高，所以意外医疗费用保险一般来说也是不便宜的。

- 作者评论：如果已经拥有覆盖全面的社会医疗保险或者购买了综合的商业医疗保险，可不用再单独购买意外医疗费用保险。

- 好产品的标志：同样的保障，更便宜的价格；条款清晰明了，保险公司评级好。

意外失能保险

- 解决的问题：因为意外伤害导致暂时性短期（如一个月）或长期（如永久性残疾）失去工作能力，失去工作收入，可通过意外失能保险获得一定的收入补偿。

- 保险期间：定期，一般为一年期，也有较长期的，如5年等。

- 保险利益：如果被保险人在保险期间内因为意外伤害导致失去工作能力和收入，保险公司在合同约定的期限内（如最长1年或3年等）通常按月支付保险金（如月收入的80%）作为失去工作收入的补偿。

- 保费（价格）：因为失能的可能性较大，故而提供意外失能保障的产品的价格一般并不低。

- 作者评论：

  1. 如果已经拥有或购买了综合的团体或个人失能保险，可不用再单独购买意外失能保险。

  2. 在美国多是团体失能保险，亚洲失能保险并不普及。

  3. 如果是永久性残疾，意外残疾保险产品也可以提供一大笔保险金作为失去工作收入的补偿；如果是因意外短期失去工作能力，则只有意外失能保险能提供对应的收入补偿。

- 好产品的标志：同样的保障，更便宜的价格；条款清晰明了，保险公司评级好。

保费返还型意外险

- 解决的问题：

  1. 提供各种意外人身伤害保障。

  2. 如果没有意外发生，保单到期后返还保费。

- 保险期间：定期，一般为一年期，也有较长期的，如5年等。

- 保险利益：

1. 如果被保险人在保险期间内发生意外，保险公司按合同支付保险利益。

2. 如果被保险人在保险期间内没有发生意外，保险公司按合同返还事先约定的全部、部分或超额保费。

● 保费（价格）：因为保费返还的特点，每千元保额对应的保费比纯风险保障的产品要高非常多。

● 作者评论：

1. 以上介绍的都是纯风险保障型意外险，也称为消费型保险。如果没有出险，保户可能会觉得缴纳的保费打水漂了。

2. 如果提供保费返还的保险利益，即使保费高一些，客户觉得没有浪费钱。这一点和保费返还型的人寿保险产品非常相同，具体特点可以参考第一章的相关内容，在此我就不再赘述。

● 好产品的标志：同样的保障，更便宜的价格；条款清晰明了，保险公司评级好。

结语

伤害，无论是意外事故所致，还是有人故意为之，都会让人"后伤情"，其严重后果甚至往往对人的一生有着决定性的影响。

我觉得我自己虽然有时候做事大大咧咧，但总体上是个胆小怕事的家伙。之所以这样，和我二哥经历的那次意外可能有关。我至今都记得，有几次不知是晚上还是傍晚，我去医院给受伤的二哥送饭，我家乡县城比较破旧的城关医院那幽暗的走廊和我自己想象中走廊尽头的太平间都让年幼的我心惊胆战，吓得此后一直不敢冒失行事，生怕发生意外也要去那儿住院。

我也觉得那次意外在某种程度上改变了我二哥的日后的生活，让他重新思考人生和日后的人生道路。他所承受的伤痛和表现出的坚强，以及在日后生活中所展现出的勤奋态度、商业头脑和创业精神，都给予了我很大的教育。

所以，我虽然对"苦难是人生的财富"之类"一生死、齐彭殇"的"荒诞妄语"[46]不以为然，但是我认可意外乃至更广义的机会与运气等小概率事件在人一生中的重要作用。

然而，我认为最重要的，还是你对待种种或好或坏的运气的态度。

还是那句话，爱，爱生活，无论如何都始终积极主动地去生活，才是应对所有或未期发生或故意为之的伤害和苦难的最佳之举。

除了外力所致的人身伤害，内因驱动的不良生活习惯如吸烟等也会伤害身体、有害健康。在下一章中，我会分析吸烟对疾病发生率的影响，并讨论罹患重疾的风险。

最后，我虽然不信鬼神，但是我求菩萨保佑你我和你我的家人都远离灾祸、出入平安。我也建议和期盼我的二哥和所有吸烟的人都能少抽些烟，最好能积极主动地逐步戒掉。

本章小结　发生伤害的风险（故意为之和意外发生的伤害所带来的风险）

险在哪?

- 不同程度的意外或故意伤害导致身体的伤痛、情感上的苦痛和财务上的损失
- 致死伤害导致英年早逝的风险
- 严重伤害导致住院或残疾，致使失去工作而收入减少，也导致额外的医疗及相关费用支出
- 轻度的伤害导致短暂医疗及其相关费用损失，以及短期的收入损失

有多险?

- 意外事故导致死亡和残疾的可能性较小（概略地讲，为总体死亡的1/10左右），但是意外伤害对年轻人而言是相对主要的死因
- 严重意外事故和轻度意外事故的可能性较意外死亡的可能性要高很多
- 总体上发生意外事故（含各种严重程度的事故）的可能性还是较大的
- 故意伤害中自杀的可能性比车祸死亡的可能性只小一点

怎么办?

- 知晓意外发生的可能性可能高于你的主观判断
- 明确自己和家庭的人生和财务安全目标，在此基础上计算自己对各种程度意外事故的风险敞口和缺口，订立确保人身和财务安全的行动计划

- 尽量减少伤害发生的可能性

  1. 君子不立于危墙之下。远离各种可能的人身安全风险所在

  2. 防祸于先而不致于后伤情。促进、推行、践行各种安全法规和举措，保持和维护个人及社会的心理健康，积极支持打击刑事和战争犯罪

- 财务上做到有所预备，做到即使遇到意外或故意的伤害也不用为钱操心和担忧

  1. 可以考虑留一笔应急钱（如三至六个月的工资），以备不时之需

  2. 购买意外人身伤害保险也可以有效规避意外伤害带来财务损失

  3. 意外险根据伤害的严重程度有不同的产品或保障范围，是否有必要购买需要根据已有的保障以及自身的情况来确定

  4. 即使伤害发生了，也要坚强面对，始终积极主动地去生活

第四章　罹患重疾的风险

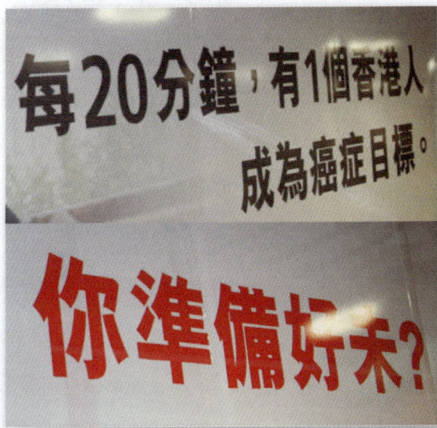

图解：作者摄于香港铜锣湾地铁F出口处，系某保险商为其癌症保险产品所作广告中的广告语。一年365日共525 600分钟，20分钟一人意味着香港一年约有26 280人不幸罹患癌症。根据香港癌症资料统计中心数据[47]，2011年香港有26 998人罹患癌症。可见这则广告并没有夸大事实。此外，香港近710万人口中，一年27 000人左右罹患癌症，意味着癌症的粗发生率在4‰左右。"每年每千人中有4人罹患癌症"或是"每20分钟，就有1个香港人成为癌症目标"，哪句描述能让你更加直观地看到罹患癌症的风险呢？

本章旨在概略回答如下三个问题：

1. 险在哪？——罹患重疾可能导致哪些风险？
2. 有多险？——罹患重疾的可能性有多大？
3. 怎么办？——如何去应对重大疾病带来的人身和财务风险？

　　2012年10月，美国著名记者、《纽约时报》专栏作家纪思道先生撰文《一个可能致命的错误》，讲述了他的哈佛大学同窗好友斯科特·安卓斯先生罹患癌症，因为没有健康保险面临困境，艰苦求医、求生的故事[48]。

这个故事深深触动了我，因为安卓斯先生不仅是哈佛大学毕业的高才生，还是一名精算统计专家，从事过退休金顾问的工作。在他辞职、失去雇主提供的医疗保险福利后，安卓斯先生虽然清楚地知道他所面临的风险所在，还是冒险没有购买健康保险。他的精算统计专业知识让他知道在美国的个人健康险市场，因为逆选择的风险，保费很贵；所以他决定不去购买。但是"聪明反被聪明误"，他没曾料到在52岁时罹患了前列腺癌，55万美元的医疗费对辞职的他而言几乎无法给付。

纪思道先生在征求并得到安卓斯先生同意的情况下，详细讲述了安卓斯先生既不幸又有一些幸运之处的故事，安卓斯先生希望美国读者能够从他的惨痛经历中吸取教训，购买健康保险；而纪思道先生通过这个故事旨在支持奥巴马医改，推动奥巴马医改，以强制所有美国人购买医疗保险，以避免类似安卓斯先生重病但没钱治病的痛苦境地。

从安卓斯先生的故事中，我进一步认识到人们对客观存在的风险，往往有着卡尼曼教授指出的过度自信；即使是哈佛大学的高才生、即使是天天和风险打交道的精算统计专家，也有可能对各种风险过度自信，以致犯下"可能致命的错误"。

1. 险在哪？

从安卓斯先生的故事中，我们可以清楚地看到，罹患重大疾病所面临的首要风险就是可能要支付高昂的医疗费用。此外，罹患重疾还可能带来诸多其他身体、情绪和财务上的风险。

身伤

显而易见，罹患重疾，险在身体上要遭受病痛，更险在重疾可能无法治愈，最终导致死亡。

情伤

对于不幸罹患重疾的人而言，除了身体上痛苦，也可能要遭受精神上的痛苦，尤其是年纪轻轻就罹患重疾的不幸者，直面死亡可能带来巨大的精神痛苦，而精神上的痛苦反过来还可能加速疾病的发展而导致更早亡故。

对于家属而言，家人罹患重疾也会让生活蒙上厚重的阴霾，造成精神上的沉重负担。

罹患重疾，直面生死，非亲历者不知其中的心力交瘁、伤心痛苦。

财伤

除了身体和情感遭受沉重打击的风险外，罹患重疾也险在可能导致家庭财务上的巨大损失。

从收入角度看，医疗期间可能会失去工作收入；如果没能治愈，英年早逝，更是会导致家庭收入现金流被斩断，导致在第一章详细讨论过的英年早逝的风险。如果有家庭成员需要脱产照顾生病的人，那么也将导致额外的收入损失。

从支出角度看，治疗重疾往往需要高额的医疗费用，以及其他相关的费用和开销，例如看护费、陪诊费、额外的交通和住宿费等。

2. 有多险？

罹患重疾的风险所在相当容易理解，但是罹患重疾的可能性有多大、到底有多险却并不为人熟悉。以下我提供一些相关的数据供你参考。

重大疾病的定义、种类与占比

哪些病属于重大疾病是一个相对主观的问题，一般的理解是病情严重和花费巨大的疾病属于重大疾病[49]。在一些国家和地区，为了保护消费者，方便客户比较不同的重大疾病保险产品，保险行业协会制定了统一的重大疾病定义。例如，中国的中国保险行业协会与中国医师协会合作，对常见的25种疾病定义进行了统一和规范。这25种疾病以主标题与副标题相结合的方式表述如下。具体的定义可以参阅《重大疾病保险的疾病定义使用规范》。[50]

1. 恶性肿瘤——不包括部分早期恶性肿瘤

2. 急性心肌梗死

3. 脑中风后遗症——永久性功能障碍

4. 重大器官移植术或造血干细胞移植术——异体移植术

5. 冠状动脉搭桥术（或称冠状动脉旁路移植术）——须开胸手术

6. 终末期肾病（或称慢性肾功能衰竭尿毒症期）——须透析治疗或肾脏移植

7. 多个肢体缺失——完全性断离

8. 急性或亚急性重症肝炎

9. 良性脑肿瘤——须开颅手术或放射治疗

10. 慢性肝功能衰竭失代偿期——不包括酗酒或药物滥用所致

11. 脑炎后遗症或脑膜炎后遗症——永久性功能障碍

12. 深度昏迷——不包括酗酒或药物滥用所致

13. 双耳失聪——永久不可逆

14. 双目失明——永久不可逆

15. 瘫痪——永久完全

16. 心脏瓣膜手术——须开胸手术

17. 严重阿尔茨海默病——自主生活能力完全丧失

18. 严重脑损伤——永久性功能障碍

19. 严重帕金森病——自主生活能力完全丧失

20. 严重Ⅲ度烧伤——至少达体表面积的20%

21. 严重原发性肺动脉高压——有心力衰竭表现

22. 严重运动神经元病——自主生活能力完全丧失

23. 语言能力丧失——永久不可逆

24. 重型再生障碍性贫血

25. 主动脉手术——不包括动脉内血管成形术

在不同国家和地区，重疾的具体定义可能稍有不同，但是总体上重大疾病的定义差异不大。

重大疾病当然不只限于以上的25种疾病，例如英国保险行业协会2011年发布的《重大疾病保险最佳实践指引》中规定了27种疾病和永久性全残的定义[51]，新加坡保险行业协会定义了37种重大疾病[52]。市场上我们还见到过含60多种重大疾病的产品。

虽然重大疾病种类繁多，但是常见的不超过10种。以中国为例，如图4-1所示，根据通用再保险公司《重大疾病调查报告2004—2008》中的数据显示，前10位的重疾理赔占所有重疾理赔数的98%到99%，其中最常见的3种重疾（恶性肿瘤，急性心肌梗死和中风）总共就占男性重疾理赔的87%和女性重疾理赔的90%；癌症是最为常见的重疾。

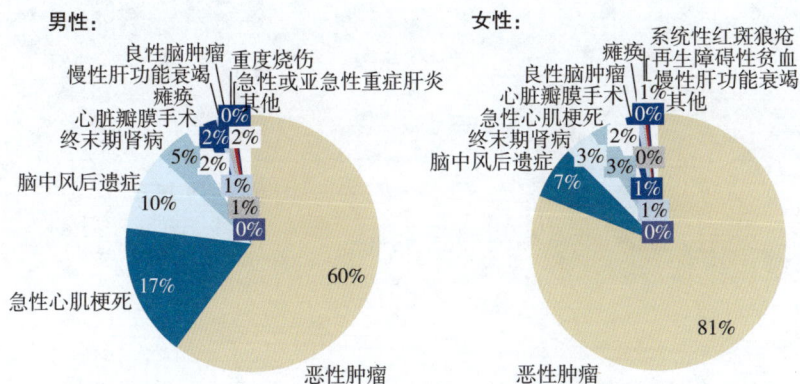

资料来源：通用再保险公司，《重大疾病调查报告2004—2008》。

图4-1 中国各种重大疾病在总体重疾理赔中所占比例对比示意图[53]

死于重大疾病的可能性

人总有一死，而重大疾病是最为重要的死因。按中国人身保险业重大疾病经验发生率表（2006—2010）测算，人尽其一生，每2个人中就至少有1人会死于某种重大疾病。当然，按照常识可知，年纪越小，死于重疾的可能性就越小；年纪越大，死于重疾的可能性就越大。

从表4-1中，我们可以看出：

- 男性死于重疾的概率略高于女性；
- 男、女性一辈子里死于重疾的都高于50%；换句话说，大概每两个人中就有一人将死于重疾；
- 50岁前死于重疾的可能性男性大约为2%，女性大约为1%；
- 随着年龄的增长，死于重疾的可能性快速增加。

表4-1　死于重大疾病的大致可能性

年龄	中国女性，死于25种重疾中一种的大致可能性			
	10年内	20年内	30年内	一辈子里
0 岁	0.1%	0.1%	0.2%	52.2%
10 岁	0.1%	0.2%	0.4%	52.3%
20 岁	0.1%	0.3%	1.0%	52.4%
30 岁	0.2%	1.0%	3.0%	52.4%
40 岁	0.7%	2.8%	8.7%	52.5%
50 岁	2.1%	8.1%	22.2%	52.4%
60 岁	6.2%	20.8%	42.2%	51.9%

资料来源：中国人寿保险行业经验生命表（2000—2003），中国人身保险业重大疾病经验发生率表（2006—2010）；基于作者分析计算。

中国男性，死于25种重疾中一种的大致可能性				
年龄	10年内	20年内	30年内	一辈子里
0岁	0.1%	0.1%	0.3%	57.9%
10岁	0.1%	0.3%	0.7%	58.1%
20岁	0.2%	0.6%	1.9%	58.2%
30岁	0.4%	1.7%	5.1%	58.5%
40岁	1.3%	4.7%	14.1%	58.7%
50岁	3.5%	13.1%	32.0%	58.8%
60岁	10.1%	30.1%	51.6%	58.4%

资料来源：中国人寿保险行业经验生命表（2000—2003），中国人身保险业重大疾病经验发生率表（2006—2010）；基于作者分析计算。

罹患重大疾病的可能性

因为即使罹患重大疾病也不一定就会死于这种重大疾病，所以，人罹患重大疾病的可能性要高于死于重大疾病的可能性。按中国人身保险业重大疾病经验发生率表（2006~2010）测算，人尽其一生，每3个人中就会有2人可能会罹患某种重大疾病。

从表4-2中，我们可以看出：

- 男性罹患重疾的概率略高于女性
- 男、女性一辈子里罹患重疾的可能性都在70%左右；换句话说，大概每三个人就有两人最终将会罹患重疾
- 50岁前罹患重疾的可能性男、女性大致相当，为5%~6%
- 随着年龄的增长，罹患重疾的可能性快速增加

表4-2 罹患重大疾病的大致可能性

中国女性，罹患25种重疾中一种的大致可能性				
年龄	10年内	20年内	30年内	一辈子里
0岁	0.4%	0.8%	1.5%	68.8%
10岁	0.4%	1.1%	2.6%	68.8%
20岁	0.7%	2.2%	6.1%	68.8%
30岁	1.6%	5.5%	12.7%	68.8%
40岁	4.0%	11.3%	24.6%	68.5%
50岁	7.7%	21.5%	42.9%	67.5%
60岁	15.2%	38.6%	59.2%	65.5%

资料来源：中国人寿保险行业经验生命表（2000—2003），中国人身保险业重大疾病经验发生率表（2006—2010）；基于作者分析计算。

中国男性，罹患25种重疾中一种的大致可能性				
年龄	10年内	20年内	30年内	一辈子里
0岁	0.4%	0.7%	1.4%	73.9%
10岁	0.3%	1.0%	2.4%	74.0%
20岁	0.6%	2.0%	6.3%	74.2%
30岁	1.4%	5.7%	16.6%	74.4%
40岁	4.4%	15.5%	33.8%	74.6%
50岁	11.7%	31.1%	55.7%	74.2%
60岁	22.3%	50.8%	68.5%	72.2%

资料来源：中国人寿保险行业经验生命表（2000—2003），中国人身保险业重大疾病经验发生率表（2006—2010）；基于作者分析计算。

罹患癌症、死于癌症的可能性

考虑到癌症（指恶性肿瘤）是最为多发的重大疾病，我列示一些关于癌症的数据以展示其风险的大小、促使你采取更加健康的生活方式。

● 根据美国国家癌症研究所的研究数据，在美国大概每2人就有1人会罹患癌症，每4人中大概就有1人会死于癌症[54]。

- 癌症在很多国家和地区都是头号杀手。如图4-2所示，在所列示的华人地区癌症占总体死因的30%左右；从另一个角度看这个数字，说明在这些国家和地区，大致每3人中就有1人将死于癌症。

- 从全球的角度看，癌症多发，风险非常显著。根据世界卫生组织

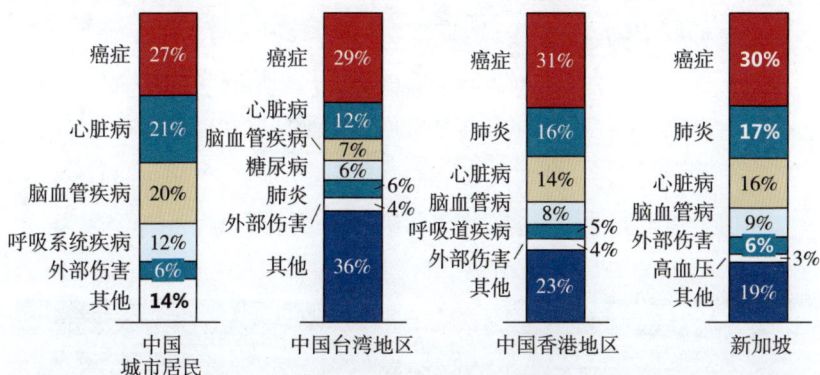

注：* 除中国台湾地区数据是2013年外，其他国家和地区的数据是2012年的。

资料来源：中国卫生和计划生育委员会，《2013中国卫生统计年鉴》；中国台湾卫生福利部统计处，2011年度死因统计；新加坡卫生部，Principal Causes of Death；中国香港健康宝库——香港公众健康资讯及统计资料。

图4-2　部分国家和地区主要死因及其占比对比示意图[55]

公布的数据[56]，2012年全球内：

1. 3 300万人患有癌症；

2. 1 400万人被诊断患有癌症；

3. 820万人死于癌症；

4. 30%的癌症（至少）是可以预防的。

这意味中，全球范围内，每年每1 000人中，大约就有：

1. 6人带癌生存；

2. 2人被诊断患有癌症；

3. 1人死于癌症。

- 以中国为例，据卫生部第三次全国死因调查数据显示，中国"与环境、生活方式有关的肺癌、肝癌、结直肠癌、乳腺癌、膀胱癌死亡率及其构成呈明显上升趋势，其中肺癌和乳腺癌上升幅度最大，过去30年分别上升了465%和96%。"[57]肺癌已代替肝癌成为中国首位恶性肿瘤死亡原因（占全部恶性肿瘤死亡的22.7%）。

- 吸烟极大地增大罹患肺癌的可能性；相信空气污染也是。2004年英国癌症期刊的一篇研究欧洲吸烟情况和罹患肺癌风险的文章[58]证实，吸烟大大增加罹患肺癌的可能性，如图4-3所示。

- 值得指出的是，吸烟、空气污染不但增加罹患肺癌的可能性，也

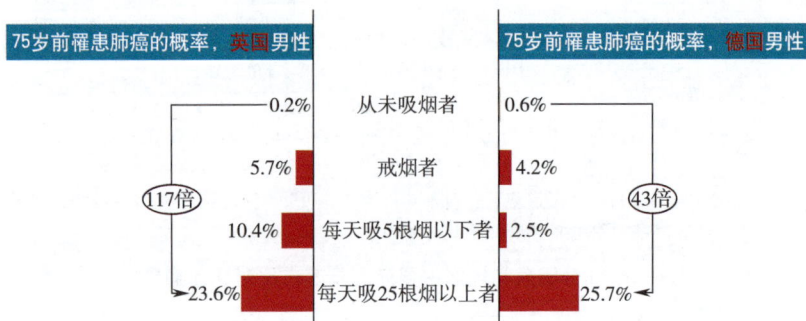

资料来源：英国癌症期刊（British Journal of Cancer ）。

图4-3 吸烟大幅增加罹患肺癌的风险示意图

会大幅增加罹患其他重疾的可能性，尤其是心血管疾病。世界卫生组织2014年3月的一篇新闻稿指出[59]，"2012年空气污染造成约700万人死亡，也就是全球每8位死者中就有1位"。图4-4列示了空气污染引起的疾病所导致死亡的比例。

鉴于中国目前的空气污染严重程度，估计中国的重大疾病发病率若

世卫组织估计2012年空气污染造成约**700万**人死亡！

室外空气污染导致的死亡
按疾病分解的比例数据

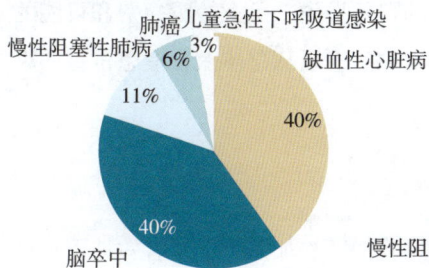

室内空气污染导致的死亡
按疾病分解的比例数据

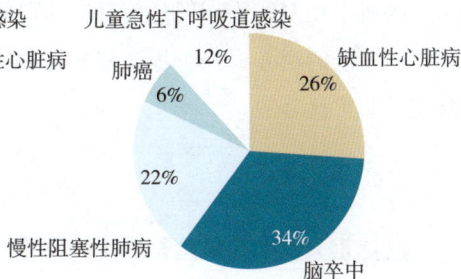

资料来源：世界卫生组织，新闻稿《每年有700万例过早死亡与空气污染有关》。

图4-4　空气污染致病、致死按疾病分类比例示意图

干年内会持续上升。

罹患重大疾病所致财务损失的程度

对重疾的高发性有了大致的了解之后，我们再来分析罹患重大疾病所致财务损失的程度。

首先，重大疾病的治疗花费巨大，具体的治疗费是否全部或部分由个人承担，因各地的医疗保险制度的不同而不同。

例如，香港居民如果罹患癌症去公立医院就医，也就是几百港元的个人支出；但是如果去私立医院、自掏腰包的话100万港元是否能打住也都说不定。再比如，如前文中提到的安卓斯先生的例子，在医疗费用昂贵的美国，50万美元左右的前列腺癌症治疗费用应该也不算夸张。

根据和讯保险网的一篇报道[60]，在中国重大疾病的平均治疗花费一般都在10万元人民币左右，约合2万美元。根据美国癌症研究所的平均癌症治疗费用数据[61]，不同的癌症所需要的花费也不一样，平均来看在10万美元左右。

其次，重大疾病是英年早逝的主因，所以重大疾病也将间接导致

"英年早逝"的财务损失，其损失的大小和严重程度请见第一章。

综上所述，罹患重疾的总体可能性非常显著，虽然年纪轻轻就罹患重疾的概率相对较小，但是其对应的财务损失（巨大的医疗费和可能的早亡所对应的财务损失）程度却非常大。所以从总体上看罹患重疾的风险还是非常显著的。

3. 怎么办？

既然重大疾病的风险是显著的，我们就更加需要细致有效地管理这种风险。

知晓

首先，我们需要知晓罹患重大疾病的可能性还是相当大的，罹患重疾所致的财务损失还是相当严重的。

2005年，苹果公司的创始人乔布斯先生为斯坦福大学的毕业生作了一场十分感人的毕业演讲[62]，其中他谈到2004年他被诊断患有胰腺癌时，他"甚至不知道胰腺是什么"。其实，癌症有100多种，身体的每一个部位都可能患上癌症，并且根据美国癌症协会的数据[63]，胰腺癌在美国是排名前10位的癌症，2013年所有166万新增癌症患者中，约有5万是罹患胰腺癌，占比3%左右。

虽然富如乔布斯先生那样的人士无须考虑罹患重疾所致的财务损失，但是罹患重大疾病从而有可能死亡的风险是无论个人贫富都需要知晓和考虑的。尤其是对于还不怎么富裕的个人与家庭而言，更加需要担忧和关注身体健康上的风险，更加需要担忧和关注财务健康或经济上的风险。

知止

知晓了重大疾病的风险所在，接下来就需要想清楚自己和家庭的生活目标在不幸罹患重疾的情况下是否还能达成。

如果不幸罹患重疾，你打算去哪治病？接受何种质量的医疗服务？如果不幸病故，各项生活目标是否还能达成？

算计

首先需要计算自己或家人在不幸罹患重疾情况下的风险敞口，即治病要花多少钱、不幸病故后家里总共需要多少钱以保证当前或未来期望的生活品质。

其次需要计算风险缺口，即和自身目前的财务或经济状况相比，生前治病和死后养家一共还缺多少钱。

最后，根据算账的情况订立一个查缺补漏、弥补缺口、确保达成人生目标的计划。

应对

应对重大疾病的风险可以从两个方面入手，一是努力保持健康、预防重疾，二是提早做好财务上的安排和准备。

保持健康、预防重疾

如世界卫生组织网站上所说的："仅靠治疗，全球无法赢取与癌症的抗争"[64]。这句话适用于所有重大疾病。保持健康、预防重疾是应对重大疾病风险的首要举措。预防癌症的建议非常之多，我认为预防癌症首先就是要保持健康。在第一章中我提到过，我的健康九字箴言和座右铭是"管住嘴，迈开腿，放宽心"。以下是一些个人建议供你参考。

管住嘴

俗话说"病从口入"。"管住嘴"是保持健康、远离重疾的首要举措。嘴可从"要"和"不要"两个方面来管：

- 管住嘴，要：
    1. 吃得营养均衡，少盐，多素菜水果；
    2. 喝多些清洁的水（每天至少10杯，2.5升左右；或美国人常用的至少每天喝"8杯8盎司水"，即"8by8 rule"，这个量大致是

1.9升，略低，但是"8by8"比较好记）[65]，适量饮茶；

3. 呼吸清洁的空气（包括在极端情况下移民到空气清洁的地方去）。

- 管住嘴，不要：

1. 吃得太饱（7分饱就好），偏食；

2. 喝太多含糖饮料（最好不喝），过度饮酒；

3. 抽太多烟（最好不抽）。

迈开腿

"生命在于运动"，"迈开腿"就是要多运动。

世界卫生组织制定了《关于身体活动有益健康的全球建议》[66]，我个人参照其建议进行日常运动，以下引用其具体建议供读者参考：

5~17岁年龄组：

对于该年龄组的儿童和青少年，身体活动包括家庭、学校和社区环境内的玩耍、游戏、体育运动、交通往来、娱乐、体育课或有计划的锻炼等。为增进心肺、肌肉和骨骼健康，减少慢性非传染性疾病风险，建议如下：

1. 5~17岁儿童和青少年应每天累计至少60分钟中等到高强度身体活动；

2. 大于60分钟的身体活动可以提供更多的健康效益；

3. 大多数日常身体活动应该是有氧活动。同时，每周至少应进行3次高强度身体活动，包括强壮肌肉和骨骼的活动等。

18~64岁年龄组：

对于该年龄组的成年人，身体活动包括日常生活、家庭和社区环境内的休闲时间活动、交通往来（如步行或骑自行车）、职业活动（如工作）、家务劳动、玩耍、游戏、体育运动或有计划的锻炼等。

为增进心肺、肌肉和骨骼健康，减少慢性非传染性疾病和抑郁症风险，建议如下：

1. 18~64岁成年人应每周至少完成150分钟中等强度有氧身体活动，或每周累计至少75分钟高强度有氧身体活动，或中等和高强度两种活动相当量的组合。

2. 有氧活动应该每次至少持续10分钟。

3. 为获得更多的健康效益，成人应增加有氧活动量，达到每周300分钟中等强度或每周150分钟高强度有氧活动，或中等和高强度两种活动相当量的组合。

4. 每周至少应有2天进行大肌群参与的增强肌肉力量的活动。

65岁及以上年龄组：

对于该年龄组的成人，身体活动包括在日常生活、家庭和社区中的休闲时间活动、交通往来（如步行或骑车）、职业活动（如果仍然从事工作的话）、家务劳动、玩耍、游戏、体育运动或有计划的锻炼。

为增进心肺、肌肉、骨骼和功能性的健康，减少慢性非传染性疾病、抑郁症和认知功能下降等风险，建议如下：

1. 老年人应每周完成至少150分钟中等强度有氧身体活动，或每周至少75分钟高强度有氧身体活动，或中等和高强度两种活动相当量的组合。

2. 有氧活动应该每次至少持续10分钟。

3. 为获得更多的健康效益，该年龄段的成人应增加有氧活动量，达到每周300分钟中等强度、或每周150分钟高强度有氧活动，或中等和高强度两种活动相当量的组合。

4. 活动能力较差的老年人每周至少应有3天进行增强平衡能力和预防跌倒的活动。

5. 每周至少应有2天进行大肌群参与的增强肌肉力量的活动。

6. 由于健康原因不能完成所建议身体活动量的老人，应在能力和条件允许范围内尽量多活动。

总之，对所有年龄组人群来说，接受上述身体活动建议和积极进行身体活动所获得的效益要远大于可能发生的危害。就每周150分钟中等强度身体活动的推荐量而言，骨骼肌肉系统的损伤并不常见。在以人群为基础推行"建议"时，为减少骨骼肌肉系统损伤的风险，适当的方式是鼓励循序渐进，从相对适中的身体活动量开始，逐渐向较大身体活动量过渡。

放宽心

保持精神上的健康需要对人、对己和对事都能做到"放宽心"。"宽"就是要留有余地，"宽以待人"，宽以处事，对自己也不要逼得太紧，凡事看开些。这里的"宽"当然不是说做事情不认真，而指的是类似于"宽为限、紧用功"的意思，凡事宽为限，但是还得本着努力认真的态度。

这一点上可以参考曾国藩的"治心"之道，努力做到"虽身极劳，心极忙，此心必常有休暇之致。故万汇杂投，应之绰有余裕"。

无论起落，我都告诫自己："心宽"才能"体健"，"心宽"才能健康，健康第一，小命要紧！就此希望与读者共勉。

未雨绸缪，早作财务上的安排和准备

在重疾这件事情上，做到"尽人事"而"听天命"，不仅需要做到积极主动地去保持健康，而且还需要提早做好如果不幸罹患重疾后财务上的安排和准备，因为罹患重疾的可能性是非常显著的。

攒足治病钱

如果没有100%报销的社会医疗保险（如中国）或希望去服务稍好些的私立医院治病（如香港地区），那么就需要准备一笔看病钱，以备不时之需。

储蓄仍然是最自然而然的应对重疾医疗费用的方法。然而，"攒钱防病"有两点需要注意，一是治病的开销可能使得整个家庭的财务或经济状况大幅下降，二是有可能还没来得及攒够钱就已经不幸患病啦。

购买重大疾病保险

购买重大疾病保险是应对罹患重疾所致的财务风险的最有效手段之一。

重大疾病保险产生的初衷就是规避因重疾而导致个人与家庭"财务死亡"的风险。

重大疾病保险的创始人外科医生马里尤斯·巴纳德先生2004年撰文《重大疾病保险的过去、现在和未来》[67]，指出第一单重大疾病保险于1983年8月6日在南非上市；促使他开发这个保险的原因，是他发现他的重疾病人在人还没有死之前，却因为治疗和误工，家庭财务上已经几近死亡，不得不将孩子从私立学校中退学、变卖房产或宣告破产，财务上的担忧又反过来影响身体的健康，非常痛苦。为了缓解病人一旦患上重大疾病或实施重大手术后所面临的"财务死亡"的风险，他最终与南非一家保险公司合作开发了一款保四种重大疾病（心肌梗死、癌症、中风和心脏搭桥手术）的重疾险。

重大疾病保险后来传到英国、爱尔兰、澳大利亚和全世界，现在在亚洲也非常流行。经过多年的发展和创新，世界各地也产生了各种不同形态的重大疾病保险。下面我概略的介绍几种不同的重大疾病保险产品，供读者考虑购买时参考：

完全提前给付型重大疾病保险

● 解决的问题：这类重疾保险一般和某种人寿保险产品挂钩、打包捆绑成一个产品销售，主要解决三个问题：

   1. 如果不幸确诊罹患重大疾病，可获得保险赔偿，用于治病或安家。

   2. 如果没患重疾，但是因为其他死因亡故，也可获得保险金，用于安家。

    3. 如果是和分红等储蓄型的人寿保险产品挂钩，那么就还具备储蓄的功能，帮助解决长期储蓄和资金保值增值的问题。

- 保险期间：多为定期，如1年、5年、10年、20年、至65岁等。

- 保险利益：

    1. 重疾保险金，如果被保险人在保险期间内罹患保险合同列明的重大疾病，保险公司给付一笔事先约定的钱（也称为"保险金额""保险金"或"保额"）给指定的受益人，给付后保单就此终止。如被保险人随后亡故，保险公司不再另行赔付。

    2. 死亡保险金，如果被保险人在保险期间内没有罹患重疾但是因为其他保单承保的死因而亡故，保险公司给付一笔事先合同约定的保额给指定的受益人。

    3. 因为重疾保险金和死亡保险金一样多，并且重疾赔付后就没有死亡保险，所以这类型的重疾险被称为完全提前给付型重大疾病保险。

- 保费（价格）：相对于没有重疾保险金的人寿保险产品而言，因为这种产品提供重疾保险金，每千元保额的保费会更高些。

- 作者评论：完全提前给付型重大疾病保险让罹患重疾的不幸人可以在生前就得到一大笔钱，用于其希望花钱的地方，比如医疗、安家，甚至是在死前环游世界；这种对保险金使用的自主性使得即使已经拥有医疗保险、不用担心高额治疗费的人们，也可以考虑购买重大疾病保险。

- 好产品的标志：价格便宜，条款清晰明了，保险公司评级好。

部分提前给付型重大疾病保险

- 和完全提前给付型重大疾病保险相比，部分提前给付型重大疾病保险最大的不同，是重疾保险金比死亡保险金要少。如果被保险人不幸罹患重疾，在获得重疾保险金赔偿后，保单并不就此终止，但是死亡保险金额会相应减少。

- 例如，如果总的死亡保险金额是100万元，重疾保险金额是60万元，那么假设被保险人不幸罹患重疾，保险公司赔付60万元，保单继续有效，但死亡保险金额会下降到40万元。如果接下来被保险人在保单有效期间内亡故，保险公司再次理赔，支付40万元的死亡保险金。

额外给付型重大疾病保险

- 和部分提前给付型重大疾病保险相比，额外给付型重大疾病保险最大的不同，是如果被保险人不幸罹患重疾获得重疾保险金赔偿后，死亡保险金额并不会相应减少。重疾保险金是"额外"增加在死亡保险之上的。

- 例如，如果总的死亡保险金额是100万元，重疾保险金额是60万元，那么假设被保险人不幸罹患重疾，保险公司赔付60万元，保单继续有效，死亡保险金额保持在100万元。如果接下来被保险人在保单有效期间内不幸亡故，保险公司会再次理赔，支付100万元的死亡保险金。

- 以上两个例子中假设的都是死亡保险金高于重疾保险金的情况。除此之外，也有重疾保险金高于死亡保险金的产品，这类产品有时也称为混合给付型重疾险，但是较为少见。

纯重疾给付型重大疾病保险

- 以上介绍的重大疾病保险都含有死亡保险金，提供死亡风险保障，重疾保障在某种程度上可以看作是附加在人寿保险之上的。

- 此外，有一种重大疾病保险仅在被确证罹患重疾的情况下才赔付，而没有任何死亡保险责任，这一类重大疾病保险称为纯重疾给付型重大疾病保险。

分级给付型重大疾病保险

- 有一些重疾险的重疾保险金根据疾病的种类或严重程度不同而不同，如前列腺癌保险金20万元，肺癌50万元等。这类重疾险也称为分级给付型重大疾病保险。

多次给付型重大疾病保险

- 以上介绍的重大疾病保险的重疾保险金一般都只支付一次，理赔支付完就完了。另有一种多次给付重疾保险金的重疾险，例如，初次确诊癌症后赔付重疾保险金50万元，如果2年内被保险人还存活并且癌症转移或复发，再支付重疾保险金30万元，等等。这类重疾险一般也称为多次给付型重大疾病保险。

医疗费用报销型重大疾病保险

- 以上介绍的重大疾病保险的重疾保险金都是一大笔客户可以随意支配的钱。此外，还有一种重大疾病保险，其提供的保险利益不是一大笔钱，而是报销重大疾病相关的医疗费用。一般而言，这种医疗费用报销型重大疾病保险为客户提供的价值一方面是让被保险人无须担忧高昂的治疗费用，另一方面是强调可以让被保险人获得高质量的医疗服务。

癌症险、女性重疾险、老年重疾险、保费返还型重疾险、分红型重疾险

- 市面上还有许多其他名目的重疾险，比如只保癌症的癌症险，针对女性常发重大疾病（如乳腺癌、子宫癌等）的女性重疾险，和专门针对中老年人的重疾险。此外根据所关联的人寿保险产品的特征，还有保费返还型重疾险和分红型重疾险等，种类繁多。

作者评论：

- 名目众多的重疾险没有哪种比哪种好的说法，最重要的还是要根据你的具体情况和需要确定哪一款最适合你。考虑到重疾导致死亡的可能性很大，同时提供重疾保险金和死亡保险金的提前给付型重疾险在市面上占主导地位也就不难理解啦。

- 分级给付和多次给付型的重疾险作为一种创新性的产品近年来才在市场上出现，我个人认为其设计较为复杂，还不如提供一笔大保额的传统重疾险来得清晰明了。但是分级给付和多次给付型的重疾险也有其特点，而这些特点可能也较传统的重疾险更加适合某一部分保险消费者的需求。

- 重疾险的保障范围在市场上有逐步增多之势，从最初的4种重疾到中国最基本的6种重疾和25种重疾，再到有些保60多种重疾的产品，不一而足。有的保险公司还以此为宣传点和卖点。我个人的观点是并不一定是承保的重疾种类越多越好。如我在前文中指出的，前十大重疾占所有重疾理赔的99%左右。所以单单看承保的疾病的数量意义不是太大。

- 当然，在价格一样的情况下，承保的病种自然是越多越好。但是保险比价对于普通消费者而言是非常困难的，尤其是有些保险公司为了避免客户直接比价而将产品设计得和市场上的同类产品稍稍有些不同，增大直接比价的难度。在这种情况下，一般的保险消费者很难对某些产品的相对价格高低作出准确的判断，即使是精算师也需要静下心来仔细分析才能分辨出价格的高低。

- 因为我个人比较喜欢纯消费型的定期寿险，我也比较喜欢和消费型的定期寿险相关联的、纯风险保障型的提前给付型或额外给付型重疾险。市面上比较常见的分红型或保费返还型重疾险都带有储蓄的功能，如果其明面上或隐含的给客户的储蓄或投资回报率高且稳定，那么对很多保险客户而言这些储蓄型的重疾险也是不错的选择。

购买人寿保险以应对重疾死亡的风险

对于那些有比较完备的个人、团体或社会医疗保险、无须为重疾所产生的医疗费担忧的个人与家庭而言，重疾险所提供的重疾保险金可以不用用来支付医疗费用，而用于生活的其他方面。如果因为无须担忧医疗费用而不打算考虑购买重疾险，那么你还可考虑购买不含重疾保障的人寿保险产品来应对因为罹患重疾而导致英年早逝的风险。

找一份有好医疗福利的工作以应对重疾医疗费

关于重疾的医疗，还有一种应对之道是找一份有好的医疗福利的工作。比如一些跨国企业为其部分员工购买全球高端医疗保险，如果某个员工患病或不幸罹患重疾，可以根据需要到当地或全球最好的医院接受最好的医疗服务。我曾经就听说一个朋友的朋友跳槽换工作，主要就是为了新雇主提供的覆盖全家的医疗保障福利；而一些雇主也将好的医疗福利作为一个吸引和留住人才的有力手段。

就我个人而言，因为我目前在香港工作，可以享受香港的公费医疗。但是雇主提供的医疗福利也可以让我和家人在有需要的时候去使用香港或其他一些国家的私立医院的医疗服务，对我而言这是一个除了工资报酬以外的非常重要的工作福利。但是依赖雇主提供的医疗福利来应对重疾的风险有一个很大的缺点。如果失业了，医疗保障也会随之丢失。也就是说，在失业没有收入、最需要保障的时候你却失去了医疗保障。为了规避这个风险，我知道我有些同事即使公司提供了不错的医疗福利，自己也还购买了商业医疗保险，确保他们自己和家人能一直拥有医疗保障。

所以我最后想强调的一点是，以上提及的这些应对之举不是彼此排斥、非此即彼的，而是可以互为补充、同时使用的。最好的情况是你保持健康、远离重疾！同时又有多重的、全面的医疗、财务保障以备不测。

结语

本章开头提到的安卓斯先生最终是如何支付那55万美元的前列腺癌医疗费用的呢？

不幸中的万幸是，安卓斯先生向他就医的位于西雅图的瑞典医疗中心（Swedish Medical Center）申请了慈善医疗救助并获得批准。根据安卓斯先生的低收入情况，西雅图的瑞典医疗中心将他55万美元的医疗费用降低到象征性的1 339美元。

此外，一些医生也慷慨地免去了安卓斯先生的慈善医疗申请中不包含的医生看诊费。

在这个意义上，安卓斯先生是幸运的。那些富有爱心和同情心的医院和医生，给予了他几近免费的专业医疗服务。爱，在很多时候，可能是人们需要依赖的最后的风险保障手段。

然而，在当今世界上很多地方还没有完备的、高质量的社会医疗保障和福利保障的情况下，也许我们都应该对安卓斯先生表示钦佩，感谢他勇敢地剖析自己、分享自己不幸的经历。

我们也都应该听取安卓斯先生的建议："关注那些可能性虽然小，但是可能有重大的或正面或负面影响的'黑天鹅'事件。对于那些类似于前列腺癌的负面'黑天鹅'事件，你要确保有保险和保障去应对它。" [68]

本章小结　罹患重疾的风险

险在哪?

- 身体上, 身体上的病痛, 临近的死亡。
- 情绪上, 自己和家人直面生死, 担忧治病的巨大花费, 思虑憔悴。
- 财务上, 巨大的医疗花费, 英年早逝后未尽的责任。

有多险?

- 罹患重疾的可能性非常显著, 以30岁的人为例, 60岁之前罹患重疾的可能性高于死亡的可能性, 而英年早逝的可能性已经相当显著了。人一辈子里罹患重疾则是大概率事件啦。
- 罹患重疾的财务风险也相当显著, 一是因为治疗花费可能巨大且要全部或部分自己掏腰包承担, 二是因为病故所致的英年早逝的财务损失可能巨大。

怎么办?

- 首要的, 是要保持健康, 预防重疾; 同样重要的, 是要做好财务上的准备和规划。
- 多攒钱是显而易见的应对之道, 但要防止钱还没攒够就不幸患病、亡故的风险。
- 购买重疾险是有效应对罹患重大疾病风险的手段。
- 重疾险类型繁多, 你起码在购买的时候知道自己需要什么型的、在买什么型的重疾险。
- 适合你的需要的、切实解决你的问题、保障你的具体目标的重疾险，才是最好的。

- 对于病故所致的英年早逝的风险，人寿保险是有效的应对工具。
- 找个好工作以享受雇主提供的医疗福利，也是应对罹患重疾风险的一种手段。

第五章　大病小恙的风险

图解：作者摄于香港跑马地（欢乐谷）附近的养和医院。记得我第一次看到"日夜门诊、假日照常"的标牌时，觉得很有意思，心想，确实不错，即使你放假，疾病也是不会放假的。英文"24 Hour Outpatient Service"（直译为24小时门诊服务）则更好地体现了疾病24小时里分分钟都有可能会发生和该医院一天24小时为病人服务的良好服务精神。

本章旨在概略回答如下三个问题：

1. 险在哪?——生病带来的风险险在哪?
2. 有多险?——生病看医生、住院治疗、接受手术的可能性有多大? 生病带来的风险有多险?
3. 怎么办?——如何去应对疾病带来的风险?

在去美国留学之前，我在上海生活的时候还抽过一段时间的烟，做过一段时间的轻度抽烟者。我的一个好朋友有一次去美国看我，还给我带了条我喜欢的中华牌香烟。我却告诉他我已经戒烟了，枉费了他的好意。

说来惭愧，我戒烟的主要动力不是健康，而是钱。去美国之前我听说美国看医生非常贵，看一次动辄就几百美元，当时作为一个穷学生，我真担心生病了要花钱去看病。

所以我不但戒了烟，还加强了运动。留学前在上海工作的时候，我还住在交大法华镇校区附近，周末有空就去徐家汇交大本部的操场跑步；留学半年后我去新加坡做暑期实习，利用晚上的时间在旅馆楼顶的游泳池自学了游泳，回到美国后几乎就天天运动，要么跑步，要么游泳，就是想着要增强抵抗力，千万别在美国感冒发烧了，还得花钱看医生。

花钱看病的风险，对当时作为穷学生的我而言，可以说是最大的财务风险。

对很多个人和家庭而言，即使没有重大疾病以及重疾所产生的巨额医疗费用，一般性的、可治愈的各种大小疾病也可能会对家庭的财务状况产生严重的负面影响。

在这一章中我就来分析讨论一下大病小恙的风险。

1. 险在哪？

身伤和情伤

小恙可能让人无精打采、萎靡不振；大病住院、手术医疗更是让人周身不适、承受病痛、心情忧惧。

更有甚者，如果担心没钱看病、看不起病，或者是担心高额的医疗费让家庭财务吃紧，那么患病更是会带来精神上的压力，而精神上的压力往往反过来又会加重病情。

财伤

患病带来的财务上的风险体现在两个方面。一方面是患病所导致的额外财务支出。例如医疗费用支出、为就医而产生的差旅和饮食费用等。患病带来的这个方面财务风险，险在个人和家庭因为要支付高额的医疗费而在经济或财务状况上大伤元气，或者是更为极端的因病致贫、因病返贫。

另一个方面是患病所导致的工作收入减少的风险。例如，因病误工所导致的误工期间没有工资收入的损失，或是家人因为需要请假看护病人所导致的相关误工损失等。

2. 有多险？

生病的可能性——患病率

在上一章中，我们已经分析过重大疾病发生的可能性。常识告诉我们，其他的慢性疾病的患病率远远高于例如癌症之类重疾的患病率。《2013中国卫生统计年鉴》中2008年的数据显示[69]，如图5-1所示，中国调查地区的慢性疾病粗年发生率（按例数计算）大概是恶性肿瘤粗年发生率的100倍左右，每年每1 000人中就有157人发生200个左右的慢性病例。

患病率：
每年每千人患病例数

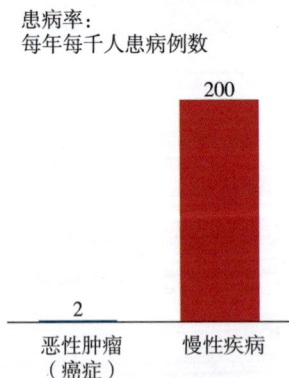

资料来源：《2013中国统计年鉴》表9-6-4：2008年调查地区居民慢性病患病率。

图5-1　中国2008年调查地区居民慢性病（含癌症）患病率和癌症患病率对比示意图

　　相对于冠心病、高血压、关节炎、消化系统疾病、泌尿系统疾病等慢性的"大病"，日常的感冒发烧、头痛脑热、呕吐拉稀等的"小恙"就更为多发、更为普遍。

　　当然，每年200/1 000（或也可表述为十分之二、五个人中就有一个）的慢性病患病率是一个总体上、粗略的生病可能性的估计值。生病的可能性随着很多因素而异，比如年龄、性别、环境、生活水平、个人生活习惯等。

　　例如，如图5-2所示，随着年龄的增长，慢性病患病率急剧上升，55岁以上年龄的人群中，有五六成左右会受到某种慢性疾病的困扰，换句话说退休银发族两人中至少就有一人患有某种慢性疾病。

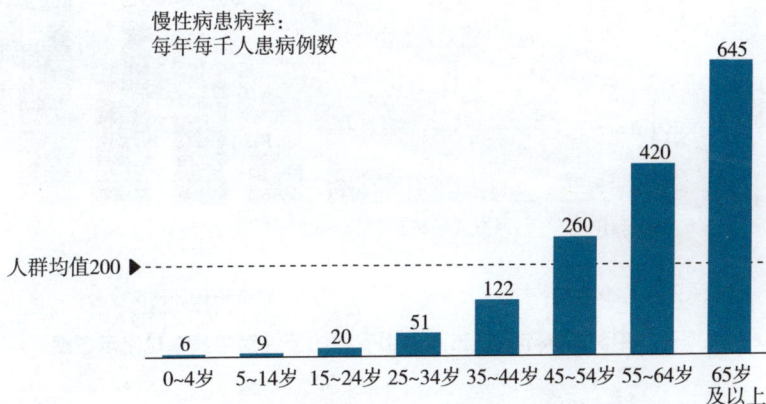

慢性病患病率：
每年每千人患病例数

6　　9　　20　　51　　122　　260　　420　　645

人群均值200 ▶

0~4岁　5~14岁　15~24岁　25~34岁　35~44岁　45~54岁　55~64岁　65岁及以上

资料来源：《2013中国统计年鉴》表9-6-4：2008年调查地区居民慢性病患病率。

图5-2　中国2008年调查地区不同年龄段的慢性病患病率对比示意图

　　大城市和农村的慢性病发病率又有着明显的差异。如图5-3所示，对比大城市和贫困农村的慢性病患病率，我们可以看出：

- 就青少年儿童（0~14岁）的慢性病患病率而言，大城市和贫困农村地区几乎没有差别。

- 就青壮年（15~44岁）的慢性病患病率而言，大城市低于贫困农村。
- 对于中、老年（45岁以上）人群，大城市的慢性病患病率急剧上升，远高于贫困农村；尤其是大城市65岁以上的退休人群，十有八九都会患有某种慢性病，退休前的10多年也有一半左右的人会患有某种慢性病。

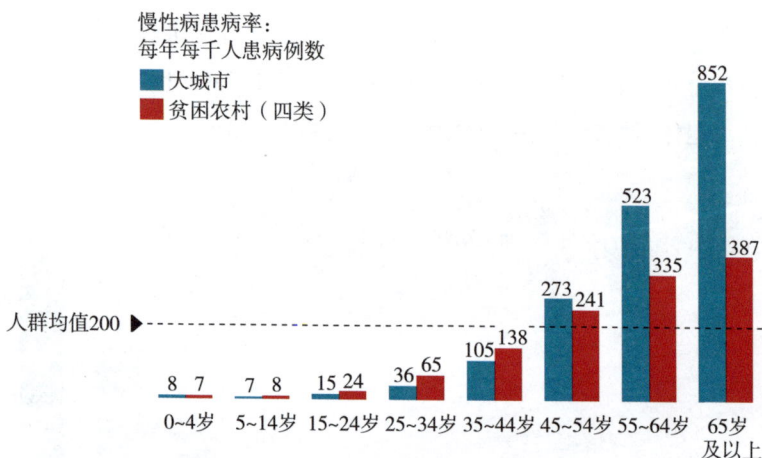

慢性病患病率：
每年每千人患病例数
- 大城市
- 贫困农村（四类）

人群均值200 ▶

年龄	0~4岁	5~14岁	15~24岁	25~34岁	35~44岁	45~54岁	55~64岁	65岁及以上
大城市	8	7	15	36	105	273	523	852
贫困农村	7	8	24	65	138	241	335	387

资料来源：《2013中国统计年鉴》表9-6-4：2008年调查地区居民慢性病患病率。

图5-3 中国2008年大城市和贫困农村的慢性病患病率对比示意图

门诊发生率

患病就需要治疗，最初的治疗一般始于门诊或急症。中国13.5亿多人口，2012年总诊疗人次数约达68亿（其中门诊急症65亿），居民平均每年每人门诊次数达5次左右。

如图5-4所示，除香港地区外，经济发达地区的年平均就诊次数远高于经济发展中地区，台湾地区的平均每人每年门诊次数更是远高于中国内地。

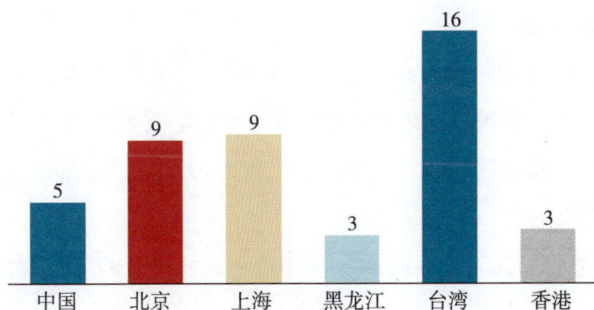

图5-4　部分地区平均每人每年门诊次数对比示意图

平均每人每年门诊次数自然也与年龄相关，年龄越大就医的次数可能就越频繁，如图5-5所示。在台湾地区，老年人门诊就医的次数远高于其他年龄阶段的人群。无论哪个年龄阶段的人群，总体上门诊就医的可能性都非常之高，大致上老年人每个月2~3次，其他人群大致为每个月1次，台湾全民健保带来的医疗资源滥用问题也可见一斑。

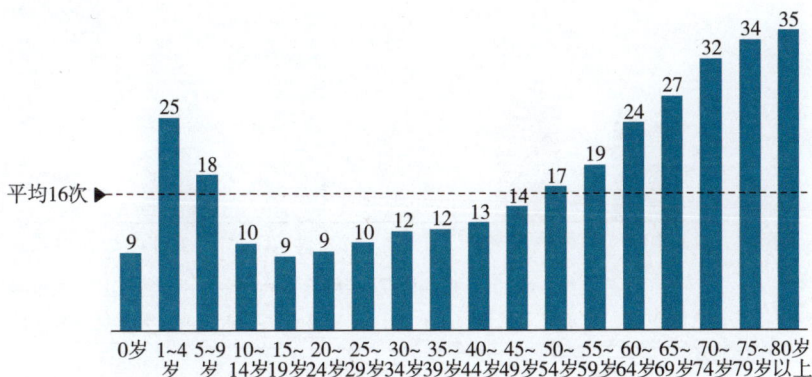

图5-5　台湾2010年各年龄层平均每人每年门诊次数对比示意图

住院发生率

在中国所有的门诊急症病例中，有4%左右的病人需要接受住院治疗[70]。2012年，中国13.5亿人口中共有1.8亿左右的人数接受过住院治疗，居民年住院率约13%，平均住院天数为9天左右[71]，总体上看中国人均一年住院天数为1.2天左右。

台湾地区2 300万左右的人口，2012年共发生318万件左右的住院医疗费用申报，总体年粗住院率大致为14%，平均每件住院天数为10天左右，总体上看台湾地区人均住院天数为1.4天左右，和中国大致相当。这一点与门诊发生率的情况大不相同。

关于平均住院天数，值得指出的是美国的平均住院天数为5天左右[72]，大大短于中国（9天左右）和台湾地区（10天左右）。不同地区、不同疾病的平均住院天数也有较大差别，这里就不详谈。

如图5-6所示，2012年总体的粗住院发生率在相关国家或地区还是比较一致的，只有香港地区是个例外。2012年香港700万左右的人口，共有约200万人次住院。

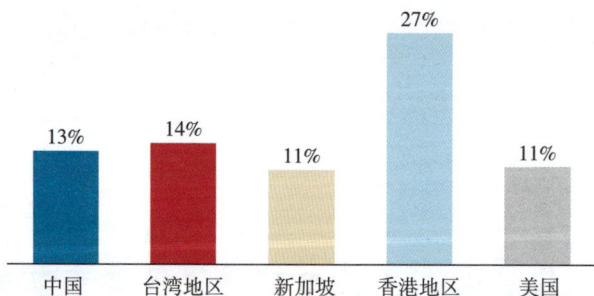

资料来源：2012年数据；《2013中国卫生统计年鉴》表5-1-3；台湾2012年全面健康保险统计表36和85；新加坡卫生部网站；2014年香港卫生署编订的《香港健康数字一览》，住院数据为2012年数据；美国疾病控制和防治中心网站2012年数据。

图5-6　部分国家和地区年粗住院率对比示意图

生病住院的可能性自然也和年龄、性别、个人体质和生活习惯有关。以新加坡2012年的住院率为例，如图5-7所示，生病住院的可能性总体上随着年龄的增长而急剧增加。我们可以大致看出：

- 0~4岁的儿童一年里生病住院的可能性较高，为30%左右，这意味着一年内每3名0~4岁的儿童中就有1名可能需要接受住院治疗。
- 5岁以后，生病住院的可能性大幅减少，男性每年生病住院的可能性40岁前在3%到4%左右；女性25岁至40岁适孕年龄段住院的可能性有明显上升。
- 60岁后，一年中生病住院的可能性逐年增加；老年人生病住院的可能性非常显著。

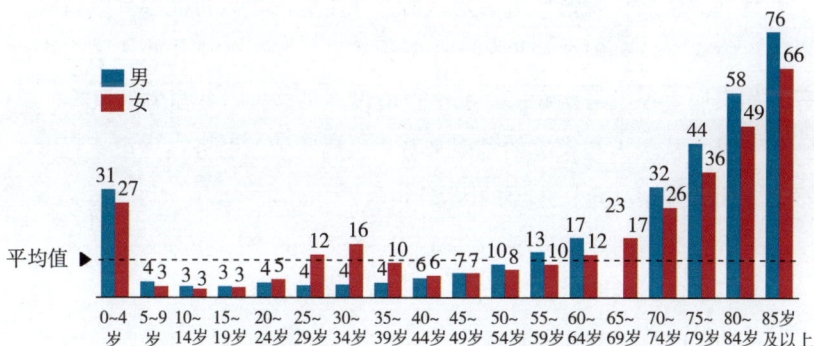

资料来源：新加坡卫生部网站，Hospital Admission Rate（Exclude all normal deliveries & legalised abortions）by Age and Sex 2012。

图5-7　新加坡2012年各年龄层年粗住院率（%）对比示意图

手术发生率

2012年中国1.8亿接受过住院治疗的病人中，接受过手术治疗的人数达3 690万，占住院人数的21%；年粗手术发生率约为2.7%。换句话说，1年中，大约每5个住院治疗的病人中就会有1人需要接受手术治疗。

生病所致财务损失的严重程度

首先，生病治疗需要花钱；如果你的医疗保险支付所有的医疗费用，那么你就不会有医疗费所导致的财务损失。如果你的医保有免赔额或赔付上限，你就可能会需要自己掏腰包支付一定的医疗费用。

例如在中国，如果你只有基本医疗保险，那么超过社会医保上限的大病医疗费用，病人可能就需要自己掏腰包支付。又如在香港，公费医疗只是收取象征性的几百元钱，即使得了大病，医疗费也不会给个人或家庭带来巨额的财务上的损失。再如，如果你自己购买的或雇主提供的医疗保险完全支付所有的医疗费用，那你就完全不用为医疗费所致的财务损失担忧了。

此外，生病住院请假或者是请假照顾生病的家人可能会导致暂时失去工作收入。这种财务损失的大小随误工期的长短和工作收入的多少而异。如果雇主提供带薪病假，那么也就没有了这种财务损失的风险。

可见，从个人与家庭的角度来看，患病所致的财务损失严重程度由很多方面的因素决定，主要的因素有：

- 所患疾病的严重程度；
- 医疗费用的多少；
- 社保的覆盖范围和限额；
- 是否有个人商业医疗保险或雇主提供的商业医疗保险；
- 个人商业医疗保险或雇主提供的商业医疗保险的覆盖范围和限额；
- 因病误工的时间长短；
- 是否有带薪病假福利；
- 是否需要家人请假照料，或是需要额外花钱请护理人员；
- 其他因素。

从社会总体来看，世界上没有"免费的医疗"这回事，医疗保险只是解决了医疗费用的支付问题，而医疗费用对任何国家和个人都是一个大问题，医疗卫生总支出占国民生产总值的比例全世界各个地区大都是逐年上涨，如图5-8所示。值得注意的一个现象是，中国、台湾地区、香港地区和新加坡的医疗卫生总支出占GDP的比例都在5%左右，而美国则要高达近18%，美国人的医疗费用之高可见一斑。

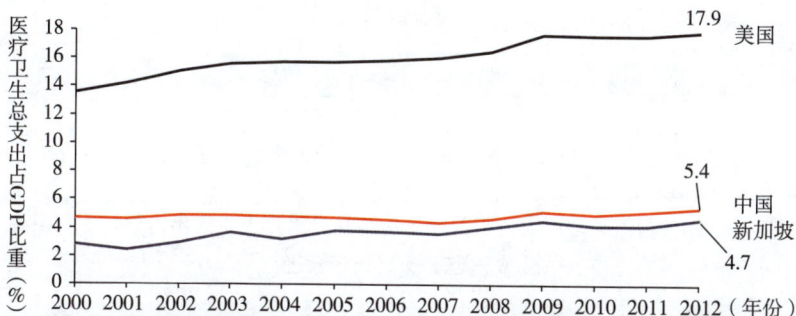

资料来源：世界银行网站。

图5-8 部分国家和地区医疗卫生总支出占GDP百分比历史趋势对比示意图

此外，我们还可以通过观察人均医疗支出和私人支出在总体医疗支出中的占比来分析生病医疗所致的财务损失风险。如图5-9所示，美国人均年医疗卫生支出2012年高达近9 000美元，远高于其他地区，其中中国的人均年医疗卫生支出仅300美元左右，这也和中国整体经济并不发达、人均GDP还很低的状况密不可分。但是，私人医疗卫生支出在总体医疗卫生支出中的占比在这些国家和地区都在40%~60%，私人的医疗卫生支出还都非常多。

小结而言，考虑到疾病的普发性，医疗费用导致个人与家庭财务损失的可能性颇高，只是这种财务损失对个人与家庭财务状况的负面影响程度具体有多大，则需要根据具体的个人与家庭的经济能力、具体医疗费用的大小和具体有多少医疗费用需要由私人来支付等诸多因素来共同确定。

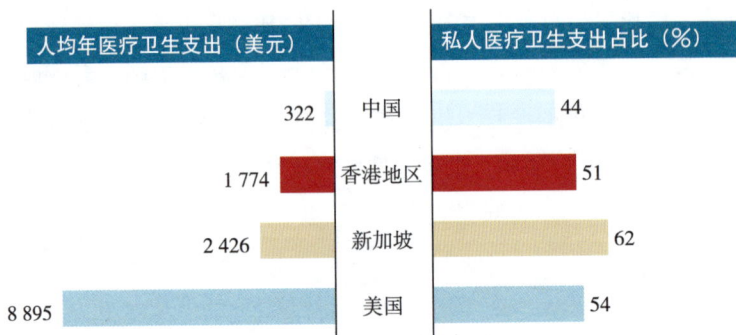

人均年医疗卫生支出（美元）		私人医疗卫生支出占比（%）
322	中国	44
1 774	香港地区	51
2 426	新加坡	62
8 895	美国	54

资料来源：世界银行网站2012年数据；香港数据来源与香港卫生署2013年《香港健康数字一览》。

图5-9　部分国家和地区人均年医疗支出和私人医疗卫生支出占总体医疗卫生支出百分比对比示意图

3. 怎么办？

知晓、知止

是人就会生病这一点就无须再强调了。重要的是要想清楚自己生病了打算去哪就医、如何付费，尤其是生大病、需要住院或手术的情况。

最近几年来，"医疗旅游"市场发展迅猛，许多国家如泰国、韩国的政府更是力推本国的"医疗旅游"产业，中国也有专门的服务机构帮助有支付能力的中国人到美国或其他地区接受更好的医疗服务。

"医疗旅游"市场的迅猛发展更加体现出，在医疗，尤其是大病重疾医疗的问题上，想清楚自己的医疗目标是非常重要的。在经济条件允许的情况下，如何利用全国乃至全球的医疗服务资源来为自己和家人患病时服务，是一个值得想清楚的问题。

关于这个话题，纽约时报中文网刊载过三篇我觉得非常具有启发意义的文章。

一是《中国人看病为何难？》[73]，"作者毛云璋是江苏苏州某三甲医院医生，从医十余载，2003年患重病，从此游走在治病救人和四处求医的双重生活中。"他在这篇文章中谈到中国人看病难的症结所在是"医疗总投入严重不足""而现在中国的医院面临着医生数量不足、结构不合理的问题。"这篇文章中也提到"由于压力、不良生活习惯、环境污染等原因，中国的患病人口激增。根据官方预测报告，从2000年到2025年，中国患者人数将增加近70%，住院量增加超过43%，年门诊量超过37%。而医疗费用增加将超过50%。而同期，人口增长率只有15%。"

第二篇是《追求医疗服务性价比，美国患者出国就医》[74]，根据作者的介绍："美国的医疗旅行者人数越来越多，他们往往没有保险，或者保险不能很好地承担所需手术的费用。""五年前，大多数去海外寻求廉价医疗的美国患者会前往印度和泰国等地，或者去国境线另一边的墨西哥，现如今，许多人前往欧洲，那里顶级医院的医疗费用往往只是美国收费的一小部分。现在，有私人协调员帮忙进行准备，将患者与医生及医院匹配起来，并安排旅行计划。"

第三篇《最后的希望，去美国看病》[75]，根据这篇文章作者的讲述，考虑到"身在美国，如果不幸得了癌症，活下来的机会应该高于中国"，某不幸罹患癌症的中国某大型公司高管通过一家医疗中介公司赴美就医。文章中介绍道："根据美国肿瘤学会的最新统计，美国癌症病人在2003—2009年的五年生存率达到68%以上，比1975—1977年的48.9%有显著上升，相比之下，中国肿瘤防治办在2014年1月发布的《中国肿瘤统计年报》显示：中国癌症病人五年生存率仅为25%左右。两国癌症病人生存率如此悬殊，其中原因错综复杂，跟医疗水平、医疗财政投入、环境等都有直接联系。"

通过以上三篇文章的简介，我们可以看出在患病接受医疗及其相应的风险问题上，做到"知晓"和"知止"是相当重要的；对于中国这样看病难的地区则更是如此。

算计

计算就是要对治病的大致开销做到心里有数。比如我当初出国留学时，对在美国看病自己到底要花多少钱其实并没有具体的概念，只是笼统地有个"美国看病非常贵"的概念。随着在美国住久了，才慢慢对在美国看病的开销做到了心里有数。

计划就是要想清楚生病了尤其是大病或者需要手术的情况下，自己和家人应该如何去做，医疗方案如何去确定，医疗费用、家里的生活如何去安排等。说白了就是要做好安家、就医、住院、手术、付款等情况的"医疗风险预案"，这样就能遇病不慌，确保不幸患病后能安心治病啦。

应对

重防治，保健康

虽然疾病是不可能避免的，但是防治疾病还是减少生病的可能性和控制医疗费用支出的最有效手段。"防治"一词就是指应该首先重视预防、然后才是治疗。预防的措施有很多，例如接种疫苗、清洁饮用水和空气等。

此外，我强烈建议你能践行我在上一章中介绍的"管住嘴、迈开腿、放宽心"的九字健康箴言，努力保持健康，尽量减少患病的可能性、患病的次数和所患疾病的严重程度。

攒钱防病

在社保不周全的情况下，储蓄以防病患，尤其是以防大病或重疾就显得非常重要。尤其在中国，因为社会医疗保险的方针："基本医疗保险以低水平、广覆盖、保基本、多层次、可持续、社会化服务为基本原则，主要通过建立国家、雇主、家庭和个人责任明确、合理分担的多渠道筹资机制，实行基本医疗保障基金和个人共同分担的医疗费用共付机制，实现社会互助共济，满足城乡居民的基本医疗保障需求。"[76]面对只保基本的社会医疗保险，个人对自己需要分担的医疗费用就一定要有所准备，要么自己攒钱储蓄以防病患于未然，要么购买商业保险对社保进行补充，确保有钱看病，不会因为没钱而不得不扛病从而耽误了及时的医疗，也不会因为医疗费用昂贵而因病返贫、因病致贫。

参加社保

关于社保或相关的社会保障计划，例如新加坡的家属保障计划、乐龄健保计划等，又如中国的城镇居民基本医疗保险和新型农村合作医疗（新农合），政府可能让个人保留选择退出这些计划的权利（如新加坡的乐龄健保计划），或让"所有农村居民都可以家庭为单位自愿参加新型农村合作医疗，按时足额缴纳合作医疗经费"。

对于这种非强制的社保计划，我首先建议，当你有得选择的时候，一定要选择参加这些社保计划，不要为了省下几个小钱而不去参加这些社保计划。

其次，关于强制性的社保或全民福利，我建议你要搞清楚你自己的保障、福利和权益所在。

这一点也是说起来容易做起来难。记得我2010年刚到香港后不久，我大儿子有一天晚上发烧，我和妻子带他去最近的一家公立医院看急诊，我们在去医院之前根本不知道要花多少钱，心想这下至少也得花个千八百的，到时候再用我工作单位提供的医疗保险报销。最后还是挂号的护士和一名护工告诉我因为我是在香港合法工作，我和我家人也都享受香港的公费医疗，住院一晚也就只用交100港元，并且一日三餐还都是医院提供。对我这个来自中国内地的人而言，我觉得香港居民享受的医疗福利是非常好的。

买健康险

最后，根据自己的社保情况、经济能力和财务保障目标与需求，你还可以在众多商业健康保险中选择切实解决你具体的保障问题的保险产品，为你和你的家人提供周全的健康医疗保障。以下我介绍一些商业健康保险产品的主要特征供你在购买这些健康保险时参考。

首先需要指出的是，健康险是一个非常宽泛的概念，包括前面介绍过的重大疾病保险、长期护理保险、医疗费用保险、住院或手术津贴保险以及残疾失能保险等和人身健康相关的保险。以下介绍的主要是和"大病小恙"相关的健康险产品。

社保补充型医疗费用保险

- 解决的问题：社会医疗保险可能有支付限额、或者是个人需要承担的支付比例，导致部分医疗费用支出需要自掏腰包。
- 保险期间：多为1年，每年可保证续保或根据身体状况续保。
- 保险利益：按保险合同支付社保不覆盖的全部或部分医疗费用。
- 保费（价格）：保费随着年龄增长而大幅度增加。
- 作者评论：在中国这种社会医疗保险只是侧重于基本医疗需求的地区，社保补充型医疗险能提供有效的医疗费用保障。
- 好产品的标志：和社会基本医疗保险无缝对接，为个人和家庭提供全面的医疗费用保障，价格公道便宜，保险公司理赔及时、服务好。

团体医疗费用补偿保险和个人医疗费用补偿保险（或简称商业医疗险）

- 解决的问题：

  1. 门诊、住院的全部或部分费用支出。

  2. 有一类特殊的医疗费用补偿保险只保牙科或眼科的医疗。

  3. 团体医疗费用补偿保险由雇主提供，雇员有可能也需要支付一部分保费；个人医疗费用补偿保险则完全由个人自己掏钱购买。

- 保险期间：多为1年，每年可保证续保或根据身体状况续保。

- 保险利益：按保险合同支付门诊或住院的费用；有一些产品可能设有自负额、共保额等保险利益限制。例如住院的病房可能规定只是大病房或半私人房，1 000元以内的医疗费用由被保险人自付，或者被保险人承担10%的全部费用，等等。
- 保费（价格）：根据地区医疗费用水平、保障范围的不同而不同，总体上比社保补充型医疗费用保险贵。以我自己为例，我在美国工作的时候，有雇主提供的团体医疗险，每个月自己也需要从工资里出好几百元美元支付保险费。
- 作者评论：
    1. 医疗费用补偿保险的条款涉及门诊、住院治疗等非常多的方面，因而在产品设计上可以非常复杂；我个人收集过一些主要保险市场的医疗费用保险资料，发现医疗费用保险真是花样繁多，一般消费者想搞清楚到底哪款产品最适合自己是一个非常难的问题。
    2. 因为医疗保险的条款可以非常复杂、充满医疗专业术语，所以保障全面的医疗险有独特的价值。当然，保障全面的医疗险的价格比有保险利益限制的医疗险要贵很多。
- 好产品的标志：价格公道便宜，保险公司理赔及时、服务好。

高端医疗险

- 解决的问题：
    1. 为富裕人群提供全面的医疗保障。
    2. 为特定的富裕人群提供在全球或特定区域内最佳的、全面的所有医疗保障。
    3. 提供高质量的导医、就医和医疗服务。
- 保险期间：多为1年，每年可保证续保或根据身体状况续保。
- 保险利益：一般完全支付所有医疗费用，但也可能有部分保险利益限制。

- 保费（价格）：非常贵，针对富裕人群或跨国公司在海外工作的员工等特殊人群。

- 作者评论：高端医疗险在发达市场中并不鲜见，近年来在中国也有一些发展，但是总体上还是一个新鲜事物。随着中国社会经济水平的不断发展，富裕人群对于在全球范围内获得高质量医疗服务的需求会越来越大。

- 好产品的标志：保险利益全面，保险公司理赔及时、服务好，价格相对便宜。

住院或手术津贴保险

- 解决的问题：因为住院或手术治疗短期丧失收入或发生额外支出。

- 保险期间：多为1年，每年可保证续保或根据身体状况续保，市场上也有保终身的产品。

- 保险利益：根据保险合同在被保险人住院或接受手术医疗期间保险公司每日支付一笔钱，作为住院或接受手术治疗的每日津贴。

- 保费（价格）：风险保障型产品，价格随年龄的增长而增长。

- 作者评论：住院或手术津贴保险在台湾也称为住院或手术"日额"保险，也就是说被保险人住院期间每日都能获得一笔合同事先约定的保险金。这种保险金不和医疗费用挂钩，所以不是医疗费用补偿型的健康险，而是弥补误工收入或额外日常支出的健康险。

- 好产品的标志：价格相对便宜，保险公司理赔及时、服务好。

优先诊断保险

- 解决的问题：不用排队，立即接受私立医院或私人医生的诊断。

- 保险期间：多为1年，每年可保证续保或根据身体状况续保。

- 保险利益：保险公司可立即安排私人专科医生进行诊断，并支付相关诊断的费用。
- 作者评论：

1. 这类只针对诊断的、比较"奇葩"的健康险在亚洲市场上并不多见（起码我没见过），主要是在英国这样的公立医疗系统效率不高，但保险业十分成熟的市场有售。我曾深入接触和研究过这种保险，根据英国卫生部的数据，2011年46%的由家庭医生推荐专科医生进行诊断的病人，需要等待2周以上才能预约到专科医生进行诊断（而非医治！）。

2. 医疗保险只能解决医疗费用的支付问题，虽然越来越多的健康险产品开始提供诸如优先挂号、全程导医、专家第二诊疗意见、医疗管理、注册护士咨询等服务，但毕竟本质上这也只是花钱买特权、买服务而已。从整个社会的角度看，如何让每一个公民都获得能负担得起的、高质量的、及时的、医患彼此尊重的、充满人性关怀的医疗服务，是一个需要持续努力解决的、关乎每一个个人与家庭的重要民生问题。

结语

面对大病小恙的风险，当年作为一个穷留学生的我选择了戒烟和加强运动来应对。其实在留学的时候我也买了比较便宜但是好像有较高免赔额的医疗保险。我因为担心看病花钱而努力维持健康，留学期间我没去看过医生，所以也不知道我如果真的生病了去看医生自己要花多少钱。

在美国参加工作后，雇主提供医疗保险员工福利，自己工资里每月也要扣几百美元交医保。虽然我不用再为生病花钱而担心，但是我也没有再抽烟，跑步游泳的习惯倒是一直坚持了下来。在美国时，我的身体一直很健康，在我的印象中好像就没有生病去看过医生，只有一次在一个大雪纷飞的冬日因为频繁出差坐飞机导致耳鸣不止，而开车去看专科医生，检查时还做了核磁共振，让我印象十分深刻。此外，就是我大儿子在美国出生后，我和妻子看到3万美元左右的医疗报账单，觉得这也太贵啦，幸亏有医疗保险埋单。因为这些生活体验，对美国的医疗费用之高有了切身体会。

目前我在香港工作，全家也享有雇主提供的医疗保险福利，我二儿子在香港一家私立医院出生，前后也花了10多万港元，但是相比在美国生孩子还是要便宜不少。我有位朋友选择在香港的公立医院生孩子，前后几天一共只缴纳了350元港元，可见香港的公立医疗系统收费之低。据我妈妈讲，我和我哥兄弟三人都是在家里而不是医院里出生的，生我们根本就没有花几个钱；短短30多年间，这个世界已经发生了太多的变化，起码绝大多数人都会是在医院里出生的。

所以说在现代社会里，医院是任何人或迟或早都要去光顾的地方，我们每一个人都需要拥有充足的医疗保障。

如果政府没有提供充足的社会医疗保障，那么我们就只有靠自己，要么存钱防病，要么按需购买各种不同的医疗保险。最重要的，还是要"管住嘴、迈开腿、放宽心"，努力保持身心健康，尽量远离病痛。

本章小结　大病小恙的风险

险在哪?

- 身体遭受病痛，精神因病而靡
- 财务遭受损失，轻则损失一些医疗费和工资，重则因病致贫、因病返贫

有多险?

- 大病小恙的患病率随年龄的增长而增长
- 小病门诊是非常普遍的
- 大病需要住院或手术的可能性十分显著
- 长期来看，随着年龄的增长，人患病为确定性事件
- 患病所致的财务损失严重程度随着疾病的严重程度和医疗保障的不同而不同
- 总体上看，个人和家庭需要负担的医疗卫生支出是日常生活中的一个大开销

怎么办?

- 预防疾病——"管住嘴、迈开腿、放宽心"
- 对大病要有所准备——提前想好去哪看病、如何就医、怎样付费
- 攒钱防病，参加社保——为自己和家庭提供基本的医疗财务保障
- 购买适合你的需求和支付能力的商业健康保险——为自己和家庭提供充足的医疗财务保障

第六章　残疾失能的风险

图解：陈欣作图，取材于2014年夏美国渐冻人症协会发起的冰桶挑战赛。

本章旨在概略回答如下三个问题：

1. "残疾失能"意味着什么？"失能"险在哪？
2. "残疾失能"的可能性有多大，"残疾失能"的风险有多险？
3. 如何去应对伤、病所带来的"残疾失能"的风险？

　　2014年夏，美国ALS（Amyotrophic lateral sclerosis，肌萎缩性侧索硬化症，俗称渐冻人症）协会策划的旨在增加大众对ALS认知[77]的"ALS冰桶挑战赛"活动获得巨大成功，在极短的时间里在全球范围内大力推动了公众对ALS这一罕见病的认知，也筹集了不少善款。

　　中国民政部新闻办官方微博还就此作出评论[78]："'冰桶挑战'活

动以轻松有趣的方式宣传关爱罕见病患者的理念和相关的医疗知识，带动了社会各界许多有影响力的人士参与，起到了很好的效果。但是，随着社会关注度的提高，建议活动的组织者更加注重活动的实效，避免娱乐化、商业化的倾向。"这条评论也算中肯精辟。

考虑到我的这本书旨在宣传关爱人生与家庭的理念和相关的风险管理与保险知识，这个活动对我很有启发，让我思考除了写一本"科普"性质的书以外，还应该如何设计更好的方式来宣传、推广、助推保险与保障。

毕竟，"渐冻人症"属于罕见病，发病率在十万分之二[79]左右，远低于癌症、早亡等其他疾病和人生风险的发生率；人们关注"渐冻人症"、关爱罕见病患者那是绝对的好事；同理推而广之，人们关注更为多发的其他疾病和各种人生风险、关爱自身与家庭，也是非常必需、理所应当的。

言归正传。物理学天才史蒂芬·霍金教授可能是ALS最为知名的患者之一，"渐冻人症"虽然禁锢了霍金教授的身体，却并没有禁锢他的学术能力，凭借坚强的意志和天赋，他取得了惊人的学术成绩，成为科学领域的伟人。但是对大多数平凡人而言，疾病或伤害所导致的工作能力的丧失，却意味着极大的风险。

在本部分的前三章中，我们讨论过伤害和疾病带来的人身和财务风险，其中，我们谈到过"失能"和对应的失去工作收入的风险，例如在《发生伤害的风险》一章中就介绍过"意外失能保险"、在《大病小恙的风险》中介绍过"住院津贴保险"。伤、病除了带来身心上的伤痛、财务上的损失等风险，也危及人们最重要的工作和谋生能力，尤其是伤、病导致人身残疾的情况。

这一章里我就专门来为你分析讨论残疾失能的风险。

1. 险在哪？

如图6-1所示，伤、病通过医疗后，可能有几种情况，重则亡，轻则残，最好的情况是通过医疗恢复如初，或是失能一段时间经过康复治疗后恢复如初。医疗、康复治疗、或残疾的情况都将导致"失能"。这里的"失能"不是指《"久病床前无孝子"的风险》一章中提到的"失去生活自理的能力"，而是指"失去工作的能力"。

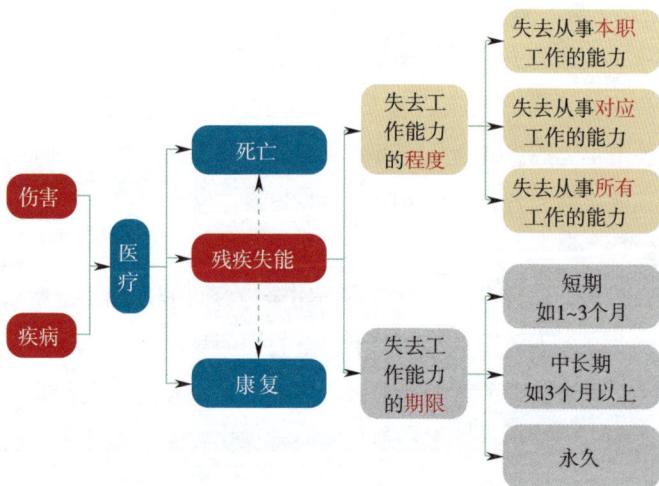

图6-1　残疾失能风险所在示意图

"失去工作的能力"按照严重程度又可分为"失去本职工作的能力""失去对应工作的能力"和"失去所有工作的能力"。举个例子，如果一个职业篮球运动员受伤导致无法跳跃，那么也就"失去了从事本职工作的能力"；这位不幸的球员根据自己的职业篮球经历，还可以选择去做篮球教练，那么他还算有从事"和他的学识经验相对应的工作能力"；但是如果遭受的伤害非常严重、导致需要长期卧床静养，那也就"失去了从事所有工作的能力"。

从残疾失能的时间长短来看，则有永久性的失去工作能力、长期失去工作能力和短期失去工作能力之分。例如，永久全残导致永久性地失去所有的工作能力；有一些残疾通过长期医疗、理疗有望完全恢复，工作能力随着身体的康复也会相应失而复得；大病住院、手术医疗有可能导致短期失去工作能力，但是一段时间后就可重返工作岗位、重新获得工作的能力。

残疾失能主要险在"失能"上，险在工作收入现金流被永久斩断、永久缩小、或在一段时期内暂时被斩断或被缩小，险在财务上的损失可能导致个人与家庭生活困难或原本设定的生活目标无法实现。

财务上的损失不仅体现在工作收入的丧失或下降上，也体现在其他支出项的增加上，例如残疾康复的理疗、生活看护以及其他额外的费用开支，例如购置轮椅、改装房屋以适应残疾后的生活等。

2. 有多险？

由于失能保险在亚洲并不流行，我利用美国精算师协会基于1990—2007年美国失能保险的理赔经验数据，为你大致测算和分析残疾失能的风险的大小。不同国家和地区的经验可能相差很大，所以，以下的关于有多险的数据仅供参考用。

失能发生的可能性高于早逝的可能性

与早亡的可能性相比，失能的可能性更为显著。如图6-2所示，在65岁之前不幸发生一次30天以上"失能"情况的可能性远高于在65之前死亡的可能性。以30岁左右美国男性白领专业人士为例，其在65岁之前早亡的可能性应该在10%~20%，但是根据历史数据显示，在他65岁退休之前有50%左右的可能性失去工作能力至少30天以上。

65岁前早亡的可能性 男*		65岁前失能30天以上可能性 男**	
20岁	14.5%		57.1%
30岁	13.9%		49.2%
40岁	12.8%		41.1%
50岁	10.7%		31.4%
60岁	5.8%		14.8%

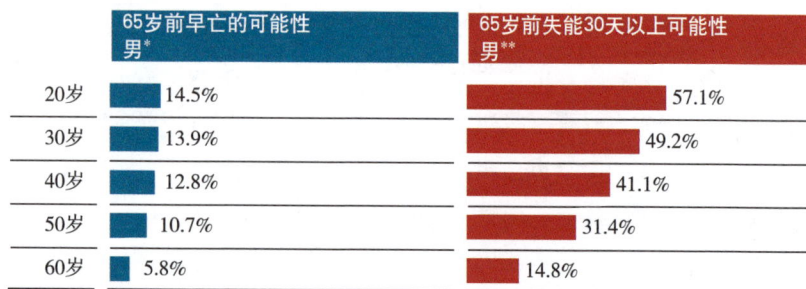

注：* 基于中国男性；** 基于美国男性白领专业人士。

资料来源：中国人寿保险行业经验生命表（2000—2003），非养老金业务用表；北美精算师协会SOA, The Individual Disability Insurance Experience Committee, 1990–2007 Individual Disability Insurance Experience Report & Tables；基于作者分析计算。

图6-2　65岁前早亡与失能30天以上可能性大小对比示意图

疾病所致失能的可能性高于意外所致失能的可能性

以上失能的可能性是意外伤害和疾病所致失能的综合可能性，单独来看，疾病致使短暂或永久失去工作能力的可能性大大高于意外伤害致使失能的可能性，如图6-3所示；年龄越大，疾病导致失能的可能性就越大于意外伤害导致失能的可能性，这一点不难理解。

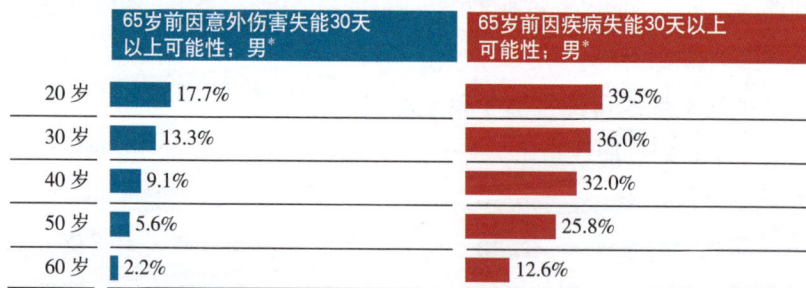

65岁前因意外伤害失能30天以上可能性；男*		65岁前因疾病失能30天以上可能性；男*	
20 岁	17.7%		39.5%
30 岁	13.3%		36.0%
40 岁	9.1%		32.0%
50 岁	5.6%		25.8%
60 岁	2.2%		12.6%

注：* 基于美国男性白领专业人士。

资料来源：北美精算师协会SOA, The Individual Disability Insurance Experience Committee, 1990–2007 Individual Disability Insurance Experience Report & Tables；基于作者分析计算。

图6-3　65岁前因为意外伤害或疾病失能30天以上可能性大小对比示意图

女性失能的可能性高于男性

根据美国保险市场的历史数据显示，女性失能的可能性大大高于男性。如图6-4所示，以30岁左右美国白领专业人士为例，男性在65岁退休之前有50%左右的可能性失去工作能力至少30天以上；而女性的这一可能性达到70%左右。

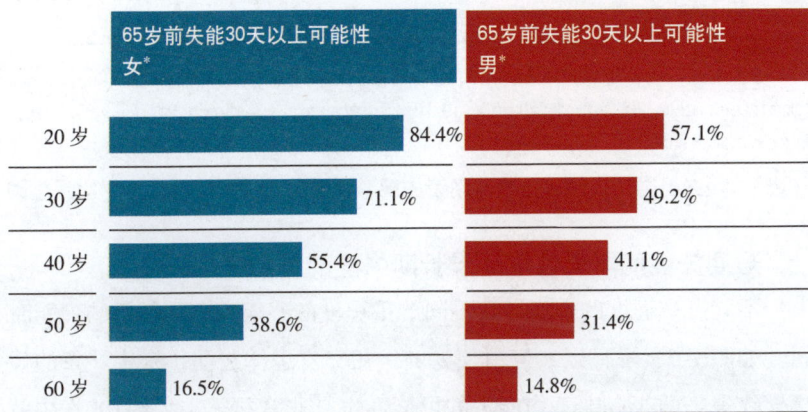

	65岁前失能30天以上可能性 女*	65岁前失能30天以上可能性 男*
20 岁	84.4%	57.1%
30 岁	71.1%	49.2%
40 岁	55.4%	41.1%
50 岁	38.6%	31.4%
60 岁	16.5%	14.8%

注：* 美国白领专业人士。

资料来源：北美精算师协会SOA，The Individual Disability Insurance Experience Committee, 1990-2007 Individual Disability Insurance Experience Report & Tables；基于作者分析计算。

图6-4　65岁前男、女性失能30天以上可能性大小对比示意图

蓝领失能的可能性高于白领

工作本身的危险程度和对健康的危害对于残疾失能的可能性有影响这一点也不难以理解，从事比较危险的蓝领体力劳动者在65岁前失能30天以上的可能性远高于从事白领工作的劳动者，如图6-5所示。

65岁前因意外伤害失能30天以上可能性；男性	65岁前因意外伤害失能30天以上可能性；男性
20 岁 55.0%	17.7%
30 岁 45.8%	13.3%
40 岁 35.4%	9.1%
50 岁 23.5%	5.6%
60 岁 9.2%	2.2%

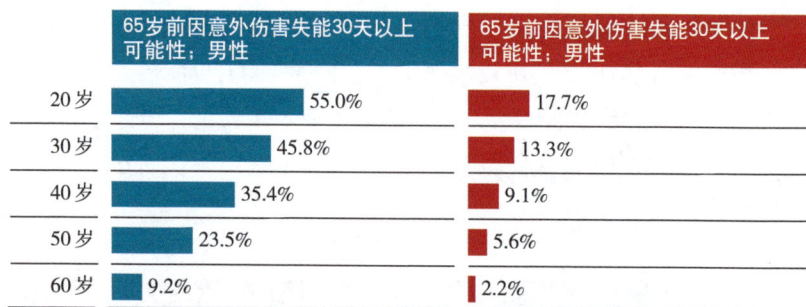

资料来源：北美精算师协会SOA，The Individual Disability Insurance Experience Committee，1990-2007 Individual Disability Insurance Experience Report & Tables；基于作者分析计算。

图6-5　65岁前男性白领和蓝领劳动者失能30天以上大致可能性大小对比示意图

短期失能的可能性远高于长期失能的可能性

不同严重程度的伤病导致不同严重程度的残疾和不同长短的失能时间。如图6-6所示，以30岁白领为例，在65岁退休之前，发生严重的残疾导致失去两年以上工作能力的可能性也是非常显著，大约100人中就有5~6人会因为意外伤害或残疾失去2年以上的工作能力；短期失能更是大概率事件。

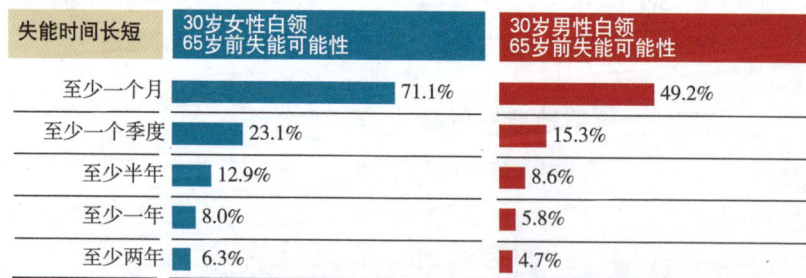

失能时间长短	30岁女性白领 65岁前失能可能性	30岁男性白领 65岁前失能可能性
至少一个月	71.1%	49.2%
至少一个季度	23.1%	15.3%
至少半年	12.9%	8.6%
至少一年	8.0%	5.8%
至少两年	6.3%	4.7%

资料来源：北美精算师协会SOA，The Individual Disability Insurance Experience Committee，1990-2007 Individual Disability Insurance Experience Report & Tables；基于作者分析计算。

图6-6　不同严重程度残疾失能可能性对比示意图

失能所致的财务损失严重程度

显而易见，残疾程度越是严重、失能的时间越是长，残疾失能所致的财务损失严重程度就越大；越是依赖工作收入维持日常生活、越是缺少替代性收入来源，残疾失能所致的财务损失严重程度就越大。

3. 怎么办？

知晓

人们对于早亡、意外伤害、医疗费用、年老失去生活自理能力等风险都还好理解，但是对于个人"残疾失能"的风险相对显得不那么熟悉。其实，"失能"的风险并不难以理解，例如带薪病假其实就是一种非常常见的失能风险的保障手段。

伤害和疾病都可能导致过早亡故，伤害和疾病也都可能导致短期或长期失去工作能力，相对极端的死亡事件而言，短期或长期失去工作能力的可能性则更大，这一点从逻辑上分析并不难理解。

知止、算计

在了解"残疾失能风险"的所在和大小的基础上，你需要想清楚自己在个人收入上的目标以及对应的生活目标。如果生病了或者不幸遭受意外伤害而不能工作，你的家庭的日常生活是否还能维持？你是否还有财力去实现你的家庭生活目标？

如果你没有了工作收入，家里的生活难以为继，或者既定的生活目标完全无法达成，那么你就要考虑如何规避"残疾失能"的风险，这一点和应对"英年早逝"的风险完全是同一个道理，在此就不再赘述。

应对

除了储蓄积累财富这个最自然的应对之举外，应对"残疾失能"的风险也可以考虑一些相关的保险产品和争取相关的工作员工福利。

含有永久全残保障的定期寿险

对于永久全残导致永久失能的情况，因为永久全残风险发生概率低、财务损失程度高的特点和英年早逝的风险非常相近，一般的定期寿险除了保死亡以外，也保永久全残的情况。在购买定期寿险时，可以选择同时提供全残保障的产品。

社保中的工伤保险

社会保险一般都含有工伤保险，工伤保险对因为工伤导致的"失能"情况进行补偿，例如在中国，根据《2013年全国社会保险情况》[80]，2013年"全国有1 164万人次享受工伤保险待遇。全国一次性工亡补助金标准49万元，伤残职工月人均伤残津贴2 019元，月人均生活护理费1 191元，供养亲属月人均抚恤金1 029元。"

团体或个人失能收入保险

社保只是提供最基础的生活保障，并且只保障工伤的情况，并不保其他意外、疾病导致的残疾失能情况。为了保护工作收入不受疾病和意外的影响，有些雇主提供团体失能收入保险福利，有些个人也考虑购买个人失能收入保险，以下是失能保险的一些主要特征。

- 解决的问题：疾病或意外伤害可能导致暂时性、短期（如一个月）、长期或永久性失去工作的能力，进而失去工作收入或者工作收入大幅下降，失能保险可以在这种情况下提供一定的工作收入补偿（例如每月支付原工资的80%）。

- 保险期间：多为定期，如1年、5年等，2年以内的一般称为短期失能收入保险，2年以上的一般称为长期失能收入保险；为了防止逆选择的风险，也为了降低保费、提高产品的可获得性，一般失能保险都规定有一定的免赔期，例如一个星期、一个月、一个季度、一年等。

- 保险利益：

1. 如果被保险人在保险期间内因为疾病或意外伤害导致失去工作能力和收入，保险公司在合同约定的期限内通常按月支付保险金（如月收入的80%）作为失去工作收入的补偿。

2. "失能"的定义有多种，如：

   （1）失去从事本职工作的能力；

   （2）失去从事本职工作的能力且不能从事任何其他能获得收入的工作；

   （3）失去从事对应于学历和工作经验所能从事的工作的能力；

   （4）失去从事所有工作的能力；

   （5）基于收入损失程度的其他"失能"定义等。

- 保费（价格）：疾病、意外导致的失能的可能性较大，所以失能保险一般来说并不便宜，免赔期越短、保险期间越长，保费越贵。

- 作者评论：失能保险在美国比较普遍，但也并不是一个非常流行的产品；在美国大多数失能保险都是团体失能保险，作为一种员工福利提供，个人失能保险相对很少。在亚洲失能保险就更不普遍，即使是开办失能保险多年的台湾市场，失能保险的销量也是少得可怜，相对于其他健康保险几乎可以忽略不计。这从一个侧面也说明对于工作收入的保障而言，通过商业保险来解决可能不是一个最佳的手段，争取更好的员工福利可能是更有效的方式。

- 好产品的标志：同样的保障，更便宜的价格；条款清晰明了，保险公司评级好。

企业提供的员工"失能"福利

以上提到的企业购买团体失能保险的举措，是一种企业帮助员工应对"失能"风险、转移"失能"风险的有效手段。对于大型的企业而言，也可以将这种风险自留，自己提供并管理类似于"失能保险"的福利计划，例如"失能"补助、家属抚恤金、带薪长期病假等，为员工及其家庭提供充足的工作收入保障。当然，这需要企业具备一定规模才能实现自己管理风险所带来的风险管理成本上的节约。

结语

我最喜欢的法国电影《无法触碰》（*Intouchables*）基于真实故事，讲述了一位瘫痪富豪与其全职陪护人之间感人的故事。因跳伞事故瘫痪的富豪，出人意料地选择了一位毫无护理经验并且刚刑满释放的黑人混混作为其全职陪护人。面对身边人的不解，富豪给出的回答是："他总是忘记我瘫痪的事实，我要的就是这样的人，没有怜悯、没有特殊对待、没有歧视。"

富豪瘫痪固然不需要担忧"失去工作能力"和没有工作收入的风险，但是他也有所有残疾人可能都会有的担忧：因为残疾而被他人歧视或怜悯。

这部电影充满笑点和泪点，也令人沉思。我有两点最深的体会，一是有钱很好、很重要，尤其是在患病、受伤、残疾等不幸的事件发生之后钱的重要性就更加凸显，可谓"钱到急用方恨少"；二是这部电影令我反思应该如何尊重他人，如何真正地平等待人，尤其是如何去尊重和平等地对待身体上有残疾的人。

应对失去工作能力的风险，我们要么最好已经很富裕、可以自担风险，要么可以考虑购买失能保险，将"残疾失能"的风险转移出去，确保在需要花钱的时候有钱可花。

对于自身残疾的风险，我们最好的应对态度是无论如何都要自强不息，万一不幸残疾也要向霍金教授学习，身残志坚；对于他人的残疾，我们可以同情其伤痛但不应该施以廉价的怜悯，以平等、尊重的方式相待。

本章小结　残疾失能的风险

险在哪?

- 残疾险在身心上的伤痛
- 失能险在因为失去工作能力而导致的失去工作收入或收入降低
- 残疾的严重程度有等级之分；失能的时间有长有短

有多险?

- 根据美国的历史经验数据，65岁前残疾失能一个月以上的风险高于65岁前英年早逝的风险，非常显著
- 长期失能的风险相对于失能至少一个月的风险要小些，但是即使是65岁前失能一年到两年以上的可能性也都十分显著，达到5%~10%
- 女性失能的可能性高于男性
- 蓝领失能的可能性高于白领

怎么办?

- 赚钱、攒钱、积累财富以备不时之需
- 购买含全残保障的定期人寿保险，管理好个人的巨灾风险
- 参加社保工伤险，有个基本的工伤保障
- 根据自身具体情况购买商业失能收入保险，给工作收入加份保障
- 找份能提供好的员工福利的工作，要么雇主提供团体失能收入保险，要么雇主自己提供相关的失能福利

第二部分
家庭作业（填空题）

为了自己和家人的安全，我会一直做到以下三件事：

1. _____

2. _____

3. _____

为了自己和家人的健康，我会一直做到以下三件事：

1. _____

2. _____

3. _____

第三部分　颐养天年

导言
安享晚年，要情要钱

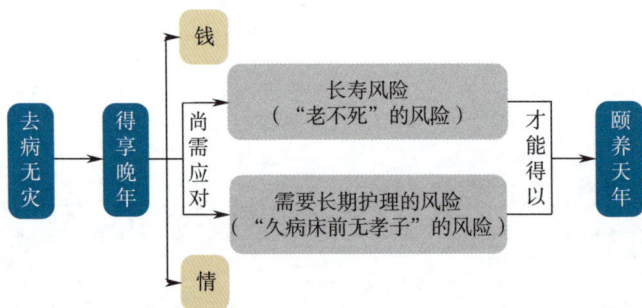

如果你没病没灾、平平安安地活到退休，得以享受晚年生活，也算是人生幸事。

所以，首先，我祝福你能够得以颐养天年。

然而，要真正做到老有所养、老有所安，真正能够颐养天年，还需要面对和管理人生的老年阶段中两个主要的风险：长寿风险和失去生活自理能力而需要他人长期护理的风险。应对这两个风险，一是要有足够的钱，二是要有足够的情，两者都不可或缺。

第七章《"老不死"的风险》中着重讨论的长寿风险，是退休金攒得不够、钱花完了人还健在的一种风险。为了应对长寿风险，我们需要复杂的退休规划和各种年金、退休金产品和工具，在这一章中我简要地向你介绍这些产品和工具。

第八章《"久病床前无孝子"的风险》讨论因年老多病、"返老还童"、失去生活自理能力而需要他人长期护理的风险。需要长期护理的风险本质上是一种残疾失能风险，和在第二部分中讨论过的失能收入保险有一定关联，但是需要指出的是，需要长期护理的风险比较独特，一般是指针对老年人失去生活自理能力（而非工作能力）的情况，故而我在这一部分将其另列一章单独讨论。

随着全球人均预期寿命不断增加和全世界老龄化程度越来越高，养老和安老问题对社会、家庭和个人而言都越来越重要。希望这一部分的分析讨论能够让你对退休年老后的主要风险有一个新的认识，帮助你规划和安排好自己或父母的晚年生活。

第七章　"老不死"的风险

图解：作者摄于香港铜锣湾，临街的福安护老院所在的建筑外墙被大幅iPhone6的广告所覆盖，楼前车水马龙，这让我思考应该如何选择养老之地。香港电影《桃姐》中有许多展示香港老人院的故事场景，在一定程度上也引发了人们对社会老龄化及养老问题的关注。

本章旨在概略回答如下三个问题：

1. 险在哪?——什么是长寿风险？"老不死"的风险险在哪？
2. 有多险?——"长寿风险"如何衡量？风险有多大？
3. 怎么办?——如何去做好养老规划（或退休规划）以防止出现"老不死"的风险?

　　2009年下半年，我在费城找到了一份和可变年金保险产品相关的新工作，和妻子搬到费城郊区一个叫艾克斯顿的小城居住。我的公寓楼下住着一位非常慈爱可亲的80多岁的美国老太太，简。

　　后来去简家做客，得知她也是刚搬入不久，之前她一直住在附近的一个临湖而建的高端养老社区里，2008年至2009年的金融危机使她的投资组合净值缩水不少，账算下来可能不能够支持她一直住在花费不菲的养老公寓里，所以身体硬朗、个性独立的简决定搬出来租一套不错的公寓自己住。

简的经历让我对美国的养老问题有了新的认识，也对金融危机和搞出金融危机的罪魁祸首有了新一层的憎恶。

这一章里我主要讨论简所经历的风险——长寿风险及其应对之道。

1. 险在哪？

在中国，恶媳妇骂婆婆最毒的话之一非"你这个老不死的"莫属。这里说的"老不死的风险"，学名为"长寿风险"，指的是退休前按预期的寿命准备养老金，但是活得太长寿，超过在作退休规划时预计的寿命，导致人还健在但是钱花完了的这样一种风险。

"长寿风险"学名中"长寿"一词的褒义色彩让人疑惑为什么人人期盼的长寿还会有风险，所以我在此将这种风险通俗地称为"老不死的风险"。

"老不死的风险"或"长寿风险"险在晚年没有足够多的钱按自己预期的方式生活，险在退休后的生活质量较退休前大幅下降，险在因为没钱养老拖累子女导致子女不孝、不敬。晚年贫病交加、凄苦度日、夕阳不红、被子女或明或暗地骂"老不死的"，是人生的大不幸之一。

2. 有多险？

长寿风险的大小不仅取决于预计的寿命和活得超过预计寿命的可能性（退休金可以花多久），同时也取决于自身的经济现状（存了多少退休金）、退休金所投资资产的风险收益情况（存的钱打算如何投资以增值保值）、你期望的退休生活方式及其对应的开销（打算过什么样的日子、预计花多少钱）、通货膨胀率（未来的支出是否会随通货膨胀而上涨）等诸多因素。

长寿的可能性——越长寿，钱不够花的可能性就越大

如果你活到了60岁并开始着手具体安排退休后的生活，你首先需要解答的问题可能是你大概还能活多久。

如果你按人群平均预期寿命进行养老规划，那么你将有很大的可能性活过人群平均预期寿命，因为"平均预期寿命"中的"平均"二字就决定了有人超过平均、有人低于平均。

如图7–1所示，如果你活到60岁，平均来看你大致将还有20~25年的剩余寿命。大约过半数的60岁老人将活过80岁，约1/4以上的老人将活过90岁。女性长寿的可能性明显高于男性。对于香港和新加坡等地区而言，长寿活到90岁以上更是非常可能的大概率事件。相信随着日后医疗卫生水平和医疗科学技术的不断发展进步，人类的寿命在可预期的未来还将不断地提高。

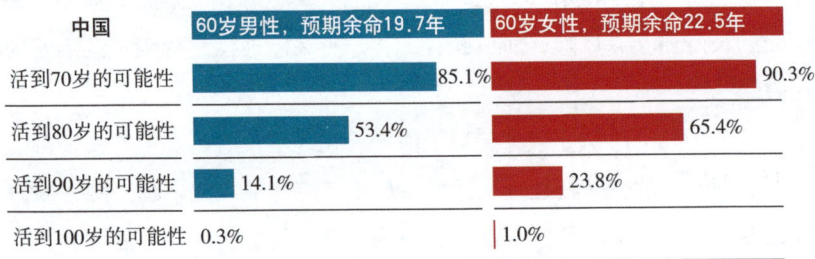

中国

	60岁男性，预期余命19.7年	60岁女性，预期余命22.5年
活到70岁的可能性	85.1%	90.3%
活到80岁的可能性	53.4%	65.4%
活到90岁的可能性	14.1%	23.8%
活到100岁的可能性	0.3%	1.0%

资料来源：中国人寿保险行业经验生命表（2000—2003），非养老金业务用表；基于作者分析计算。

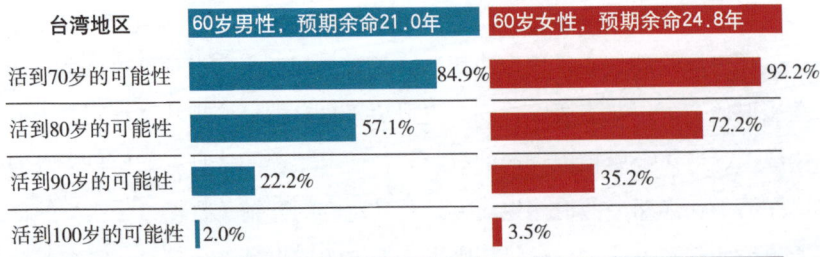

台湾地区

	60岁男性，预期余命21.0年	60岁女性，预期余命24.8年
活到70岁的可能性	84.9%	92.2%
活到80岁的可能性	57.1%	72.2%
活到90岁的可能性	22.2%	35.2%
活到100岁的可能性	2.0%	3.5%

资料来源：台湾寿险业第五回经验生命表；基于作者分析计算。

152

香港地区	60岁男性，预期余命22.3年	60岁女性，预期余命27.1年
活到70岁的可能性	88.6%	94.7%
活到80岁的可能性	63.7%	80.6%
活到90岁的可能性	24.5%	44.6%
活到100岁的可能性	1.9%	7.5%

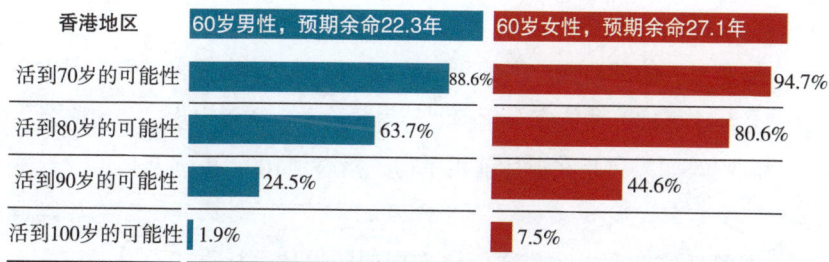

资料来源：香港人口生命表（2006—2014），表11（2011年香港女性生命表）；基于作者分析计算。

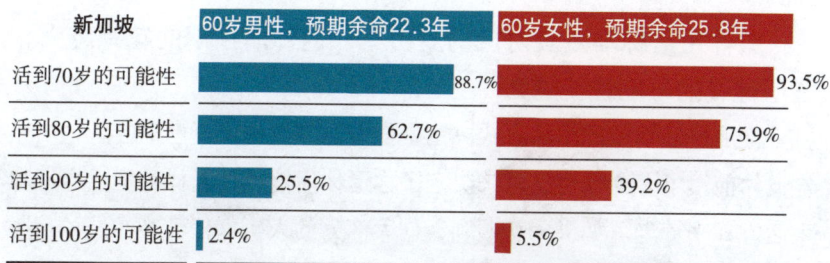

新加坡	60岁男性，预期余命22.3年	60岁女性，预期余命25.8年
活到70岁的可能性	88.7%	93.5%
活到80岁的可能性	62.7%	75.9%
活到90岁的可能性	25.5%	39.2%
活到100岁的可能性	2.4%	5.5%

资料来源：Complete Life Tables 2008—2013 for Singapore Resident Population, Table 33 Complete Life Table for Singapore Female Residents, 2013（Preliminary）；基于作者分析计算。

图7-1　部分国家和地区60岁的人活到70岁、80岁、90岁、100岁的大致可能性示意图

寿命延长了，"退休后钱还够不够花"的问题就显得越来越重要。

退休金的多少——退休金攒得越少，钱不够花的可能性就越大

显而易见，攒的钱越多，养老金不够用的可能性就越小。我这里说的退休金是个统称，包括你自己积累的资产、存的养老钱和社保养老金等可供你使用、由你支配的财务资源。

对于巨富的"高净值"个人与家庭而言，养老金的问题不成为一个问题，自然是越长寿越好，这一点看看那些希望"万寿无疆"而寻仙炼

丹的皇帝佬儿就知道啦。

但是对一般的温饱、小康和小富家庭而言，到底攒多少钱、积累多少养老金才算够、才能完全化解"长寿风险"、避免出现"未富先老"的情况呢？如果只是在退休前买了房、攒够了100万元，具体的"长寿风险"又有多大呢？

回答这些问题首先需要弄清你期望的退休生活方式及其对应的花费，具体风险的大小真是因个人的养老金规模大小而异、因不同的退休生活目标而异。

退休生活标准及其对应的支出——退休后预期的花销越大，钱不够花的可能性就越大

你退休后期望的生活方式决定了你需要多少钱或资产来养老；当然你退休前攒了多少钱也反过来决定了你退休后能以什么样的生活水平和生活方式来养老。如果一切顺利，你大部分的人生责任已经在退休前履行完毕了，比如房子买了，子女成家立业了，自己也攒了一大笔钱供自己颐养天年。

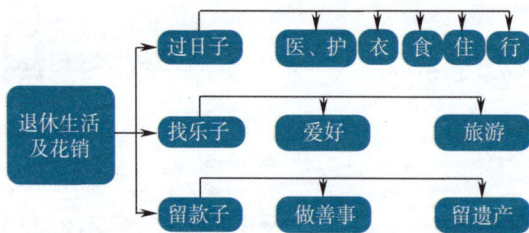
图7-2　退休生活及其花销所在示意图

如图7-2所示，退休后的生活及其花销所在可以从三个方面来看。

- "过日子"包括传统的衣、食、住、行和老年人更常需要的医疗、护理服务。这一部分的花销既有刚性需要的成分，又有享受生活的成分。"刚需"的部分必须是"零风险"、必须有充足的保障，如若不然，晚年生活就太凄惨了。

- "找乐子"包括为自己的兴趣爱好花些钱和到处去旅游、走走看看，如果你喜欢旅游的话。这一部分的花销则是为了享受生活、非"刚需"。

- "留款子"包括自己打算需要用钱作的一些善事、给晚辈的红包以及给儿女子孙（或者是其他亲爱之人或慈善机构）留下的遗产。这一部分花销的目的则有自我实现的意味，满足较高层次的人生需求，因此也就更加因人而异。

总体上来说，退休后的花销越大，钱不够花的可能性就越大。养老期望与经济实力越不匹配、养老生活中的财务收支就越有可能不平衡，从而导致入不敷出的情况，增大"长寿风险"。

退休金所投资的资产——退休金投资资产的风险越大，钱不够花的可能性就越大

对于大额的退休金，持有现金将面临钱的购买力逐渐被通货膨胀损耗的风险。把钱存在银行，如果存款利率不高甚至低于通货膨胀率（例如在中国2010年左右的情况），钱的购买力依然会逐渐损耗。这些都会增大"长寿风险"的可能性。

如果你将退休金投资到资本市场以实现资产的保值、增值，那么"长寿风险"的大小将和资本市场风险的大小紧密相关。如我在前文中提到的简的经历，她就是因为金融危机造成的投资组合净值缩水才不得不改变养老的生活方式。

退休后养老金资产的管理需要很多的专业知识，以在控制投资风险的前提下，实现资产的保值和增值，保证有足够的钱去养老。

子女的财力和孝心——子女越有钱越有孝心，养老钱不够花的风险就越小

在家庭养老、养儿防老的年代，子女的财力和孝心对于养老的质量而言至关重要，即使是在养老需要更多地靠自己筹划的年代，子女的赠养和孝道依然是应对长寿风险的非常重要的手段。

小结而言，"老不死的风险"大小由诸多因素决定，越有钱、越有情就越能抵御长寿风险。

3. 怎么办?

面对退休后的生活以及前面分析的长寿风险，最佳的举措就是提前做好全面、完备和专业的退休规划。具体而言，无论是你亲自操刀来规划未来，还是聘请养老金顾问和理财顾问帮助你进行规划，大致上你还是可以参照"知晓、知止、算计、应对"这四步来做。

知晓

首先，你需要面对并重视自身和父母的养老的问题，知晓"长寿风险"或"老不死的风险"客观存在。观念上，你起码需要清楚农业社会"养儿防老"的机制并不适用于当前的社会、经济现实情况。就个人、配偶和父母的养老问题，虽然你可能有一定的社会养老保障，但是社保养老通常只是以"保底"为目标，为了拥有一个更加美好的晚年生活，个人和家庭仍然需要承担更多的责任、采取更多的措施才能确保有足够的财力去颐养天年。

知止

接下来，你需要想清楚自己（或父母）是否打算退休、什么时候退休、退休后去哪生活、希望过什么样的晚年生活等重要的问题。

- 何时（When）：你是不得不60岁或65岁退休呢（例如国家公务员），还是有自己的事业，想什么时候退休就什么时候退休？你打算具体什么时候退休呢？还是打算学习巴菲特计划每天跳着踢踏舞去工作、"鞠躬尽瘁、死而后已"？

- 何地（Where）：你是打算满世界挑一个你心向往之、心仪已久的乐土定居下来呢，还是打算叶落归根、返回故里？你是打算云游四海呢，还是居家守土、偶尔巡游？

- 与谁（Who）：是打算和子女一起生活呢，还是打算自己独立生活？你觉得等你退休了，你的子女会希望和你一起生活吗？如果你的父母退休了，他们希望和你一起生活吗？如果是的话，你的配偶作何考虑？

- 多久（How Long）：你觉得你大概能活到多大岁数？

- 多少（How　Much）：你预计你每个月要花多少钱过日子？你打算过什么样的日子？你可以过不一样的、苦一些的日子吗？

- 病时（If Sick）：你如果病了，打算去哪儿就医？你如果"老得走不动"，你打算请谁来伺候你？

- 死后（After Death）：如果你死了，你希望埋在哪？你是打算本着"生不带来、死不带走"的精神，决定把自己的钱花个一干二净呢，还是心怀慈悲，希望回馈社会、资助他人，抑或是你打算将尽可能多的钱留给子孙后代？

想清楚了以上这些问题，可谓在退休这个问题上做到了"知止"。

算计

知道了自己的目标，接下来就要算算账，看看自己是否有足够的钱去过自己期望的生活。

首先，你需要摸摸自己的家底，看看自己的资产组合中都有些什么财务资源可供利用：例如房产、现金、金银细软、金融资产、社保退休金、社会医疗保险、商业年金保险的年金收入等。

其次，你要算算你期望的退休生活需要花费多少钱，并且和自己的那点儿家底做做比较，看看你是否有足够的财务能力去实现你退休后的生活目标。

再次，你如果需要依赖你的资产组合的投资收益来达成你的退休生活目标，那么就一定得做一做"情景分析"，看看在不同的投资收益、不同的预计寿命的组合情况下，你是否能始终达成你的退休生活目标。

账算清楚了，如果发现生活期望与财务能力之间有缺口，那么就要调整自己退休后的生活目标，或者想其他的法子多赚些钱来达成自己的目标。计划就是要想清楚需要何时在何地、如何采取何种行动来确保达成自己退休后的生活目标。

应对

最后，就是要按既定的计划采取切实的行动来应对退休后的"长寿风险"或"老不死的风险"。以下我列举一些举措、工具和产品供你参考。

攒足棺材本，更要攒足养老钱

第二章里我分析"死不起的风险"时指出需要攒足"棺材本"。除非你希望有异常奢华的葬礼或者希望在死后建个地宫，丧葬费其实只是退休后所有花销中比较小的一个部分。我们需要攒足棺材本，更要攒足养老钱。

储蓄养老须尽早。比如美国的401（K）退休计划、香港的强积金计划，员工从工作一开始就已经开始为日后的养老作准备。当然亚洲国家的储蓄率普遍比较高，在存钱这一点上就不需要额外再强调了。

重视养老问题，多方筹资，弄清楚并参加各种社会养老机制

我个人认为养老问题归根结底需要依靠个人和家庭，所以我主张在这个问题上要强调个人的责任。但是即便如此，养老问题依然是一个非常大的社会问题，政府有义务设计并且推动建立一个包括个人商业保险养老、家庭养老和社会养老的综合性的、公平合理有效的社会养老机制。

不同国家和地区的社会养老机制大不一样。所以，首先，你需要弄清楚如何做才能获得那些社会提供的养老相关的福利，并且一定要参加任何符合资格的社会养老计划，为自己日后的养老需求多方筹资。其

次，要弄清楚自己到底能从社会养老计划中具体获得多少退休金和其他福利，以便你能够查缺补漏，确保有钱养老。

合理地投资和管理养老金资产组合，购买商业养老年金保险规避"长寿风险"

除非一些高福利社会的国家，社会养老的普适性决定了它的保底性质。你如果希望确保达到自己较高的退休生活目标，攒钱只是第一步，合理地管理你的养老金资产组合也非常重要。

合理的大类资产配置、具体的投资品种选择、适时的投资组合调整等退休金管理的建议，需要根据你的具体目标、财力和风险偏好做出，是一个相当复杂的投资和资产管理问题，不是简单三言两语就能讲得清楚，我在此就不详加讨论。

对于"长寿风险"，保险年金产品是一种有效的转移或规避此类风险的工具。年金保险在美国等发达保险市场中占据重要地位，许多知名的保险公司往往将年金保险独立于人寿保险，设立不同的法人机构对年金保险和人寿保险进行分别管理。

例如我2009年在荷兰国际集团（ING）的美国公司工作时，所服务的就是它的年金保险公司。其年金保险公司和人寿保险公司分别是不同的法人机构，由不同的领导班子和管理人员进行独立管理运营。由此可见年金保险在美国等发达国家或发达保险市场中的重要地位。

年金保险如同人寿保险，也有很多不同的类型，我根据自己的理解大致简介如下，供读者考虑购买年金保险规避"长寿风险"时参考：

固定型年金保险

- 解决的问题：转移长寿风险，也提供一定的死亡风险保障。
- 保险期间：多为终身。也有定期的固定年金产品，但这种产品不解决长寿风险。
- 保险利益：

1. 根据保险合同约定，保险公司立即或在未来的某个日子开始（如65岁）定期（如每月或每年）向保户支付固定金额的保险金或养老金，直至被保险人去世。

2. 保险人去世时，保险公司也可支付一笔死亡保险金。

3. 中途退保，可获得保单的现金价值。

- 保费（价格）：固定年金产品定价时的定价利率越低，价格越贵。因为年金保险具有长期储蓄的性质，所以其保费规模一般比较大。

- 作者评论：固定年金保险相当于一个固定利率的债券或协议存款加上一个应对长寿风险的保险产品；因为定价利率相当于保险公司对客户存的钱的长期保证利率，保险公司为了控制经营风险，一般不敢随意保证一个较高的定价利息率，导致固定年金保险的财富增值功能有可能比较弱。

- 好产品的标志：定价利率高，保费便宜，条款清晰明了，保险公司评级好。

可变型年金保险（也称为"变额年金保险"）

- 解决的问题：

1. 转移长寿风险，也提供一定的死亡风险保障。

2. 提供投资平台、投资产品和工具，帮助实现财富增值。

3. 提供各种投资相关的最低保证，保障长寿和死亡风险。

4. 中国保监会2011年引进可变年金保险到中国市场，在介绍这种产品时说"可以把变额年金保险简单理解为：变额年金保险＝投资连结保险＋最低保证＋年金化支付"[81]，有一定的道理。需要强调的是，可变年金保险为客户解决的问题是资产增值和长寿风险规避。

- 保险期间：多为终身。

- 保险利益：

 1. 保险公司设立投资平台、投资产品和工具，并为客户设立独立的投资账户，供客户根据自己的风险偏好进行投资理财。

 2. 有些国家（如美国）为了鼓励民众为养老早做准备，为购买可变年金保险的保户提供税收上的优惠和刺激，投资账户的投资收益当期可以不用交税，直到未来领取年金时再纳税，这种税务优惠极大地刺激了这些市场上可变年金保险的发展。

 3. 根据保险合同约定，保险公司立即或在未来的某个日子（如65岁）开始定期（如每月或每年）向保户支付一定金额的保险金或养老金，直至被保险人去世，养老金的多少根据被保险人独立的投资账户的价值而定。

 4. 保险人去世时，保险公司也可支付一笔死亡保险金。

 5. 保险公司可以提供最低死亡保证、最低年金领取保证、最低资产增值保证供客户选择，保障客户的养老需求和死亡风险规避需求不会因为客户投资失败而得不到满足。当然，客户需要为获得这些最低保证缴纳费用。

- 保费（价格）：保险公司向客户收取开户费、账户管理费、退保手续费、资产管理费、保险费、最低保证所对应的费用等各种费用，一般直接从客户的独立投资账户中直接扣除。

- 作者评论：

 1. 可变年金保险是我认为的最为复杂的保险产品，可以看作是一个投资连结型寿险产品加上不同的最低保证所组合而成的最有效的管理长寿风险的一款保险产品。

 2. 在定期寿险以外，我个人最喜欢的保险是可变年金保险，一个非常简单，一个非常复杂，但简单和复杂都以所管理的风险为导向。解决英年早逝的风险，用简单的定期寿险就好；解决长寿风险、养老问题，还真得需要可变年金保险这种更为复杂的金融产品。

3. "没有金刚钻揽不了瓷器活"，管理好可变年金保险非常不容易，美国许多大的保险公司在2008年金融危机期间在这个产品上都亏了大钱。但是，可变年金保险在美国还是一款非常流行的产品，因为它为长寿风险提供了很好的解决方案，那些有能力管理好可变年金保险的公司，也通过它赚了大钱。

4. 可惜的是，除了在韩国、日本等发达市场有类似于美国的可变年金产品以外，可变年金保险在亚洲市场中并不太普遍。中国市场前两年引进了可变年金保险，但是限于国内糟糕的股市，可变年金保险的发展还非常有限。希望有一天，可变年金保险这个复杂但是有效的金融工具可以为更多的人服务、为更多的个人与家庭管理长寿风险和解决养老问题。

● 好产品的标志：各项收费低，投资选择多且精，最低保障高，条款清晰明了，保险公司风险对冲和风险管理的能力强，财务稳健、评级好。

分红型年金保险

● 解决的问题：

1. 转移长寿风险，也提供一定的死亡风险保障。

2. 储蓄、定期支付利息或分红。

● 保险期间：多为终身。

● 保险利益：

1. 根据保险合同约定，保险公司立即或在未来的某个日子（如65岁）开始定期（如每月或每年）向保户支付事先约定金额的保险金或养老金，直至被保险人去世。

2. 保险人去世时，保险公司也可支付一笔死亡保险金。

3. 除定期的年金或养老金外，保险公司也可根据经营的状况向客户定期分红。

4. 如果客户退保，在保险公司扣除一些退保手续费后，客户可以获得保单现金价值。

- 保费（价格）：保险定价利率越低，保费越贵；支付的红利越少，保费越贵。

- 作者评论：

  1. 分红型保险在中国等亚洲市场大行其道，和这些市场上的很高的居民储蓄率息息相关。

  2. 储蓄养老还是投资养老，体现了不同的风险偏好，也和各地资本市场的成熟度相关；长期来看，储蓄的收益率毕竟没有投资的收益率高，所以大力发展资本市场，通过成熟的资本市场帮助民众实现财富的保值增值、帮助社会实现藏富于民，是解决人口老龄化所带来的巨大的养老财务问题的一个有效途径。

  3. 保险公司作为机构投资者，坚持"承保"和"投资"双轮驱动，提高资产管理和投资能力，为客户提供比较高并且相对稳定的投资收益，也是保险公司为社会、为客户创造价值的必由之路。

- 好产品的标志：定价利率高，分红水平高且稳定，保险条款清晰明了，保险公司的投资能力和资产负债管理能力强，财务稳健、评级好。

其他形态的年金保险

- 除了以上介绍的年金产品外，还有很多其他形态的年金产品，例如：

  1. 浮动利息的年金产品，其定期支付的养老金随着市场利率的变动而变动，市场利率高则定期支付的年金也高，反之亦然；这实质上是将投资风险转嫁给保户承担。

2. 定期年金，这种年金保证在约定的期限内（如20年）支付年金，无论保户生死与否，这种产品更类似于存单或债券。

3. 定期加人寿年金，这种年金产品保证在一定期限内（如20年）无论保户生死与否都支付年金，在约定期限后，则保证只要客户还活着，就都按时支付年金。这种设计主要是解决客户担心花了一大笔钱买年金保险，却不料早亡以致钱打了水漂的担忧；实际上，很多年金产品同时提供死亡保险金，如果不幸早亡，死亡保险金应该可以大于客户所缴纳的保费，当然，这得具体产品具体分析。

住房反向抵押养老保险

- 解决的问题：盘活房产，以房养老，转移长寿风险。

- 保险期间：终身。

- 保险利益：

1. 被保险人将拥有独立产权的房产抵押给保险公司，但继续拥有房屋的占有、使用、收益和经抵押权人同意的处置权。

2. 被保险人身故前，被保险人可以从保险公司领取养老金直至身故。

3. 被保险人身故后，房产归保险公司，保险公司获得抵押房产的所有权和处置权。

- 保费（价格）：用房子在未来亡故时的价值支付保险费。

- 作者评论：

1. 住房反向抵押养老保险说白了就是用房子买一个终身的年金保险，一般是固定型的年金保险。

2. 对于那些一辈子赚的钱大部分或全部用来买房子的个人与家庭

而言，由于房子太贵、供房时间太长以致没有在房子之外再攒够养老钱，这种情况下盘活房产、以房养老是一个不错的选择。

3. 国务院2013年9月发布《国务院关于加快发展养老服务业的若干意见》，其中明确提出开展老年人住房反向抵押养老保险试点；2014年6月，中国保监会出台《关于开展老年人住房反向抵押养老保险试点的指导意见》[82]，在北京、上海、广州、武汉4个城市开展各个产品的试点工作。

4. 保险公司承担长寿风险和未来房产贬值的风险。

5. 个人承担未来房产升值从而觉得亏了的风险，并且没有房产遗留给子孙后代。

● 好产品的标志：对房产的估值高，定期支付的养老金高，条款清晰明了，保险公司服务好、评级好。

结语

我曾经和我的美国邻居老太太谈论过美国家庭的养老问题，据说美国曾经也和中国过去一样，老人和子女通常都是生活在一个屋檐下。对于过去祖孙几代人生活在一起的大家庭而言，那时候的养老的问题、养老的财务问题和当代家庭所面临的这些问题已经是大不相同。

随着经济和社会的发展，人口的流动性越来越大，个人经济上的发展和独立在某种程度上却疏离包括父母子女之间这种最亲近的人际之间的情感，对父母"膝前尽孝"对很多人而言都可能是有心无力、难以做到的事。每念及此，都让我感到无奈和伤感。

在全球主要地区人口加剧老化的今天，展望不久的将来，当老年人口占据社会总人口的比例越来越大的时候，整个社会所面临的养老问题将比今天更为严峻。我估计传统的"养儿防老""家庭养老""居家养老"模式随着社会的发展会越来越难以传承，我们大多数人也许都要为自己的养老问题承担更多的个人责任，早作安排、早作打算。期盼未来能够"颐养天年"，需要我们今天多多为之规划、为之努力。

本章小结　"老不死"的风险（长寿风险）

险在哪?

- 活得非常长寿、超过预期，但是攒的养老钱可能不够花
- 子女可能自顾不暇，无力为你养老但又不得不赡养你，导致对你心生怨恨

有多险?

- 随着人均寿命的增加，越来越多的人将活到八九十岁
- 长寿将越来越是大概率事件
- 长寿风险的大小和你的财富规模成反比，越有钱、风险越小

怎么办?

- 退休规划宜早不宜迟，早日攒钱防老
- 合理配置资产，争取资产的保值增值
- 根据自己的财力、风险偏好和养老规划，购买适宜的商业年金保险应对长寿风险
- 传承孝道，尽心尽力赡养你的父母。等你老了，你的子女很有可能以你为榜样

第八章　"久病床前无孝子"的风险

图解：陈欣作图。

本章旨在概略回答如下三个问题：

1. 险在哪？——需要长期护理的风险是什么、险在哪？
2. 有多险？——需要长期护理的可能性有多大？"久病床前无孝子"的风险如何衡量？
3. 怎么办？——如何去应对因年老多病失去生活自理能力而需要他人长期护理的风险？

2014年5月李克强总理访问非洲，其夫人程虹女士首次陪同出访，新华社和其他许多媒体刊发文章介绍了程虹女士的简历和事迹[86]。据报道，程虹女士在其译著《心灵的慰藉》的序言中提道："自己用5年时间照顾家中患癌症的老人，陪她走到生命尽头。"了解这一情况的人说，老人患病多年，都是程虹在家陪伴伺候，她真称得上是贤妻良母。

这则报道让我颇有感触，首先是为程虹女士的孝道感动，其次是感到"需要长期护理"的确是每个人、每个家庭都有可能面对的风险,无论你是身在普通百姓之家,还是大国总理之家。

我在这一章里要讨论的,就是因年老、疾病或伤害而导致失去生活自理能力从而需要他人长期护理的风险。

1. 险在哪?

中国有句古话"久病床前无孝子",说的就是子女因为需要花费大量的时间和金钱来长期照顾、护理久病在床的父母而心生不满,变得不孝顺起来。这句话极佳地体现了因为年老多病而需要子女或他人长期护理的风险所在,所以我将此风险通俗地称为"久病床前无孝子"的风险。

当然,任何年龄的人都有可能因为疾病或伤害而导致失去生活自理能力从而需要他人的长期护理和照料。例如,2014年夏天中国中央电视台热播的电视连续剧《历史转折中的邓小平》中,以邓小平夫妇为瘫痪在床的长子端水擦身子为开头,看到老人照顾失去自理能力的儿子,令人唏嘘、令人十分感动。邓小平的大儿子在"文化大革命"中惨遭折磨,坠楼摔伤,落下终身残疾,可见年轻人也可能会因为或这或那的不幸失去生活自理的能力而导致需要他人的长期护理。

因为年老多病是导致失去生活自理能力的主要原因,所以通常而言的长期护理一般是指对老年人的长期护理。

身伤

一般而言,除了婴幼儿没有生活自理能力需要父母长期照顾外,只有长期患病或严重残疾导致生活无法自理,才会需要他人的长期看护和照料。生活自理或自我照顾的能力一般可以从以下六项"日常生活自理活动"(Activities of Daily Living)来衡量:

1. 进食;

2. 如厕;

3. 洗澡；

4. 穿衣；

5. 走动（平地走动）；

6. 移位（如床和椅之间）。

不同的国家或地区对自理能力缺损的严重级别有不同的等级分类，例如：

- 中国台湾地区将自理能力失能程度分为三个等级[87]：

    1. 失去1项到2项"日常生活自理活动"的能力，为轻度失能；此外，对于独自居住的老人而言，如果5项"日常生活功能性活动"（Instrumental Activities of Daily Life）中有3项以上需要协助，也视为轻度失能，这五项活动包括：上街购物，外出活动，食物烹调，家务维持和洗衣服；美国"日常生活功能性活动"还包括管理钱财和使用电话[88]。

    2. 失去3项到4项"日常生活自理活动"的能力，为中度失能。

    3. 失去5项到6项"日常生活自理活动"的能力，为重度失能。

- 新加坡则规定需要至少不能独立完成3项"日常生活自理活动"才能有资格领取长期护理保险月度津贴[89]。

- 老龄化程度严重、养老护理方面有经验的日本将自理能力分为8级[90]：

    1. 自立；

    2. 要支援1级到2级；

    3. 要介护1级到5级。

无论自理能力的衡量和分级有何差异，完全或部分丧失日常生活的自理能力都是身体上的严重伤害和风险所在。

情伤

首先，需要照顾的老人如果得不到悉心的照料，难免心生悲戚。子女说不定还会给老人脸色看，甚至虐待父母；如果不是家人看护而是请外人或机构看护，"人老被人欺"的可能性就更大。失去自理能力的老人是如同婴儿一般的弱势群体，在美国（乃至全世界），接受长期照护的老人中虐待事件层出不穷，常见的有身体上的欺凌、性虐待、精神上的侮辱、被故意疏忽照顾等。

根据《美国长期照护产业概况》的介绍[91]：美国成人保护服务处资料显示，美国每年有50万~100万件老人虐待的举报电话，而这些只是冰山一角，因为平均发生13件虐待事件中只有1件会被举报，大部分老人因为害怕报复、担心日后无人照顾、或顾于面子而没有举报。为了从法律层面保护老年人的权益，美国专门制定了《联邦老人法案》《老人受虐正义法》《护理之家改革法案》等法律法规，确保老年人尤其是那些丧失自理能力需要长期护理的老人免于言语、精神和身体上的虐待。

面对"不孝子"或"人老被人欺"的情景，谁人能不生人生悲凉之慨？！老年人自杀率高和此种情形应该也有很大关联。

其次，需要长期护理老人的子女或家属情绪上也可能会有沉重的负担。面对家里久病在床、需要长期照顾的老人，本身可能劳碌奔波的子女在照顾、护理父母时可能会有心无力，情绪和财力上都承受重压，以致变成"不孝子"。

传统社会多子多福，养儿防老；中国的独生子女政策，台湾地区、香港地区、新加坡等地的少子化情况，都让养老和长期护理的问题更为凸显。现代很多家庭是"4-2-1"的倒三角的家庭结构，一个孩子对应多个老人，如果家里有老人真的不幸失去生活自理能力从而需要他人长期护理，那可如何应对是好？

正可谓：父母含辛茹苦养育子女易，子女尽心尽力呵护父母难。

财伤

如果老年人失去生活自理能力，由子女辞职居家护理，那么子女的工作收入也就损失啦。

如果是去专门的护理机构进行护理或者请专业的护理人员居家护理，对家庭而言也需要支付高额的护理费用。

所以，对家庭的财务状况而言，需要长期护理也是一个重大的财务风险所在。

2. 有多险？

了解完失去生活自理能力而需要长期护理的风险所在，再让我们从人身和财务两个方面来看看需要长期护理的风险到底有多大。

需要长期护理的可能性

香港特区政府统计处2005年专题文章《长者的健康状况及接受长期护理的需要》中统计，2004年香港近985 700名老年人中，大概有3 700位失去1项至2项"日常生活自理活动"的能力，1 000位失去3项至4项"日常生活自理活动"的能力，1 800位失去5项至6项"日常生活自理活动"的能力，总计6 500位老人失去部分或全部自理能力而需要长期护理，在所有老人中占比6.5%左右。这一数字反映的是需要长期护理情况的盛行率情况，而非某个个体需要长期护理的可能性。

关于需要长期护理的可能性，美国长期护理政策专家、宾州州立大学健康政策与管理和人口学教授彼得·肯柏（Peter Kemper）和其他几位学者在2006年发表了一遍题为《未来不可知的长期护理：现有退休人员面临的问题》的文章，对2005年美国刚满65岁的人在余生内可能需要接受长期护理的可能性进行了详细的建模分析，我引用其研究成果如下，供你参考。

如图8-1所示，我们首先可以看出，对于美国65岁年近退休的人士而言，在余生中失去生活自理能力而需要他人长期护理的可能性非常之高，近6成的男性老年人、近8成的女性在余生中都将需要不同时间长短的长期护理。

65岁男，预期余命15.7年至81岁	65岁女，预期余命19.8年至85岁

	65岁男，预期余命15.7年至81岁	65岁女，预期余命19.8年至85岁
余生内需要长期护理的比例	58.0%	79.0%
平均长期护理年数	2.2年	3.7年
需要长期护理年数比例分布 — 无须护理	42.0%	21.0%
1年以下护理	19.0%	16.0%
1~2年护理	10.0%	13.0%
2~5年护理	17.0%	22.0%
5年以上护理	11.0%	28.0%

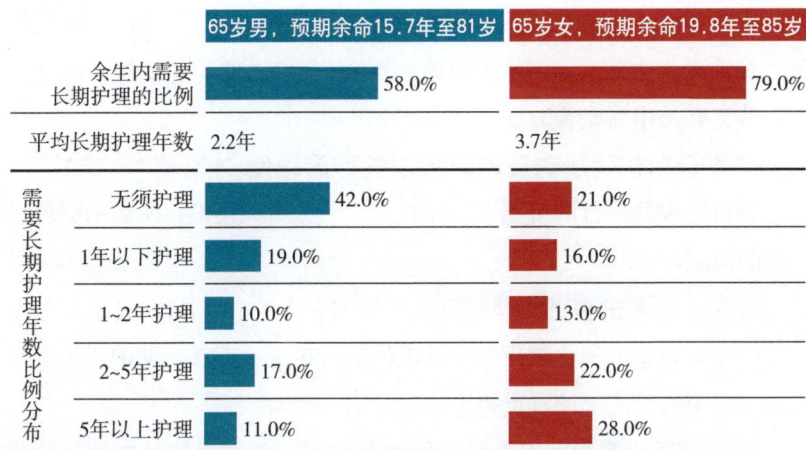

资料来源：P. Kemper, H.L. Komisar, and L. Alexcih, "Long Term Care over an Uncertain Future: What Can Current Retirees Expect?" Inquiry, Vol. 42, No. 4, 335–350, Winter 2006; Table 1.

图8-1　2005年美国65岁老年人预期需要长期护理的可能性示意图

其次，我们可以看出虽然女性的预期寿命比男性长4岁左右，但是人均寿命的提高也常常伴随着疾病、伤残和生活自理能力丧失可能性的提高。女性老人平均需要接受近4年的长期护理，男性老人平均需要接受2年左右的长期护理。

美国的数据当然和中国及其他国家或地区的情况不一样，但是我想美国的数据可供参考，虽然具体的可能性百分比数据会不一样，但是其结论应该是一致的，那就是因年老多病失去生活自理能力而需要他人长期护理是一个大概率事件，对女性而言尤其如此。

这也不难理解，如果不是突然之间因为疾病或外力伤害而亡故，大部分人在生命的最后几年可能都会"返老还童"般地失去生活自理能力，从而需要子女的反哺。只不过还是那句话：父母含辛茹苦养育子女易，子女尽心尽力呵护父母难。

前文中提到的程虹女士花了5年的时间照顾家里患病的老人。以上美国的数据也表明男性老人大概有10%的可能性需要5年以上的长期护理，女性老人大致有近30%的可能性需要5年以上的长期护理，可见，风险其实都是相当显著的。

需要长期护理所对应的财务损失严重程度

分析完风险事件的可能性，让我们再来分析风险事件所致的财务损失上的风险。

首先，长期护理可能导致巨大的家庭财务支出，如果居家护理还好，如果是将老人送去护理之家等机构进行护理，那么长期的看护费用可能成为家庭经济上的沉重负担。

长期护理的费用因地而异。例如在美国，根据肯柏教授和他的研究人员估算，长期护理平均总共需要花47 000美元左右，其中政府支付53%，个人需要负担的大约在21 100美元[92]。注意这只是平均的花费，具体花费因人而异，比如据肯柏教授他们预测，大约有11%的老人会有10万~25万美元的长期护理支出，有5%的老人需要有高达25万美元以上的长期护理支出。

同样，以上美国的数据只是一个参考。但是在全世界各个地区，我相信赡养、看护失去自理能力的老人都会是一笔相当大的开销。

其次，如果子女选择辞职居家照顾老人，那么子女的工作收入也就损失了。

最后，长期护理所致的个人与家庭的财务风险大小也是因地而异、因人而异。例如，对于那些社会保障计划覆盖长期护理的国家和地区，个人与家庭因为长期护理所致的财务支出和损失就会较少；又如，对于巨富的个人与家庭，即使没有社保，上百万的看护费用也构不成问题，有财务上的损失但是没有太大的财务上的风险。财务损失严重程度或财务风险最大的，还是那些既没有国家提供的社会保障、又没有足够多的钱以自担风险的个人与家庭。

3. 怎么办？

长期护理的风险其实是很大的，全球老龄化程度的不断加深可能会使得这个风险在不久的将来成为一个严重的社会问题。针对这个问题，许多国家都已经立法，通过各项政策、法规和社会保险解决全社会的长期护理的问题，如同保护儿童的权益一样，保护老年人（和其他年龄阶段需要长期护理的人）的权益和尊严。国家如果能够提供覆盖长期护理的社会保障固然是好，但是从个人与家庭的角度出发考虑这个风险，我们应该怎么办呢？

知晓

首先，我们需要认识到年老后失去生活自理能力、需要他人长期护理的可能性是非常大的，如何照顾失能老人可能是每一个家庭都会或迟或早必须面对的问题。

知止

接下来，我们需要问问自己，等自己"老得走不动了"，打算如何"了此残生"呢？你预计谁会来伺候你，喂你吃饭、替你端屎倒尿、沐浴更衣呢？是你的子女来照顾你吗？还是你觉得子女靠不住，打算去护理机构接受专业的护理服务呢？如果是后者，你信得过那些护理机构的工作人员吗？你觉得你会很悲惨地"人老被人欺"吗？

如果你还年轻，觉得无须为自己担忧这个风险，那么如果你的父母有一天不幸失去生活自理的能力而需要长期护理，他们又是怎么打算的呢？你和你的配偶对这个问题又作何考虑呢？

想清楚了这些问题，可谓在年老失去生活自理能力而需要长期护理的风险问题上做到了"知止"。

算计

首先，你需要考虑在自己或家里老人不幸失去生活自理能力的情况下，根据你"知止"的目标，预估你大致需要多少钱来支付长期护理的费用。如果家里有人需要辞职来护理老人，那也需要算算家里的日子还能不能照常过下去。

接下来，根据算账的情况和自己的经济能力，订立一个大致的风险预案，确保不出现"久病床前无孝子"的悲叹。

应对

个人与家庭应对因为失去生活自理能力而需要长期护理的风险，可以从传承孝道文化、做足个人预备和推动社会进步等多个方面去着手。

传承中华"父慈子孝"的文化传统

"传承"不是口头说说，有没有"文化"更不是只看你口头说了啥。如果家里的老人不幸失去了生活自理能力而需要他人长期照料，你能否行孝道，不仅仅对你的父母很重要，对你自己应对自身的未来需要长期护理的风险也是非常重要。因为你的子女会看你是如何照顾他的祖父母，上行下效，才有了文化的传承。

你如果不能亲爱、尊重、悉心照料你的父母，你的子女亲爱、尊重、悉心照料你的可能性也会大大降低，这应该不难理解吧！

此外，你抚育自己的子女也要做到慈爱（注意，不是溺爱），只有"父慈"才能增大"子孝"的可能性。

努力维持身体健康，尽力保持财务健康

无论退休前还是退休后，建议你都始终积极地去生活，做到"管住嘴、迈开腿、放宽心"，努力维持健康的生活状态、提高生活的质量，是有效降低或推迟自身失去生活自理能力可能性的最有效手段。还是那句话：健康第一。

除了努力维持身体上的健康以外，也要尽力保持个人与家庭财务上健康。通过多攒些钱、合理规划退休后的各项开销，始终保持退休后个人和家庭财务上的健康也是必需的，对于那些财务上还没有达到富裕或巨富的家庭，这一点更是尤其重要。

促进社会在长期护理问题上的整体应对之策

首先，鉴于照顾失能老人对老龄化社会而言是个重大而迫切的问题，我们每个人都需要支持和推动长期护理和老年人权益保障相关的制度建立和立法工作。这一点对中国尤其重要。中国台湾、中国香港和新加坡都有比较具体的社会性的应对之举，中国在这个问题上目前还不完善，需要政策制定者关注，更需要百姓都发出声音，推动整个社会在失能老年人长期护理问题上的进步和完善。毕竟，一个社会的成员如何在社会之中走完人生的最后一段旅程，是这个社会文明与否、进步与否、和谐与否的重要标志。

这里说的应对之策不单单指长期护理社会保险或津贴补助，也包括护理机构、护理设施的设计建设、立法规范，包括对老年人免于被欺凌、权益始终受到尊重的立法保护，以及对长期护理问题的宣传，等等。

如果你觉得"促进社会进步"这句话说得太大了，你至少可以做到的是，多和你身边的人谈谈这个问题，再请他和他身边的人也多想想这个问题。只有更多的个人与家庭都来关注这个问题，未来全社会才能更好地应对和解决这个问题。

购买长期护理保险

购买个人商业长期护理保险是应对长期护理所引致的财务风险的有效手段。

长期护理保险

- 解决的问题：如果不幸失去生活自理能力，保险公司一次性或按月支付一笔钱以供支付长期护理相关的费用支出或弥补因长期护理而导致的收入损失。
- 保险期间：有一些保单在一定期限（如2年、5年等）内提供定期支付的保险金，一旦按照约定的年限给付完保险金，保单终止；

也有终身的长期护理保单，只要符合理赔条件（一般是根据无法独立完成的日常生活自理活动的个数来确定），保险公司就会持续地给付保险金。

- 保险利益：根据无法独立完成的日常生活自理活动的个数确定是否理赔或理赔的等级：

  1. 一次性给付一笔保险金；

  2. 定期（如按月）给付保险金；

  3. 提供护理服务，或者是报销护理费用；

  4. 保险金额可以随着通货膨胀率进行上调。

- 保费（价格）：年龄越大越贵；根据各地的长期护理的发生率和费用的不同而不同。例如在美国，根据《华尔街日报》的报道[93]："长期护理保险的价格在不断攀升。以一对55岁的夫妻为例，根据保险公司行业组织美国长期护理保险协会的数据，他们一年大约要为每人投保保额为16.4万美元、年增长3%的保单缴纳3 275美元的保费。"

- 作者评论：

  1. 长期护理保险最早在美国兴起时，保险公司因为欠缺理赔经验而导致了定价不足，造成了很多保险公司在这个产品上的损失严重。近年来，整个长期护理保险产业进行了大规模的调整。其中有很多保险公司退出了这块业务，保留这个产品的公司则在产品设计、保障范围和保费价格等方面作出了重大的调整。

  2. 我在美国工作的时候，参与过一个咨询项目，帮助一家健康险公司研究如何将它的长期护理保险业务进行"资产证券化"，整体打包后到资本市场上出售以改善公司的财务状况。通过这个项目，我得以一窥美国长期护理保险产品设计、精算建模的复杂程度。

3. 在韩国等有较为完善的社会长期护理保险制度的国家，长期护理保险的给付方式多为在确定失去生活自理能力的严重等级后，支付一次性的保险金。

4. 新加坡的长期护理保险制度非常有特色。这个名为"长者盾牌"（Elder Shield）的长期护理保险计划由政府主导设计实施、由个人负责支付保费、由商业保险公司运营。新加坡政府要求年满40岁的公民或永久居民自动参加该保险计划，从三家商业保险公司中选一家参保长期护理保险，保费可用税前的收入支付，缴费至65岁。如果晚年不幸失去生活自理能力（失去至少3项日常生活自理活动的能力）而需要长期护理，保险公司每月支付300~400新加坡元。参保人可以选择书面退出该保险计划或日后再申请加入。以40岁男性为例，年保费为175.96新加坡元[94]，缴费26年合计4 548.96新加坡元，约合3 600美元或22 000元人民币，并不贵，具有较高的可支付性。

5. 我个人认为，新加坡的"长者盾牌"保险计划是政府"助推"长期护理保险的非常好的一种举措。

● 好产品的标志：价格便宜，条款清晰明了，保险公司评级好。

结语

回到文前提到的程虹女士的故事，我揣测，作为一个干部子女、大学教授和大国总理之妻，程虹女士应该有足够的财力和资源去请他人或专业护理工作人员照顾家中患病的老人，但是她还是选择自己照顾，让人感动。

她的故事提醒我们，虽然有钱、有资源是解决许多风险的有效手段，但是"有情""有心"、"有担当"才是应对家庭养老、安老、敬老风险的最根本之道。

让我们都鄙视"不孝子"，感念父母养育之恩，始终以孝道为先，尽心尽力反哺、赡养、孝敬我们的父母。

本章小结 "久病床前无孝子"的风险

险在哪?

- 身体上,完全或部分失去日常生活自理能力(吃饭如厕,洗澡穿衣,行走移动)
- 情绪上,可能"人老被人欺",凄苦悲凉;儿女家人生活质量可能下降,情绪受压抑
- 财务上,长期看护的花费可能巨大,子女可能因为照顾老人而失去工作收入

有多险?

- 因年老多病失去生活自理能力从而需要他人长期护理是一个大概率事件:大概2个男性老人有1人会在余生之内需要长期护理;大概3个女性老人有2人会在余生之内需要长期护理
- 长期护理所致的财务风险也相当显著,对国家社会保障低、个人钱不多的个人与家庭而言财务风险尤其大

怎么办?

- 身体力行,传承中华"父慈子孝"的文化传统
- 保持身体健康,养老规划中预备长期护理的费用
- 通过多谈及、多讨论老龄化社会中老年人长期护理的风险与问题,推动和促进社会在长期护理和老年人权益保障上的进步
- 根据自身情况和需要,购买合适的个人商业长期护理保险
- 记住:反哺年老的父母,天经地义

181

第三部分
家庭作业（填空题）

为孝敬父母，我今年打算做这三件事：

1. _____

2. _____

3. _____

退休后，我打算花钱花时间做以下三件事情：

1. _____

2. _____

3. _____

如果我老得失去了生活自理能力并且失去了思考和语言能力，请这样照顾和对待我：

_____

_____。

第四部分　赚钱日新

导言
更好的自己，更好的世界

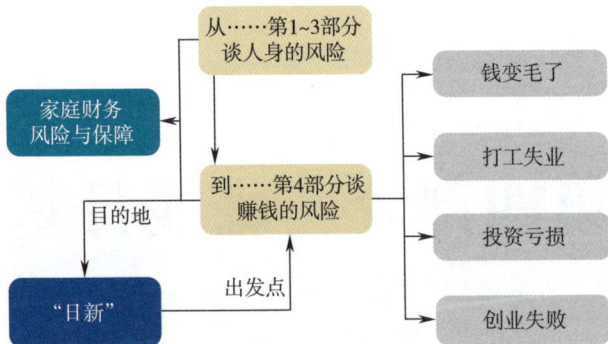

从……第1~3部分
谈人身的风险

家庭财务
风险与保障

到……第4部分谈
赚钱的风险

目的地

"日新"

出发点

钱变毛了

打工失业

投资亏损

创业失败

　　在前面三个部分我介绍的各种人身风险的应对举措中，对于因人身
伤、老、病、残、亡所导致个人与家庭财务损失风险而言，有钱、攒够
钱、预备钱、缴钱纳税以获得社保支付的钱、自己花钱买保险以获得保
险公司赔付的钱，诸此种种，都离不开钱。

　　生活需要钱。记得当年我出门求学的时候，我的妈妈和哥哥总是要
给我多塞些钱，说"一日无钱、世界无份"，这个世界难道不是这样的
吗？应对生活中的种种风险更是需要钱。有钱不一定就光荣、就快乐、
就自由，但是我认为对于个人而言，赚钱、通过正当的劳动和交易赚钱
确是人生正道，也是社会得以向前发展的动力。

　　劳动和交易创造财富，让人有钱。但是人活着当然不是只为了钱。
对于钱的重要性和人生意义的关系，我个人推崇的态度是《礼记·大
学》里提到的"仁者以财发身，不仁者以身发财"[95]。钱可以让你尽情
发挥和享受、让你活得尽情尽兴、让生命之花得以怒放；但是我们不可

184

以本末倒置，以消耗身体、损害健康、违法或昧良心的方式去赚钱，正所谓"君子爱财，取之有道"[96]，此之谓也。

既然活着不是为了钱，那活着是为了啥？活着有啥盼头？我个人在这个问题上的看法是《大学》里提到的"苟日新，日日新，又日新"[97]。活着的盼头就是过得更好，今天比昨天好，明年比今年好，下一代比这一代好。

本着这样的人生观，我个人认为做事应有的态度是，就一个问题，今天提出比昨天更好的解决方案、明年比今年提出更好的解决方案，下一代比这一代提出更好的解决方案；做人应有的态度是，尽力把自己的事做得更好，努力创造更大的价值，为自己、家人和身边的人创造更美好的生活。如此为人处事，就是"日新"。做到"日新"，就是要做更好的自己，创造更好的世界。

"日新"既是生活的出发点，又是生活的目标。赚更多的钱是"日新"的一个手段和体现，做到"日新"又可以让你创造更多的价值、赚更多的钱。

所以，首先，我祝福你"赚钱日新"。祝福你通过正当的劳动和交易赚到更多的钱，祝福你赖以赚钱的劳动成果和交易方式都能"日日新"，祝福你为人处事都能"日日新"，并依凭"日日新"再接着赚到更多的钱，使你自己、你的家人和你身边的人都能过上更加有保障、更加自由、更加美好的生活。

就个人而言，赚钱的具体途径大致有四种，但这些赚钱之道也都是有风险的。我在这一部分各用一章讨论每一种赚钱之道的风险及其应对。

第九章《钱变毛了的风险》讨论的是储蓄以赚取利息这个金融交易的风险。

第十章《打工失业的风险》讨论最普遍的赚钱之道——打工——所

具有的风险。打工本质上是人力资源市场上的一种交易，打工仔通过向雇主出卖自己的劳动去赚钱。只要是打工仔，就有被解雇的风险。

第十一章《投资亏损的风险》讨论储蓄以外的各种金融交易（例如投资股票、债券、外汇、各类基金，以及房产等各种另类投资产品等）所具有的风险。

第十二章《创业失败的风险》介绍创业者可能面临的创业失败的风险。

考虑到我在以上问题上的专业能力有限，我只是简略地进行了粗浅的分析和讨论。

第九章　钱变毛了的风险

图解：陈欣作图。我们不仅有身体上的安全风险，我们的现金和存款其实也有安全问题。

本章旨在初步探讨如下问题：

1. 通货膨胀的风险险在哪？
2. 通货膨胀的风险有多险？
3. 面对通胀，我们该怎么办？

　　在我小时候，中国的"万元户"是让人羡慕的有钱人家；今天，"万元户"应该是需要扶贫的对象啦。人民币还是人民币，为什么二三十年前"一万元"能买的东西和现在有天壤之别呢？

　　答案你已然知道：钱变毛了。"钱变毛了的风险"学名为"通货膨胀的风险"，通货膨胀使得等额流通货币的购买力大幅度下降。中国2010年前后出现的"蒜你狠""豆你玩""姜你军""糖高宗""棉花掌""油你涨"等网络热词备受人们关注，就是因为这背后可能诱发的通货膨胀的风险涉及千家万户，和人们的生活息息相关。

通货膨胀属于经济风险，不仅对人们的日常生活有直接影响，对个人与家庭各种人身和财务风险的应对之举也有着非常重要的影响。

这一章我就简单地从个人与家庭的角度（而非机构或经济、社会的角度）来讨论和分析通货膨胀这个经济风险。

1. 险在哪？

在前面三部分中讨论的各种风险，都有一个共同的应对方法：储蓄。多攒点钱是最直接、最自然的防范风险、未雨绸缪之道。

但是"储蓄以应对风险"这个举措本身也有很大风险，一是钱还没有攒够风险事件就发生了，二是储蓄的钱的购买力由于通货膨胀而大幅降低。二者都将使预期的风险保障目标无法达成。

首先，对于个人而言，通货膨胀的风险险在自己手中的钱不值钱、变毛了、购买力降低了。

其次，通货膨胀会降低长期财务规划的有效性，增大未来财务状况的不确定性和财务规划的难度。如果规划时没有考虑到或者低估了通货膨胀的风险，那么按照当初规划安排的死亡保险金、养老金、未来医疗费用、教育金、长期储蓄等就非常有可能由于货币购买力贬值而无法帮助你实现既定的财务和生活目标。

例如：本来辛苦存了100万元养老，退休后却发现货币已经大幅贬值，100万元根本不够花几年，那该怎么办？！

2. 有多险？

通货膨胀风险的大小和趋势由很多因素决定，是一个复杂的经济学课题。通货膨胀的风险随着各个国家和地区不同时期的不同经济和金融情况的不一样而不一样，也随着不同的货币政策、财政政策的不一样而不一样，这不是我能在这本书里详尽探讨的，故不赘述。

对于个人与家庭而言，通货膨胀的大小通常由居民消费价格指数（customer purchase index，CPI）的变动来衡量，CPI可以理解为和居民生活和消费紧密相关的一揽子商品的指数化的价格水平，CPI上涨就意味着物价上涨、通货膨胀，反之CPI下跌就意味着物价下跌、通货紧缩。

年通货膨胀率通常和一年期存款利率相比较，以衡量货币购买力贬值的幅度。例如，如果年通货膨胀率等于一年期存款利率，那么存钱就有效地保护了货币的购买力；如果通货膨胀率高于一年期存款利率，那么存钱的收益就无法抵消通货膨胀导致的购买力下降，钱也就"变毛了"。

从图9-1可以看出，不同国家和地区的历史通货膨胀率差异很大，中国和香港地区在20世纪90年代经历了相对较高的通货膨胀时代；2006年后，这些国家或地区的通货膨胀率呈现出比较高的一致性，这从一个侧面也显示了全球各个经济体之间越来越紧密的联系。

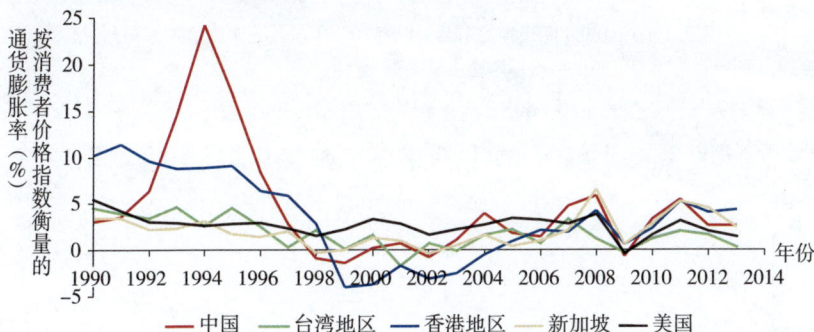

资料来源：世界银行网站数据；台湾数据来源于Bloomberg。

图9-1　部分国家和地区历史通货膨胀率对比示意图[98]

为了更加直观地显示通货膨胀导致的货币购买力下降或者物价指数的上升，可以参见图9-2、以中国为例，1990年至2013年的23年间，居民1990年用100元能买到的一揽子商品，到2013年需要用274元才能买到，居民消费物价指数增长了174%，年均货币购买力贬值4.5%。这就意味着如果你的储蓄率或投资回报率没有达到年均4.5%，那么在1990年持有的钱能买到的东西就越来越少。

此外，我们从图9-2中还可看出中国的历史通货膨胀和其他国家和地区的对比，1990年至今二十多年间，中国的年均通货膨胀率高达4.5%，而其他国家和地区在同期的通货膨胀率在1.5%到3%之间。

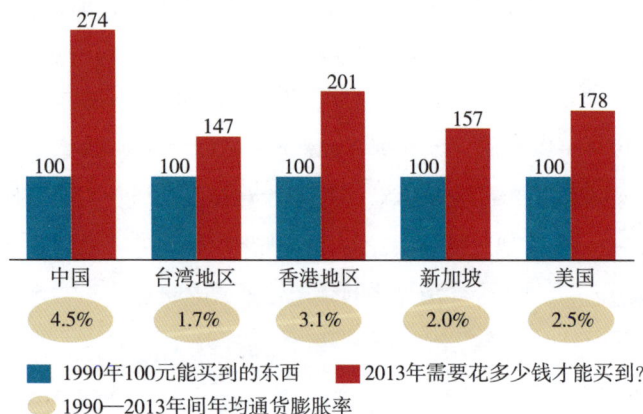

资料来源：世界银行网站数据；台湾数据来源于Bloomberg。

图9-2　部分国家和地区1990—2013年通货膨胀情况对比示意图

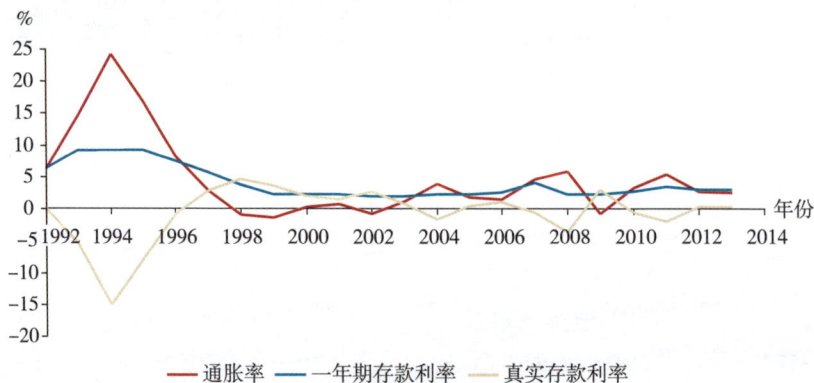

资料来源：通胀数据来源于世界银行网站数据；一年期居民存款利率来源于Bloomberg。

图9-3　中国历史真实存款利率走势示意图

当通胀率高于一年期存款利率时，将钱短期存在银行并不能保值；当通胀率持续高于存款利率时，就是所谓的"负利率时代"。政府通过大量增发货币而增加通胀，同时利用行政手段人为压低存款利率，造成"负利率"，实际上的结果是将老百姓的财富转移到国有银行和政府手里。如图9-3所示，中国的真实利率20世纪90年代初期为负值，近年来真实利率不是负值就是几近于零，存在"钱变毛了"的风险。

此外，居民消费价格指数CPI是一揽子服务或商品的物价指数，是个平均值的概念。如果我们单看一些个别的服务或商品的物价，其上涨幅度可能会远高于总体的平均物价水平。例如，人们普遍关注的房价、医疗费用等的上涨幅度就远高于居民消费价格指数的上涨幅度。

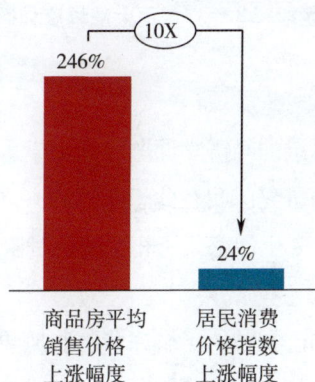

资料来源：中国统计局网站。

图9-4　2000年至2012年北京市房价上涨的幅度和居民消费价格指数上涨幅度对比示意图[99]

如图9-4所示，以北京为例，2000年至2012年间北京市房价上涨的幅度是居民消费价格上涨幅度的10倍！又如图9-5所示，在各个国家和地区，医疗费用的上涨幅度都远高于一般的通货膨胀率。2013年部分国家和地区的医疗费用上涨幅度普遍高于一般通胀率4到6个百分点。

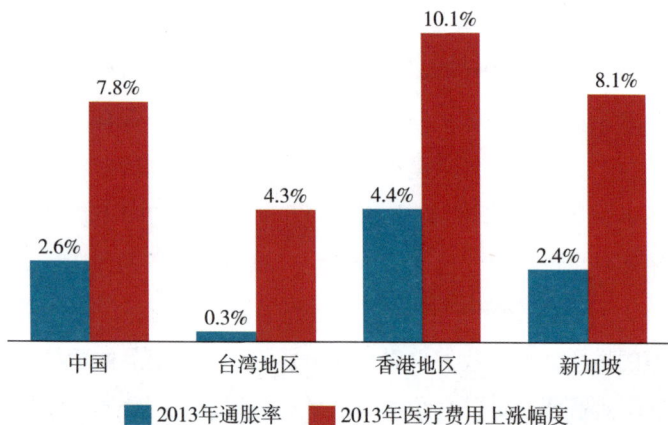

资料来源：通胀数据来自世界银行网站数据；台湾通胀数据来源于Bloomberg；医疗费用上涨数据来源于Towers Watson 2014 Global Medical Trends Survey Report.

图9-5　部分国家和地区2013年医疗费用上涨幅度和通货膨胀率对比示意图

3. 怎么办？

通货膨胀是一个复杂的经济学课题，无数学术论文和书籍都对通货膨胀作了专门和细致的研究。我在此想探讨的，是个人与家庭应该如何应对和我们的日常和未来生活都紧密相关的通货膨胀的风险。

知晓

首先，我们需要知己知彼，了解通货膨胀风险的所在，了解我们自己容易产生"货币幻觉"，提醒我们自己不要被"纸上财富"所迷惑。

人的大脑前额叶皮层有个特殊的部位叫腹内侧前额叶皮层，据学者研究它是产生"货币幻觉"的中心部位。加里·斯蒂克斯在《货币幻觉是如何产生的？》中介绍到[100]："2009年3月《美国国家科学院院刊》报道，德国波恩大学和美国加州理工学院的研究者通过大脑扫描仪，观察到人脑部分决策回路有发生货币幻觉的迹象。如果受试者获得一笔金额更大的钱，即使因为物价上涨，多出来的这部分钱并没有带来更大的购买力，腹内侧前额叶皮层部分区域的活动也会异常明显，反映在大脑扫描图上，就是这部分区域被点亮了。脑部扫描图中前额后方出现的亮点告诉我们，受试者错误判断了货币的价值，也就是出现了货币幻觉。"

简单地说，单单是通货膨胀就有可能让我们觉得自己更有钱了；所以我们应该提醒自己不要"错误判断了货币的价值"，了解通货膨胀实际上并没有带来购买力的提高，而是正好相反，通货膨胀削弱货币的购买力，使得"钱变毛了"。

知止

当你在订立中远期生活目标、进行长期财务规划的时候，你的目标应该体现在具体的生活质量和生活状态上，体现在你所需要的服务和产品上，基于购买力，而不应该直接体现在钱的绝对数量上。

例如，你如果在规划退休后的生活，你首先应该考虑的是在哪儿养老、去哪儿度假，然后再考虑对应的花销大致需要多少钱。这是因为你非常可能用当前的花销水平来估计未来的花销金额，忽略了通货膨胀的风险，忽略了货币的购买力长期来看通常会大幅下降的历史事实。

算计

确定了目标之后，你在进行个人和家庭的财务规划，尤其是长期的财务规划时，就一定要把通货膨纳入你的计算和计划之中。

对于计算中涉及的具体的通胀假设，我个人的建议是对日常生活开支使用每年3%~5%的通胀率假设，医疗费用使用每年8%~10%的假设。

应对

拒做"金融/财务文盲"，学习金融/理财基础知识

我们每一个人、每一个家庭都不能做"金融文盲"，我们都需要学习最基本的金融和财务知识。

在"金融扫盲"的工作上，新加坡政府的做法让我十分佩服：新加坡金融管理局属下的一项国家金融、财务教育计划"存钱有方，理财有道"（Money Sense）与新加坡理工学院联手创办"理财通识学院"，为人民提供免费及中立的理财教育课程[101]。

台湾的"金融监督管理委员会"也设有"金融智慧网"（Money Wise），为小学生、中学生、大学生、社会中坚和银发退休族提供不同程度的金融课程，旨在"全面推动金融知识的普及工作，以提升国人的金融知识，防止金融犯罪，减少消费纠纷，促进社会和谐和金融产业发展""提供民众轻松学习金融知识，培养正确的金钱及投资理财观念，期望民众借此成为有智慧的金融生活达人。"其中"防止金融犯罪，减少消费纠纷"一点说得很好，人们只有具备了基本的金融和财务知识，才能保护自己和家人，防止自己或家人成为金融犯罪、金融欺诈、金融误导、金融掠夺的受害者。

我个人觉得这些计划和项目的出发点都非常好，你可以在以下网站上获得一些中文的理财知识。在我看来这些资料是基础性的金融/财务知识，绝大部分都适用于中国、台湾地区、香港地区和新加坡等各个地区或市场的情况，因此你无论身处何地都可以浏览、参考：

- 台湾的金融智慧网（MoneyWise）：http://moneywise.fsc.gov.tw/Main/FinanceClassRoomList.aspx
- 新加坡的"存钱有方，理财有道"（MoneySense）计划网站：http://www.moneysense.gov.sg/resources-in-other-languages/chinese.aspx

有闲钱一定要打理起来，保护钱的购买力

其次，在"金融扫盲"的基础上，除了预备一定的应急基金、保证手头有足够的流动性以外，一定要将手中的闲钱进行理财以实现保值。

把钱存银行是一个最简单的理财手段，但是如果你发现存款利率赶不上通胀率，你的钱的购买力就会持续缩水；如果你发现存款利率之所以不高是因为政府的利率管制，并且通胀率高是因为大量印钞，这个时候你就需要把钱从银行里取出来，寻求安全性相对有保障、收益高于通胀率的金融产品了。

这一点上老百姓其实非常清楚，看看近年来中国爆发式增长的理财产品、各种理财"宝"，你就知道没有人愿意眼睁睁地看着自己的钱变毛了。

合理配置资产，在货币保值的基础上实现财富的增值

最后，我们还可以在"保值"的基础上，追求财富的增值。

对于个人和家庭而言，通货膨胀的风险和你的理财能力相关，你越是有能力通过合理的资产配置、挑选合适的投资产品以实现资产的保值增值，你自己或自家的"钱变毛了的风险"也就越小。

当然，配置大类资产、挑选投资产品需要更多的金融、财务知识和理财能力，更高的收益对应的是更高的风险，投资风险的所在和大小我在第十一章中会稍加展开讨论。

本章小结　钱变毛了的风险

险在哪？

- 通胀使得货币的购买力下降、财富贬值
- 通胀使得长期财务规划更加复杂，降低各种长期财务安排的有效性
- 通胀增加个人与家庭未来财务状态的不确定性

有多险？

- 通胀是全球各个经济体都有的问题，年均通胀率各地有差异
- 年均3%到5%的通胀率会使得货币的购买力在长期内大幅下降
- 医疗费用的年均上涨幅度远高于一般的通胀率
- 部分地区的房价上涨幅度也远高于一般的通胀率

怎么办？

- 了解通胀的所在，提防"货币幻觉"
- 作长期财务规划时一定要将"钱变毛了"的风险考虑进去
- 学习基本的金融和财务知识，用知识保护自己和家人
- 购买相对安全、收益率高于通胀率的理财产品以抗通胀
- 合理配置资产，追求财富的保值和增值

第十章　打工失业的风险

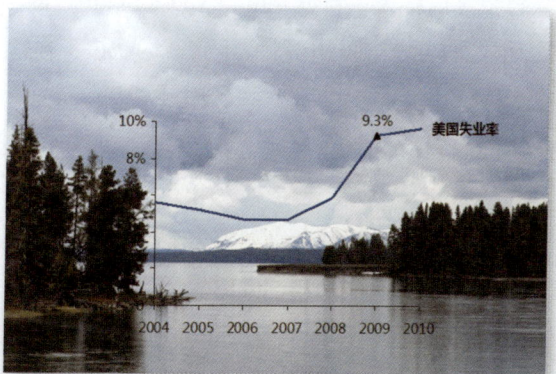

图解：作者2009年5月摄于美国黄石国家公园；失业率数据来源于世界银行网站。美国壮美的自然风光、与亲人好友的欢聚一扫失业带来的郁闷之情。

本章旨在初步探讨如下问题：

1. 失业险在哪？
2. 打工失业的风险有多大？
3. 没有铁饭碗，我们该怎么办？

　　2008年到2009年，我身处全球金融危机的风暴中心纽约，住在时报广场附近，为安永会计师事务所的精算咨询部门工作。

　　之前我在美国中部城市圣路易斯生活过三年，为咨询公司韬睿的通能精算咨询部工作，参与过不少寿险资产证券化相关的咨询项目。2008年跳槽到安永的纽约办公室，主要是想着丰富自己简历以准备申请欧美名校的MBA课程，同时，也希望看看有没有机会跳槽到华尔街的投资银行，从事保险资产证券化相关的工作，多赚些钱。

人算不如天算，2008年我去纽约后，金融风暴愈演愈烈，寿险资产证券化业务消失殆尽，华尔街很多公司也纷纷开始裁员。我和我的一个好朋友在2009年初同一天被安永裁员，他和我是安徽老乡，难兄难弟同一天失业时，都加入安永会计师事务所还不满一年，用会计公司的会计术语讲，这大概也可以称为"新进先出"（Last In First Out）吧。

这段经历让我对打工失业的风险有了直观的认识，在这一章里我简要地谈谈这个风险。

1. 险在哪？

就业、打工是大多数人赖以生存、养家糊口的最主要手段，失业也就意味着失去了工作收入，个人和家庭的生活乃至生存就会受到威胁，工作和就业保障对于个人和家庭的重要性不言而喻。也正是因为这一点，促就业、降失业是大多数国家的政府最重要的执政目标之一，许多国家对失业率数据的重视程度也远胜于对GDP增长率的重视程度。中国国务院总理李克强就曾多次表示保经济增长的实质是保就业，他曾报告说[102]："要保证新增就业1 000万人、城镇登记失业率在4%左右，需要7.2%的经济增长。我们之所以要稳增长，说到底就是为了保就业。"

财伤

无须赘述，"打工失业"险在失去固定的收入来源，带来直接的财务损失。

情伤

失业自然也让人觉得没有面子、带来情绪上的困扰，尤其是被解雇的情况。如果失业导致日常生计都成问题，那么就更加让人痛苦啦。对于"毕业即失业"的年轻大学生而言，由于没有储蓄和经济收入而不得不伸手向父母或家里人要钱过日子，不得不"啃老"，对人、对己、对整个社会是一件让人郁闷、令人苦恼的事情。

2. 有多险？

如同通胀，失业也是非常重要和复杂的经济问题，我无意也没有能力在此为你作详尽的定量分析。个人失业的可能性随诸多因素而异，从宏观的外部环境看，诸如所处的经济体、经济发展阶段、是否有金融危机以及金融危机的发展阶段等因素，都会对失业的可能性有重大影响；从微观的内因看，所处的行业、年龄、学历、能力、性格乃至运气等，也都会影响失业的可能性。

对于人们熟悉的失业率的概念，需要指出的是，失业率是一个类似于疾病盛行率的概念，衡量的是在某个时间段内失业人口占劳动人口的比例。这个指标并不直接代表失业的可能性。例如，假设10%的失业率保持不变，并且没有新增失业和就业的情况，那么在这种情形下即使失业率有10%，失业的可能性理论上却是零。

虽然理论上我们可以用新增失业和总体就业的数据测算出比较精确的失业可能性的参考值，但是因为失业率这个指标更加广为人知，我们将它作为一个失业可能性的参考数值也未尝不可。

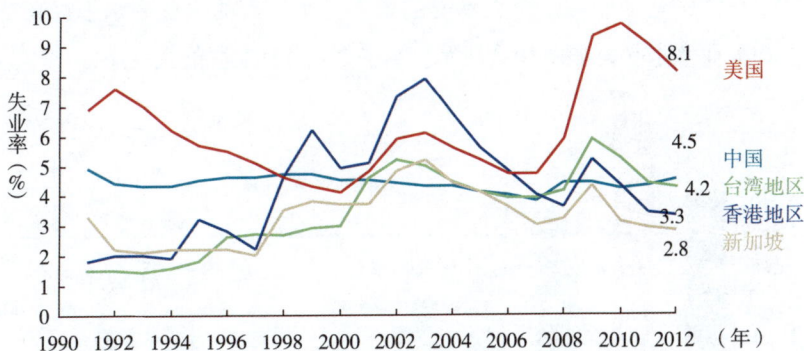

资料来源：除台湾数据来源于台湾统计资讯网外，其他地区的数据来源于世界银行网站。

图10-1　部分国家和地区历史失业率对比示意图

中国的失业情况

中国目前公布的失业率数据是"城镇登记失业率"。如图10-1所示，中国的"城镇登记失业率"长期稳定在4%~5%。

根据财新网报道[103]，"国家统计局从1995年就已经开始进行劳动力市场调查，统计调查失业率数据，但过去此项数据一直供内部参考使用，未向社会公开。"2014年7月30日中国总理李克强主持召开国务院常务会议，提出要适时发布大城市城镇调查失业率数据，更好服务经济社会发展。

对于不同的个人，打工失业风险的大小完全不同。例如国家公务员、国企员工、私企员工、进城务工的农民等，不同的劳动者群体面临的失业风险和就业保障完全不一样。

台湾的失业情况

在过去的几十年里，中国台湾的总体失业率走势和中国香港、新加坡、美国等地的失业率走势大致趋同，2001年和2008年经济危机前后都出现了失业率上升的情况。2000年以后台湾的失业率水平较2000年之前要高不少，总体上台湾的失业率还算维持在较低的水平。

台湾失业率中一个令人不安的事实是年轻人的失业率水平远高于平均失业率水平，如图10-2所示，台湾20~24岁人群的失业率2013年为

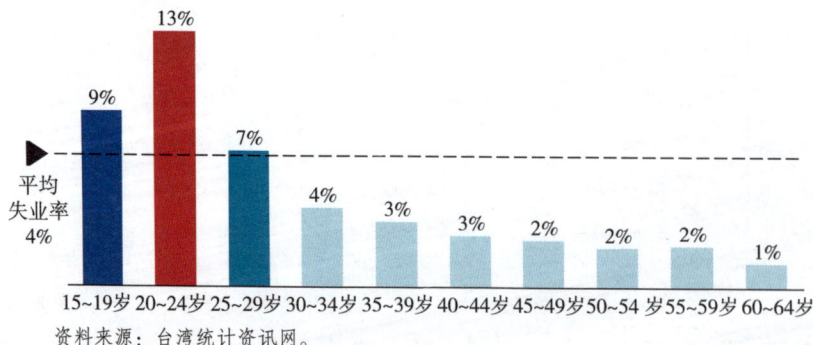

资料来源：台湾统计资讯网。

图10-2 台湾2013年各年龄层失业率对比示意图[104]

13%左右，远高于全社会4%的平均失业率；此外，年轻人失业率近年来的上升幅度也要远高于总体失业率的上升幅度，如图10-3所示。

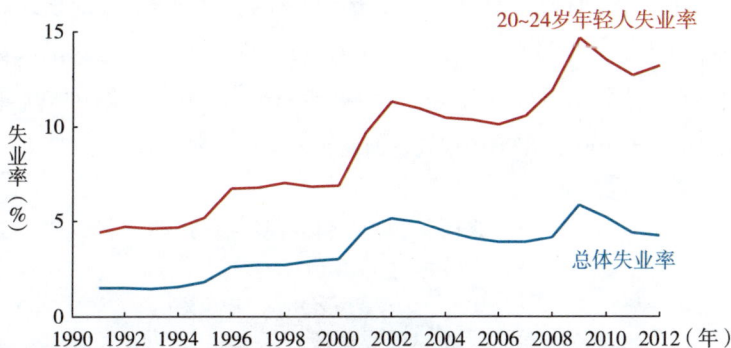

资料来源：台湾统计资讯网。

图10-3　台湾20～24岁年轻人失业率和总体平均失业率历史走势对比示意图

香港地区和新加坡的失业情况

如图10-1所示，香港地区和新加坡的失业率历史走势非常相近，只是香港失业率的波动幅度大大高于新加坡失业率的波动幅度，体现在21世纪的两次经济危机中香港的失业率都大幅走高，尤其是在2001—2004年，香港经济遭受全球经济危机和"非典"的双重打压，失业率大幅攀升。

2008年金融危机期间中国香港和新加坡的失业率都小幅攀升，但危机过后经济恢复，失业率也都降低至3%左右的低水平。

美国的失业情况

如图10-1所示，美国的历史失业率数据最显著的一个特征是在2008年的金融危机中大幅度上升至10%左右，金融危机大幅度提高了个人的失业风险（例如我即使从事相对安稳的精算工作，也都在金融危机中短期失业过），危机过后美国的失业率开始逐步缓慢下降。美国知名的盖勒普咨询公司长期持续追踪美国的就业市场情况，根据它的网站上的数据显示[105]，2014年7月30日，美国的失业率（unemployed）已经下降到6.3%，但是就业不足率（underemployed）还有14.9%。

此外，盖勒普咨询公司长期调查人们主观感受的失业可能性大小。如图10-4所示，2014年大约有15%的美国成年雇员担心自己的工作安全（觉得在未来12个月内有可能或非常可能失业），这一比例在2008年金融危机前低至10%，在2010年高达21%。

未来12个月你觉得你可能会失业吗？

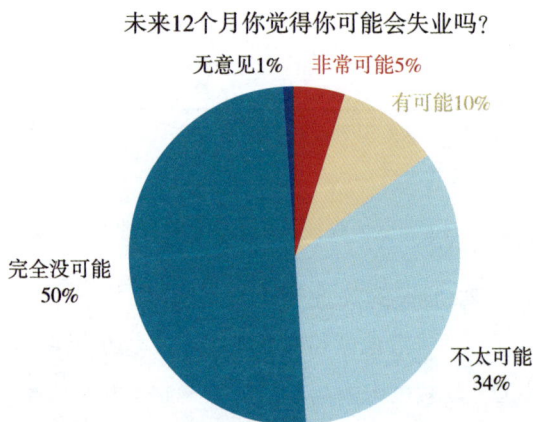

资料来源：盖勒普公司网站。

图10-4　美国人对失业可能性大小的主观估计（2014年4月调查结果）示意图

年轻人的失业情况

上面提到的台湾年轻人失业率高于总体平均失业率的情况，在其他国家或地区也是如此，年轻人由于没有工作经验，失业的可能性比年长人群大很多，其就业保障也更为脆弱。如图10-5所示，根据世界银行2012年的数据[106]，中国、香港地区和新加坡年轻女性的失业率都在10%左右，年轻男性失业率总体上略低于女性，但新加坡是个例外。美国年轻人2012年的失业率则在15%~18%，是总体失业率8%的2倍左右。年轻人就业难看来是个世界性的问题。

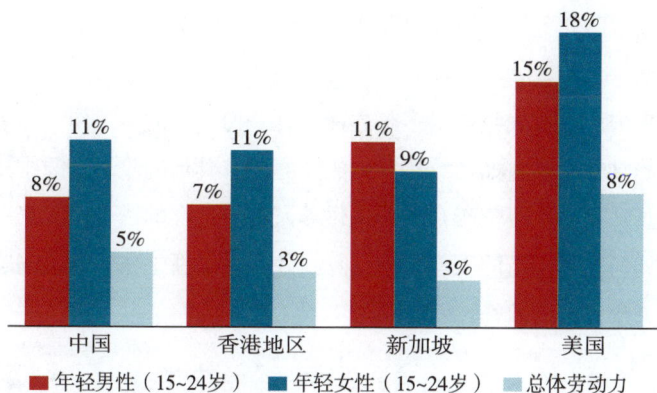

资料来源：世界银行网站数据。

图10-5　2012年部分国家和地区年轻人失业率和总体平均失业率对比示意图

3. 怎么办？

知晓

坦白而言，在没有失业之前我从没有想到过还会有失业的风险和人生经历。由己推人，我相信大部分人都会和2009年前的我一样，觉得失业是不太会发生在自己身上的。但是我作为"过来人"想提醒你的是，只要是打工仔，就会有失业的风险。

知止

对于工作，知止就是要想清楚自己的职业生涯规划。

除了失业后自己和家庭生计没有着落的极端不利的情况以外，失业其实没有你想得那么可怕。"打工失业"在很大程度上具有"创造性毁灭"（Creative Destruction）的特点，让你得以重新反思自己的职业生涯。

当然，无论失业与否，你都应该对自己的职业生涯有一个短期、中期和长远的规划。这也是说起来容易做起来难的事，失业会迫使你对你的工作和职业生涯进行全面的思考。想清楚、规划好自己的职业生涯，相信可以帮助你更好地规避和管理打工失业的风险。

算计

如果失业，你大致需要多久才能找到一份如意的新工作？ 在失业期间，你的日常生计将如何维持？ 你的家庭还有其他的收入来源维持日常的生活吗？ 还是你得依赖存的钱来供养家庭？ 你存的钱可以养家多久？ 你打算如何去找份新的工作？ 你打算找什么样的新工作？ 这些问题，都需要算算账和提前做好计划。

应对

储备应急基金

储备能够至少维持家庭正常生活半年以上的应急基金，是应对"打工失业"风险的有效手段，手中有钱、心里不慌。

搞清楚社会失业保险如何申请

如果你享受社保提供的失业保险，那么就要搞清楚如何去申请失业保险金，即使失业保险金不多，也至少可以帮补家用。例如，在中国，根据人社部《2013年全国社会保险情况》[107]，"截至2013年底，全国参加失业保险人数为16 417万人，有417万失业人员领取了不同期限的失业保险金，月人均失业保险金水平为767元。"767元人民币虽然不多，但总归好过没有。

这一点上我就吃过亏，当年在美国失业其实我是可以申请一个月好几千美元的失业金的。但是我以为我是外国人不可以申请，直到后来有一个申请过失业金的朋友告诉我当时也完全够格申请。但是那时我也快找到新工作，遂作罢，浪费了应该享有的失业保险金。

没失业前积极工作，万一失业积极找工作

敬业爱岗，积极地、投入地去工作可能是我们自己能够把握的降低打工失业风险的最佳途径。然而，你问问自己是否喜欢你的工作，你也许就会知道，敬业爱岗、积极工作也是说起来容易做起来难。

　　美国盖勒普咨询公司在2013年全球员工敬业度（Employee Engagement）调查中发现[108]，"积极偷懒"（Actively Disengaged）的员工对"积极工作"或"全心投入"（Engaged）的员工全球大致比例为2比1，大多数员工都只是"心不在焉"（Not Engaged）地在工作。如图10-6所示，中国的员工中"全心投入"工作的比例远低于世界平均水平；大部分人对工作要么"心不在焉"，要么"积极偷懒"；台湾地区、香港地区和新加坡的情况也不容乐观。美国"全心投入"的比例达30%，这从一个侧面也可以部分解释为什么近几十年来美国能够引领世界经济的发展方向。

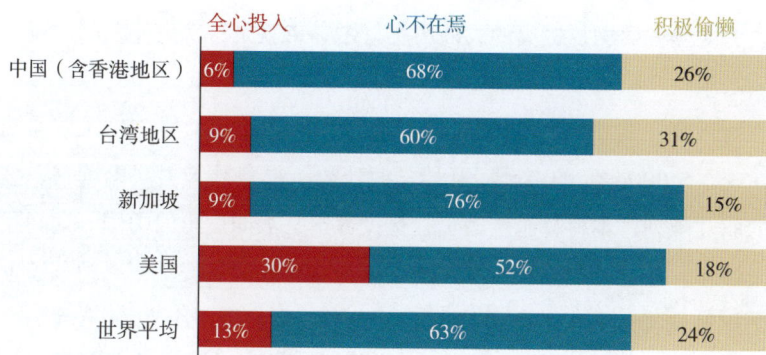

资料来源：盖勒普公司网站。

图10-6　2012年部分国家和地区员工敬业度调查结果对比示意图[109]

　　相比"心不在焉"或"积极偷懒"的员工，我相信"全心投入"的员工打工失业的风险要小些。请自问："全心投入""心不在焉"或"积极偷懒"，你属于哪一类员工？

　　即使你积极工作也不一定就意味着没有失业的风险。但是即便失业了，也没有必要觉得就暗无天日，毕竟"此处不留爷、自有留爷处"，只要你积极地再去找工作，相信天无绝人之路，你应该很快就能再就

业；再就业后就要努力成为属于少数派的"全心投入"员工，积极投入
地去工作，以减少再次失业的风险，增加在职场里成功的可能性。

结语

2009年初我在纽约失业后，我做的第一件事是赶快把工作签证身份
转成我妻子工作签证下的家属身份。我知道很多中国同学失业后由于失
去工作签证而不得不马上出境或赶快找个语言学校转学生签证的狼狈情
况，对于他们来说失业的风险和损失又增加了一层。

随后，我和妻子以及一对好朋友夫妇约好，一行四人去黄石公园玩
了一周，饱览美国壮丽的自然风光。我在美国最难忘、最开心的两次旅
行，一次是去美国夏威夷的大岛庆祝订婚，二就是这次失业期间的黄石
公园之旅。

再后来，我拿到了欧洲工商管理学院（INSEAD）的MBA录取通知
书，交了5 000欧元的定金后开始学些法语，准备秋天去法国读书。按
我的职业规划，本打算游历欧美、全世界逛一大圈后再回中国。期间我
妻子怀孕，在她辞职陪我去法国读书或是我留在美国找工作、把孩子生
在美国的选择之间，我们最终选择了后者。在打了一个5 000欧元的大
水漂后，自此我也就彻底地改变了自己多年以来的学业和职业规划，但
这又有什么要紧呢？

在当时极其不景气的美国就业市场里，我开始通过猎头公司找工
作，秋天到来之前，我在前后一周内收到了两家保险公司的工作邀请，
我也因此有了些讨价还价的能力，最终选择去费城工作主要是考虑到在
费城的那家公司给了我一大笔安家费，大致可以弥补我失业期间的财务
损失。从当年离开上海到费城读书，最后在美国逛了一大圈后又回到费
城工作，感觉人生有时候像是一个环，很有意思。

现在回想起来，失业靠老婆养活虽然不太好，但那也是一段有欢

笑、有希望、有情有谊、让人反思、令人怀念的好日子。基于此段经历，我认为，即使打工失业了，你也要乐呵呵地、充满希望地活着，本着"面包会有的"执着精神，通过不懈努力，你一定就会化险为夷，进入人生崭新的篇章。

本章小结　打工失业的风险

险在哪?

- 失去工作收入，可能影响养家糊口
- 精神上可能会有压力和困扰

有多险?

- 失业的可能性因时、因地、因人而异
- 年轻人失业的可能性近年来越来越大

怎么办?

- 储备失业应急基金
- 万一失业记得申请社保失业金
- 敬业爱岗，减少失业的可能性
- 万一失业，利用失业的机会重新思考和规划职业生涯，努力开创人生新篇章

第十一章　投资亏损的风险

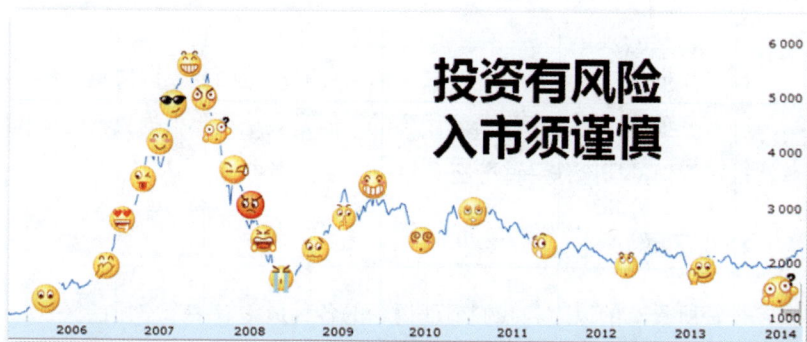

图解：创意借鉴于网络图片，上证综指走势图来源于谷歌金融网站。大家熟知的"股市有风险、入市须谨慎"的警示语也适用于投资其他各种投资市场，应该说是"投资有风险，入市须谨慎"。

本章旨在初步探讨如下问题：

1. 投资的风险险在哪？
2. 投资亏损的风险有多大？
3. 面对投资亏损的风险，我们该怎么办？

　　巴菲特先生在伯克希尔公司2001年的董事长致股东信[1]中说："毕竟，只有大潮退去时，你才能发现谁在裸泳。"2008年金融海啸退潮后很多裸泳者现身，不幸的是，我也是众多裸泳者中的一员。

　　2007年我在走完近四年漫长而痛苦的精算师考试历程后，重拾自己的老专业金融投资，并且还真金白银地投资于美国的股市和金融衍生产品市场。在美国金融危机之前短暂的回光返照式的行情中，我开始还微微有些盈利，但是大潮退去之前我游得正欢，金融海啸时我也没有及时斩仓止损，导致最终损失惨重。

我交了大笔的学费，学到一个道理，那就是：投资真有风险，入市真得谨慎。我还通过后见之明获得一些自知之明，清晰地看到自己投资前的过度自信、投资赔钱后的鸵鸟心态以及自己在"知行合一"上的巨大不足。

投资和投资的风险是个非常复杂的实务和理论问题，即使是简单介绍，也不是我能在这一章里所能做到的。但是我还是想根据我自己的理解就投资亏损的风险作一些分析和讨论，供读者参考。

1. 险在哪？

投资所具有的风险和我们前面讨论的各种风险有一个本质的区别，就是投资可能带来收益，具有上下双向波动的特点，其他我们已经讨论的各种人身风险、通胀风险、失业风险等风险事件只会带来损失。对一种投资产品来讲，其风险越大，投资者要求的收益率就应该越高，谈收益就要讲风险，承担风险也是为了实现收益。

财伤

首先，投资亏损自然意味着财务损失，这是废话。但是需要指出的是，不同的投资品种有着非常不同的风险、尤其是极端风险的所在（当然因此它们的收益情况也不一样），例如：

- 股票：公司经营不善或不符预期，股票价格下跌；公司破产，股票有可能一文不值。
- 股票基金：基金里所有股票同时变得一文不值的可能性较小，更多是基金价格下跌的风险。
- 股票看涨期权：如果股票走跌，看涨期权有可能就一文不值。
- 债券：信用违约风险包括发债方无法偿还本金或利息；信用评级的调整和利率市场的波动导致债券价格的下跌；如果发债方最终

无法还钱，价值就可能为零，但是追偿权利优先于股票。

- 地产或黄金：面临价格下跌的风险，但只要房子或黄金还在，就不会亏的一干二净。

投资亏损导致财务损失的直接后果是既定的财务目标无法实现。如果你的生活目标与你的投资和财务目标紧密相关，那么投资损失就会导致你的生活目标无法实现。

情伤

其次，就我个人的经验来看，投资亏损会带来赌徒输钱般的挫败感。随之而来的懊恼、自责、自我否定等负面情绪常常是比财务损失更为严重的损失。

除此之外，如果你的日常生活或养老等人生大事需要用投资的本金和投资收益来支持，如果投资亏损危及到过日子、养孩子、供老子等人生责任的履行，那么投资亏损就会带来更为严重的精神上的困扰。偶尔听说的投资客因为投资亏损而自杀的例子，足以证明投资亏损带来的情感上的风险不可忽视。

2. 有多险？

在此我并不想用方差、标准方差、协方差、贝塔系数、夏普比率、风险调整后的收益等等一大长串的统计概念来为你定量描述各种投资品种或投资组合的风险大小。我估计这些概念在你、我等普通百姓的日常投资决策中的作用也微乎其微，起码我自己投资的时候是不太看这些指标的，当然以前为机构投资者工作时除外。

当然，这并不是说这些概念和风险指标不重要，恰恰相反，它们都对成功投资有很大的帮助作用，只是用好它们需要花很多时间去学习和实践，但是并不是每个好的投资者都是金融系的毕业生，也不是每个金融系的毕业生都能成为好的投资者。

长期投资于美股大盘和伯克希尔公司的收益与风险对比

即使是"股神"巴菲特先生也不太使用以上这些指标来描述投资的风险和收益情况。在他执掌的伯克希尔公司每年的董事长致股东信中，多年来他无一例外的是以伯克希尔公司的投资表现和标准普尔500指数的收益表现对比表格开头，其风险、收益情况一目了然。我就向他学习，尽可能简单、简要地为你展示部分投资策略和投资组合的历史风险和收益情况，希望让你对投资亏损风险的大小有一个新的认识。

首先让我们来看看长期持续投资美股大盘（以标准普尔500指数为代表）和长期持续投资巴菲特执掌的伯克希尔公司这两个投资策略的风险和收益情况。

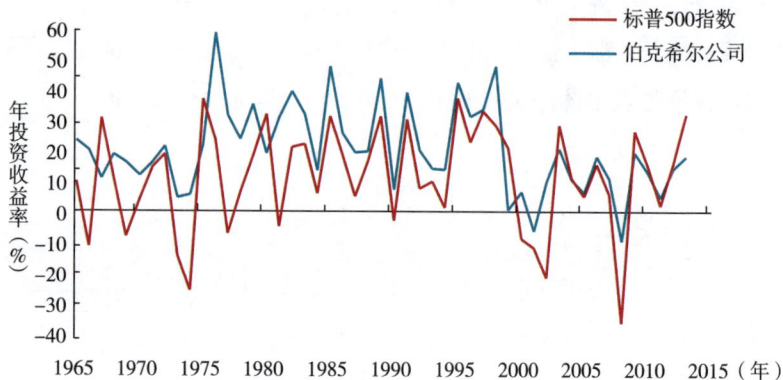

资料来源：2013年伯克希尔公司董事长至股东信。

图11-1　1965年至2013年伯克希尔公司的投资表现和标准普尔500指数的表现（年投资收益率）对比示意图[112]

在图11-1中，我们大概可以看出以下几点：

● 标准普尔500指数的历史年收益率有时高达30%，有时亏损超过30%；赚钱的年份明显比赔钱的年份多，1965—2013年的49年中，亏损（年收益率为负值）的年份有11年，占比22%。

- 伯克希尔公司的投资收益情况总体上和标普500指数的收益情况很相关，走势大体趋同。
- 即使是巴菲特操盘的伯克希尔公司也有亏钱的年份，但是其在1965—2013年的49年中只有2年亏损，亏损年份占比约4%，分别是在2001年亏了6%，2008年亏了10%。
- 两相对比，伯克希尔公司亏钱的年数和亏损的幅度明显少于标准普尔500指数。

根据图11-1中的历史投资收益情况，如果你1965年投资1 000美元到标普500指数，持续持有并且将分红也再投进去的话，49年后到2013年底，你的1 000美元会大致增长100倍，达到近10万美元，年均复合投资收益率近10%，如图11-2所示。你的资产在49年中有11年会出现投资亏损，其中在2002年和2008的亏损额非常大，但是整体上你的资产在近半个世纪里实现了较高的增值。

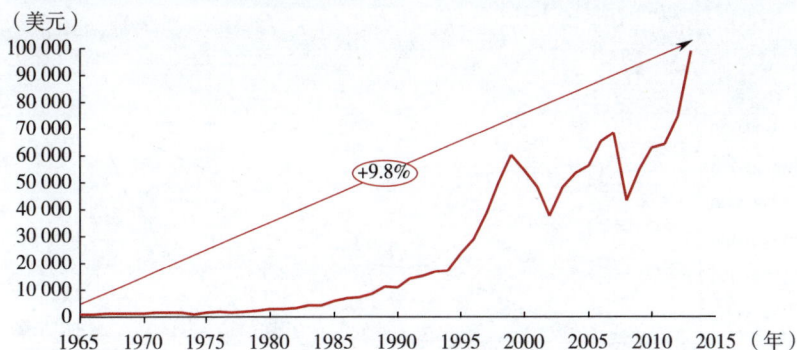

资料来源：2013年伯克希尔公司董事长至股东信。

图11-2 1965年投资1 000美元到标准普尔500指数累积生息资产增值示意图

如果你觉得49年内100倍的增值、10%的年均复合投资收益率还不错，那么让我们再来看看如果你1965年初投1 000美元到伯克希尔公司的资产增值情况如何。

如图11-3所示，如果你1965年初投1 000美元到伯克希尔公司并且长期持续持有，到2013年底你的资产净值将达到近700万美元左右， 49年间增值7 000倍，是投资标准普尔500指数所获10万美元的70倍！年均复合投资收益率约20%，是美股大盘10%左右年均复合投资收益率的2倍。这就是复利滚雪球的力量！

对比伯克希尔公司的投资表现和标准普尔500指数的表现，我们可以看出：

- 和7 000倍的资产增值相比，100倍的资产增值幅度显得微不足道。
- 伯克希尔公司的投资收益高且稳定、风险小。其投资绩效长期高额超越股市大盘，但是亏损的年份相对大盘而言却又少得多。
- 即使是股神，在某些年份也会有亏钱的时候，或者是投资收益低于股市大盘的时候。49年中，伯克希尔公司的投资收益有10年低于大盘，占比约20%。

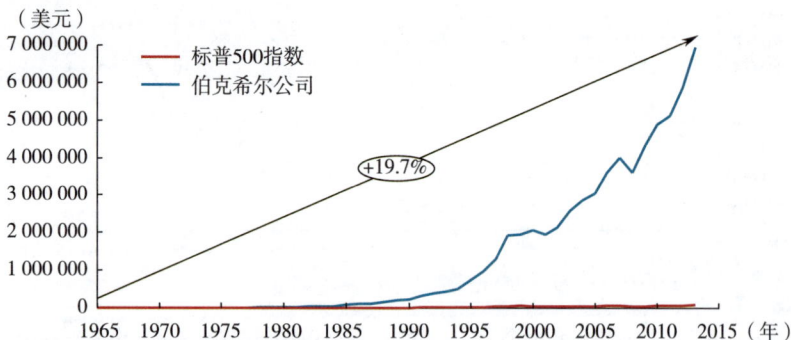

资料来源：2013年伯克希尔公司董事长至股东信。

图11-3 1965年分别投资1 000美元到标准普尔500指数和伯克希尔公司资产增值对比示意图

值得指出的是，如图11-3所示，投资于伯克希尔公司的资产看上去在1990年后净值才大幅度攀升，是因为投资本金的基数大了，而不是因为收益率越来越高。实际上，如果将1965—2013年的49年分为两段来看，从1965年至1989年的25年间，伯克希尔公司的年均复合投资收益率是24%左右，而后24年的年均复合投资收益率只有15%左右，如图11-4所示。对于标普500指数而言，这两段时间的年均收益率却是比较一致，都在10%左右。

图11-4表明，一方面，随着资产规模越来越大，即使是巴菲特先生也很难维持年均20%的增长率，很难大幅度持续超越整个市场的收益率。从逻辑上看，我们做个极端化的分析可知，当某个投资公司的资产规模达到和整个市场规模一样时，那么其投资收益率就会和市场一样。所以从长期来看，伯克希尔公司这样大规模的投资公司的投资收益，随着其规模的逐步扩大会越来越和整个市场的收益情况趋近。

（美元）

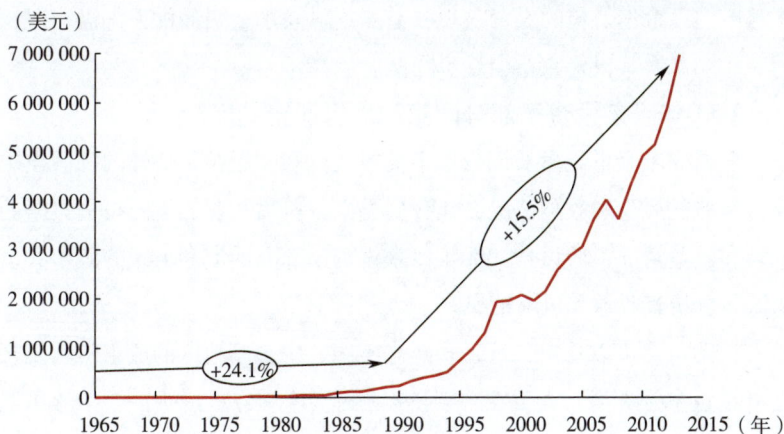

资料来源：2013年伯克希尔公司董事长至股东信。

图11-4　1965年投资1 000美元到伯克希尔公司年均
资产增值率前后对比示意图

另一方面，财富效应的绝对值取决于资本金规模大小和年投资收益率两个因素。后24年虽然年均复合投资收益率相对较低（15.5%），但是因为投资本金规模大，所以在24年内财富增加的绝对值远远高于前25年财富增加的绝对值，即使前25年的年均复合投资收益率相对较高（24.1%）。

小结以上的分析，我们也可以大致对投资美国股市的风险有一些了解：

- 投资股市大盘发生投资亏损是常有的事。
- 大盘是个股的综合表现；就个股而言，自然有的个股表现优于大盘，有的个股表现逊于大盘；投资个股而产生投资亏损的情况就更为普遍。
- 从历史数据来看，美国股市的长期投资收益率还是非常不错的，年均复合投资收益率近10%；如果长期投资美国股市大盘股指数，能获得长期资产增值保值的目标。
- 伯克希尔公司的投资表现收益高、风险小，明显优于大盘；但长期来看其投资收益会逐步降低。

2000年以来投资于部分国家和地区股市的风险

分析完半个世纪里长期投资于美股大盘和"股神"这样两种假设的投资策略的风险和收益情况，让我们再来分析另一些假设的投资策略的风险和收益情况：假设自2000年以来投资于部分国家和地区的股市大盘指数，分析其收益和风险情况。

从图11-5可以看出，近10多年来美国、中国等地区的股市年均复合投资收益率并不高，大致在3%到6%之间。这和21世纪头一个十年里遭遇的两次大事件（科技泡沫、金融危机）相关。即使是巴菲特执掌的伯克希尔公司近年来的平均年投资收益率也降低为9%左右，当然，"股神"的投资收益还是要大大高于美国股市大盘的收益率。

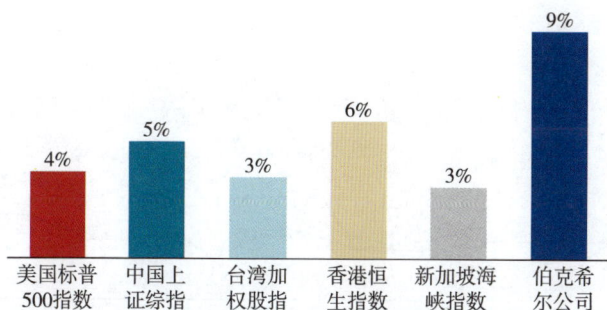

9%

美国标普500指数 4%　中国上证综指 5%　台湾加权股指 3%　香港恒生指数 6%　新加坡海峡指数 3%　伯克希尔公司 9%

资料来源：Bloomberg；2013年伯克希尔公司董事长至股东信。

图11-5　2000—2013年部分国家和地区股指和伯克希尔公司年均复合投资收益率对比示意图

从图11-6年中，我们可以看出，各个股票市场的走势大致趋同。台湾地区、香港地区和新加坡股票市场的波动都高于美股。中国上证指数的走势和其他市场的股指走势有些不同，其波动幅度（也就是风险）也最大，2006年前后中国股市更是疯了似地上窜但随即大幅度下跌。伯克希尔公司的投资收益走势和美国标准普尔500指数的走势非常趋同，只是2008年伯克希尔公司的亏损幅度要远小于股市大盘。

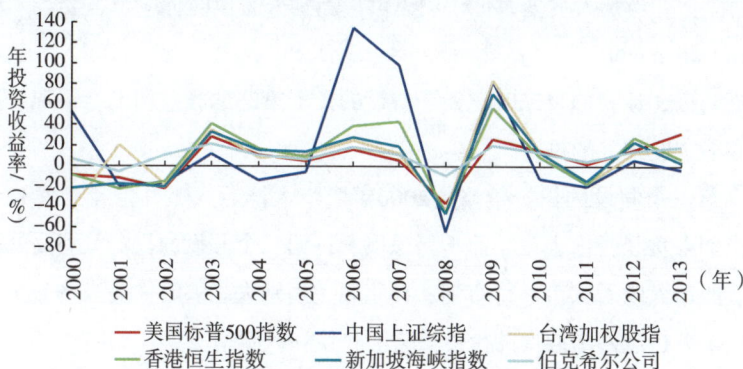

资料来源：Bloomberg；2013年伯克希尔公司董事长巴菲特先生至股东信。

图11-6　部分国家和地区股指表现和伯克希尔公司投资表现（年投资收益率）对比示意图

217

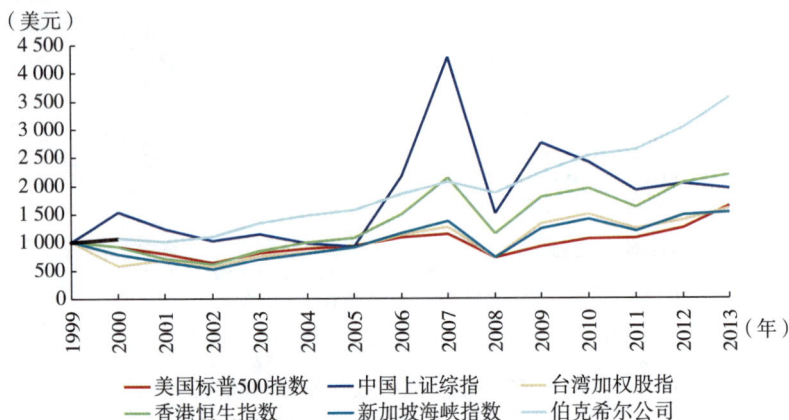

资料来源：Bloomberg；2013年伯克希尔公司董事长致股东信。

图11-7　1999年底分别投资1 000美元到部分国家和地区股指和伯克希尔公司，资产增值对比示意图

从图11-7中我们可以看出，2006—2007年全球股市大涨，但在2008年金融危机中又大幅下跌，这段时间的股市相当波动、风险相当大。

面对动荡的投资环境，我们应该如何决策呢？巴菲特先生就此有句名言[113]："当别人贪婪时你应当恐惧，当别人恐惧时你应当贪婪"（Be fearful when others are greedy, and be greedy when others are fearful）。就此投资名言，让我们再来对比两个假设的投资策略的收益和风险情况，测试一下"股神"的投资哲学。

第一个假设的投资策略是2006年股市大涨后入市并持有到2013年（当别人贪婪时你也贪婪而不是恐惧）；第二个假设的投资策略是2008年底股市大跌后入市并持有到2013年底（当别人恐惧时你应当贪婪）。我们来分析这两个假设的投资策略的收益和风险情况。

如图11-8所示，如果你果真能做到"当别人恐惧时你应当贪婪"，五年下来，除中国市场以外，你的年均复合投资收益率会达到15%左右。但是如果你当别人贪婪时你没有恐惧，而是也很贪婪并且继续追

涨，那么七年下来你的年均复合投资收益率只有2%左右。可见投资的
风险和收益与你的投资哲学和入市的时机也有着非常大的关系。

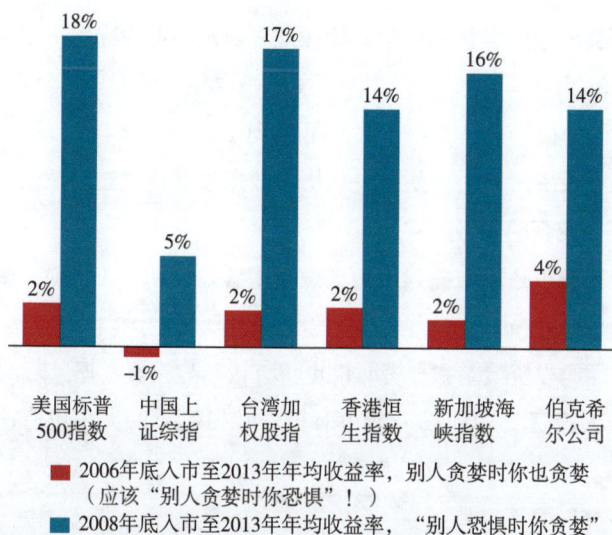

资料来源：Bloomberg；2013年伯克希尔公司董事长至股东信。

图11-8　"当别人贪婪时你应当恐惧，当别人恐惧时你应当贪婪"
投资名言实效示意图

投资亏损风险的大小小结

以上我只是简略地分析和介绍了一些假设的、在不同时期内投资于
部分国家和地区的股票指数和伯克希尔公司的投资策略的风险和收益情
况。除了股指以外，其他投资标的种类繁多，例如个股股票、债券、期
货、期权、非标金融衍生证券、基金、ETF、私募基金、大宗商品、黄
金、房产、外汇、艺术品等。各种投资标的的又可以组合成不同的投资
组合，形成不计其数的投资策略。而这些投资标的的和投资策略都有着
独特的投资风险和预期投资收益，其风险和预期收益情况可能非常不
一样。

另外，历史的风险和收益数据是否可以用来衡量未来风险的大小也是一个问题。社会政治、经济结构的宏观变化也会让风险的大小发生变化。风险指标本身也是一个变量，也会波动。

所以关于投资亏损的风险，我在此只能定性地为你做一个简单的小结：

- 不同的投资产品有着非常不同的风险大小。
- 长期投资股市大盘指数，从历史数据来看，虽然有风险，但是能获得较高的收益。
- 中国股市还不成熟，从历史数据来看，波动性（风险）高于其他市场。
- 不同的投资策略和投资时机也将直接影响投资亏损风险的大小。
- 个人投资哲学和投资能力对投资亏损风险的大小也有决定性影响。真能做到"当别人贪婪时你应当恐惧，当别人恐惧时你应当贪婪"并不容易。

3. 怎么办？

考虑到投资的复杂性，我在这本书里并没有给出任何具体投资建议的打算。以下是有关控制和应对投资亏损风险的一些个人想法，仅供参考。

知晓

知晓任何人进行投资都会有亏钱的风险，包括"股神"。这一点近乎常识却又常常被人忽略。

以我个人的经验教训来看，当初我觉得自己本科学的是金融、考精算师考试时又系统地学习过很多投资和资产管理的知识。以这些知识为基础，我以为我投资应该不大会有太大的亏损的可能。我的过度自信导致了一系列的投资决策失误，再加上不好的运气和不端正的投资态度，最终导致了在金融危机前后非常大的投资亏损。

知晓还包括了解自己的投资心理特点，这一点虽然比较难以做到，但很有意思。如果你想增强自己的自知之明，我觉得投资并且定期反思自己的投资决策是一个非常好的途径。

在你做投资决策的时候，请知晓并记住："投资有风险，入市须谨慎"。

知止与算计

就投资而言，"知止"往往和"算计"紧密相连。因为投资目标和实现投资目标的方法是密不可分的。

"知止"就是要想清楚你的投资目标，包括期望的投资收益、对应于期望收益的投资风险、投资期间、自己所能承受的投资损失、投资风险容忍度等。

"计算"包括计算投资标的和投资组合的历史风险和收益情况，利用各种信息和各种方法预测未来的投资风险和收益情况，定量分析达成投资目标的可能性。

"计划"就是要在投资目标和计算分析的基础之上，确定大类资产配置品种和比例、设计确定投资策略和预设战术投资交易规则。

专业的说法是，你需要把自己的"投资政策声明书"（Investment Policy Statement）想清楚、写下来，确定自己的战略资产配置、战术资产配置的投资品种、投资比例和交易规则。

晨星公司（Morning Star）[114]网站上和其他一些投资机构的网页上都有关于如何建立个人"投资政策声明书"的建议，你可以再参考；或者也可以花钱买服务，接受投资顾问的帮助和建议。

想清楚自己的投资目标、把自己"投资政策声明书"写下来其实非常不容易，即使是我知道的一些机构投资者也没有完备的"投资政策声明书"。坦白而言，虽然我自己学了很多的金融投资知识，也有过一些投资亏损的经验教训，但是到写作这本书的时候为止，我都还没有把我自己的"投资政策声明书"白纸黑字地写下来。

虽然我个人在"知行合一"这一点上有缺陷，但是我还是建议你在投资之前（尤其是大笔投资之前）和投资过程中都要始终清楚自己的投资目标和投资政策，最好是能够将它们写下来，并且定期静心反思检视。

应对

投资的大政方针既定，你接下来需要考虑决定的，是打算请投资顾问或专业投资人员为你投资理财，还是打算自己亲自操刀、上阵投资。无论具体怎样操作，我建议你都要根据你的"投资政策声明书"定期监视你的投资情况、合理调整你的投资组合。

投资压力测试，确保生活无虞

对于潜在的投资亏损风险，我个人建议的应对之举比较保守，就是你至少要储备好足够的钱或低风险的资产，保证在高风险投资全部亏损的情况下，家庭还能如常生活，你还有钱去履行你主要的家庭财务责任。

关于这一点，我们还是可以参考巴菲特先生在谈及"裸泳者"这个名言时的相关建议。他原话的语境是谈保险公司应当如何分析和应对巨灾式的风险，原文如下[115]：

"In assessing the soundness of their reinsurance protection, insurers must therefore apply a stress test to all participants in the chain, and must contemplate a catastrophe loss occurring during a very unfavorable economic environment. After all, you only find out who is swimming naked when the tide goes out. At Berkshire, we retain our risks and depend on no one. And whatever the world's problems, our checks will clear."

这段话翻译成中文大意是："保险公司在评估其从再保险公司获

得的财务保障时，必须要对保护链上的每一个环节进行压力测试，必须考虑在一个非常糟糕的经济环境下发生巨灾式损失的情况。毕竟，只有大潮退去时，你才能发现谁在裸泳。我们自留所有的风险，不靠任何其他的再保险公司。并且无论世界有任何问题，我们都能保证付款（作者按：指赔付再保保险金）。"

经营保险公司最底线的风险是偿付能力风险，监管机构要求保险公司持有一个最低限度的资本金，维持充足的对客户进行偿付的能力，才能够正常营业。事虽异而理则同，这个道理也同样适用于其他的机构投资者乃至个人投资者。

投资不是赌博，我建议你不要以赌徒的心态去投资，更不要把你当下和未来的生活赌进去。我建议你也对你的投资进行压力测试，"考虑在一个非常糟糕的经济环境下发生巨灾式损失的情况"下，你是否还能有钱去支付日常生活的各项开支，去履行其他财务上的各种责任；"无论世界有任何问题"，无论潮起潮落，你都能够确保你的"偿付能力"始终都是充足的。

积极理财，投资保值增值

"投资有风险，入市须谨慎"强调的是对待风险的谨慎态度，而不是不要投资，我们不能因噎废食。

只要我们拥有了足够的资本金和"偿付能力"，我们就应该考虑用投资来实现资产的保值和增值。如前面《钱变毛了的风险》一章中讨论的，钱或者财富这个东西一般来说"不进则退"，你我都需要用投资来保护我们辛苦赚来的钱、维持它的购买力、保卫我们的财富；更何况投资还有可能会实现财富的增值，有可能扩大我们的财富规模，让我们早日达到财务自由的理想境地。

不迷信"投资专家"，按需和投资顾问合作，理性配置大类资产

巴菲特在过去半个世纪的投资生涯中取得了长期而巨大的投资成

功。但是，这个世界上只有一个巴菲特，长期成功的知名投资者虽然人数不少，但相对整个投资人群而言只是极少数派。

请注意：绝大多数的"投资专家"和投资经理，即使其投资相关的书本理论知识可能比你、我都要懂得多得多，也都不能取得长期的、超越整体市场的投资回报。

诺贝尔经济学奖得主丹尼尔·卡尼曼（Daniel Kahneman）的巨著《思考，快与慢》中有一节题为《选股技术的错觉假象》（*The Illusion of Stock-Picking Skill*）[116]。其中他通过摆事实、列数据，辛辣地指出，"十分清楚的一点是，对于绝大多数个人投资而言，洗个澡、歇着、啥都别干是要比按自己脑子里的想法进行投资买卖交易要好的投资策略。"

对于专业投资者，他也丝毫没有吝啬批判之情，更加辛辣地指出："五十多年的研究结论十分清晰：对于绝大多数的基金经理而言，选股更像是在摇骰子而不是打扑克。在任何一年内，通常而言，三个基金经理中至少有两个的投资表现会低于市场大盘。更重要的是，基金某年的表现和下一年的表现之间的相关性非常小，比零只是稍高一丁点儿。在某年投资成功的基金更多的是在靠运气，他们不过是摇骰子赢了而已。研究人员都大致同意，几乎所有的选股人，无论他们是否知晓这一点——很少有人知晓——都只是在玩一个靠运气取胜的游戏。"

既然专业投资人选股都只是在摇骰子而已，那么我们自然不能依靠基金经理或我们自己靠选股来投资。那我们应该如何去做呢？全球最大的基金公司之一先锋集团（Vangard Group）在其一篇题为《投资组合的收益来源——资产配置持久的重要性》[117]的研究报告中指出：投资组合的收益取决于三个相互关联的投资决策：选券、择时和投资政策或长期资产配置策略……平均而言，一个投资组合的投资收益几乎全部由其长期资产配置策略所决定……对于一般的被积极管理的均衡基金而言，选券和择时产生的价值不能够覆盖运营和交易费用。"

既然资产配置策略如此重要，那么我们该如何确定长期资产配置策略呢？关于这一点，我们既可以接受投资顾问的咨询建议，也可以自己亲自设计配置策略。请投资顾问是要花钱的，找到一个好的投资顾问更是一件不容易的事情，只有你具备一定的资产规模，确有需要时才适合去请投资顾问为你配置大类资产提供建议；如果你亲自操刀，则要理性地、彻底地做好以上提到的"知止"和"算计"的工作。

结语

对于2008—2009年金融危机期间我在投资美股上的惨重损失，时至今日我已经不是太懊恼了，毕竟通过这段失败的投资经历，我在认识自己和认识世界上都获益良多，既提高了自知之明、清楚地看到了自己的不足，也提高了对金融和世界的认知。

然而，关于投资我却一直为一件事情感到懊悔和愧疚。那是2006年前后中国上证指数冲高的时候，我有一次从美国回安徽老家探亲，我的一位表姐电话里向学金融的我询问投资建议，我现在依稀记得向她说过可以考虑投资一些中国石油国企的股票。虽然那段谈话非常简短，我也不清楚我的表姐是否听从了我的模糊的建议，但是事后我非常懊悔。

因为我学习的金融知识让我清楚地知道，在没有合格的投资顾问资质能力、在没有充分了解客户的投资期望和风险偏好的基础上，我是不可以随便给人投资建议的。多年以来，这件事让我一直不安，因为它让我感到我曾经轻易地就违背了我的职业精神和操守。

以这件事情为戒，我要求我自己不要再轻易给他人金融相关的建议。所以在以上关于应对投资亏损风险的部分，我将原本提到了"分散投资以减少投资风险""不要把鸡蛋放在同一个篮子里""考虑长期投资股指"等建议都删去了。

"分散投资以减少投资风险""不要把鸡蛋放在同一个篮子里""考虑长期投资股指"这些话本身也许都没有错，但是它们不一定适合于你，肯定不适于任何人。例如，2013年诺贝尔经济学奖得主、耶鲁大学教授罗伯特·席勒（Robert Shiller）就曾在接受《华尔街日报》采访时谈道[118]："我获得的最佳建议，是我在麻省理工学院的博士论文导师、后来和我一起写书的弗兰科·莫迪加里亚尼，在20世纪80年代初期非常接近市场底部的时候给我的买入信号。尽管当时的常规学院派思维是投资应当更加分散化，我还是把自己的投资组合几乎百分之百地配置为价值型股票，直到1999年左右的时候才开始大规模地撤出，只是不记得具体是什么时候了。"

可见，分散化投资虽然不错，但是并不是适用于任何人，即使是诺贝尔经济学奖得主也会"几乎百分之百地配置价值型股票"。

如果有貌似是投资理财专家或专业人士的人轻易地给你一些投资理财的建议，请不要相信他。我相信这个建议可以减少你投资亏损的风险。

本章小结　投资亏损的风险

险在哪？

- 投资亏损，尤其是亏光的情况，可能导致财务目标无法实现，危及生活目标的达成
- 投资亏损常常会带来精神和情绪上的困扰，乃至痛苦

有多险？

- 多种内外部因素会影响投资亏损风险的大小
- 投资亏损的风险人人有，即使是"股神"也有短期亏损的时候
- 具体投资亏损风险的大小需要具体分析计算

怎么办？

- 知己知彼，看清自己的投资性情和能力，了解投资标的和投资组合的风险特征
- 想清楚自己的"投资政策"，最好把"投资政策声明书"写下来
- 进行投资压力测试，确保生活无忧
- 在"底线风险"有保障的基础上，积极参与投资理财
- 不要迷信投资专家，合理利用投资顾问，理性地去投资理财

第十二章　创业失败的风险

图解："百年老店"书法来源于网络[119]。

本章旨在概略地分析如下问题：

1. 创业失败险在哪？
2. 创业失败的风险有多大？企业的死亡率、存活率的情况如何？
3. 如何通过减少创业失败的风险来提高创业的胜算？

　　我家除了我和妻子目前还没有创业的经历以外，我的祖母、父母亲和我的大哥二哥分别在解放前、20世纪80年代中后期和90年代都创过业。我的大哥和二哥更是在近二十多年来涉足过不少的行业，虽然有成功也有挫折，但是总体上他们创业的成果都超越了创业前的目标，所以说应该算是成功的创业。我在上海读大学时最要好的几个同学也都早早地就创业成功，拥有属于自己的成功事业。

　　虽然我自己目前还没有创业的经历，也没有亲眼所见创业失败的事例，但是这并不妨碍我在这一章里同你分享一些我在"创业失败"这个风险上的学习和思考。

在讨论创业失败的风险之前，我们首先需要定义谁是创业者、何谓创业失败。

根据"全球创业观察组织"[120]的介绍，美国经济学家威廉·鲍莫尔（William Baumol）发表过多篇关于企业家精神和创业者方面的论文，是首位关注到创业者在经济发展中重要角色的经济学家。鲍莫尔认为"创业者是足智多谋的，善于利用创意来发掘可以增加个人财富、权力和声望的方法"。为了统计上的便利性，现在一般将"创业者"定义为开办过公司或工商登记注册过企业的人。

"创业失败"的定义也可能有很多，例如，《华尔街日报》2012年一篇题为《风险投资揭秘：4家初创企业3家失败》的文章中指出[121]：如果将"失败"定义为风投资本血本无归，那么美国大概30%到40%有潜力的初创企业会失败；如果将"失败"定义为没有获得预期的投资收益（例如具体的收入增长率或具体的止损时间等），那么高于95%的初创企业算是失败了。"失败"当然也可以用"破产"来定义。同样是为了统计和研究的目的，一般将企业关张、工商注吊销作为企业"失败"的定义。

一家公司或企业的开张和关张也就是它的生与死，因此，死亡率、存活率等概念也适用于公司、企业或其他机构法人。

1. 险在哪？

财伤
创业失败首先险在创业者所付出的艰辛劳动没有得到财务上的回报，要么血本无归，要么颗粒无收，要么盈利情况没有达到预期。种种"财伤"之外，还有创业者所付出和损失的机会成本。

情伤
如"全球创业观察组织"所指出的那样，"创业"根据创业者的直接目的可分为"机会主导"（Improvement-Driven）和"需求主导"（Need-Driven）的创业，说白了就是有些创业者是不得已而为之，创业的主要目的是养家糊口、讨个生活；有些创业者则是看到了改善某个问题的机会，想着发大财。

对于那些"需求主导"（Need-Driven）的创业者，创业失败所带来的财务损失会影响到日常生计，必然会带来精神和情绪上的极大困扰。如《全球创业观察香港及深圳研究报告2009》[122]中一位受访的专家所谈到的："中国人习惯在单位平稳的生存。过去创业的人士均为生活所迫。大学生就业找不到工作才去创业，主动去创业的非常少，不是被逼无奈是不会去创业的。虽然劳动局、人事局提出'创业带动就业'，但具体的实施措施很少。"就我个人的观察，我还是比较认同这位专家的说法，对那些被迫创业的人士而言，创业失败导致的财务和情感上的风险不可小视。

对于那些"机会主导"（Improvement-Driven）的创业者来说，创业失败也可能会带来挫败感、觉得丢脸、没面子。如图12-1所示，总体上来看，对创业成功的期望和向往高于对创业失败的恐惧和害怕，但是期望越高失望就会越大，"创业失败"带来挫败感的风险也不可忽视。

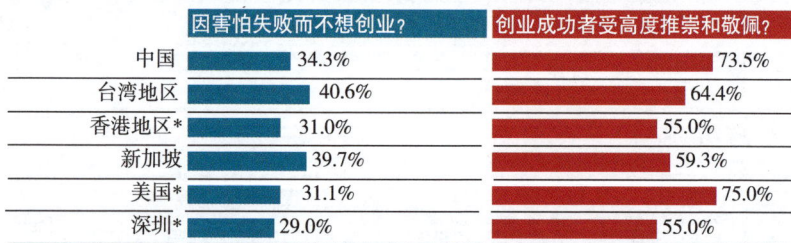

	因害怕失败而不想创业？	创业成功者受高度推崇和敬佩？
中国	34.3%	73.5%
台湾地区	40.6%	64.4%
香港地区*	31.0%	55.0%
新加坡	39.7%	59.3%
美国*	31.1%	75.0%
深圳*	29.0%	55.0%

资料来源：中国、台湾地区、新加坡的数据来源于《全球创业观察2013年报》，香港地区、深圳和美国的数据来源于《全球创业观察香港及深圳研究报告2009》。

图12-1 部分国家和地区关于创业态度的调研结果
（回答"是"的受访者占比）示意图[123]

2. 有多险？

创业失败的风险可以通过不少指标来衡量，例如，企业毛死亡率、企业平均寿命、按企业经营年数区分的企业死亡率、一定年数内企业死亡的可能性、企业存活率等。这里我着重利用按企业经营年数区分的企业死亡率和一定年数内企业死亡的可能性两个指标大致介绍创业失败可能性的大小。

按企业经营年数区分的企业死亡率

如图12-2所示：

● 美国初创公司首年的死亡率远远高于中国的内资公司和台湾地区的中小企业的首年死亡率。

● 中国台湾中小企业前三年的死亡率远高于中国内地的内资公司对应的死亡率。

● 第四年后，美国、中国、中国台湾公司的年死亡率有趋同的倾向，大致上随着经营年数的增加，企业死亡率逐步减小。

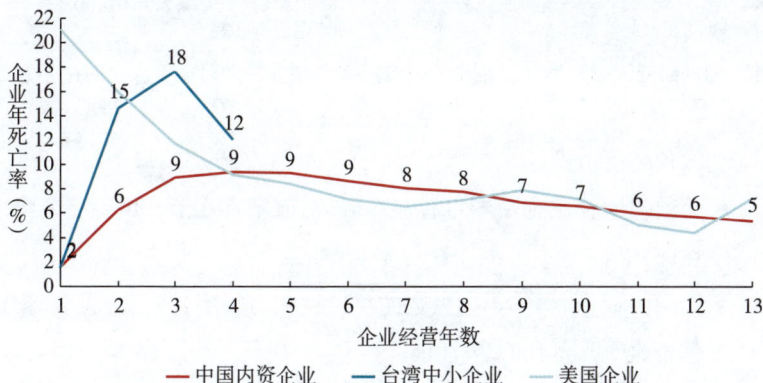

资料来源：《全国内资企业生存时间分析报告》，《台湾2007年中小企业白皮书》，美国劳动统计局网页。

图12-2　部分国家和地区按企业经营年数区分的企业年死亡率示意图[124]

- 美国初创公司和中国内资企业的第三年到第七年间的死亡率都在
  8%~9%，这段时期也就是所谓的企业生存"瓶颈期"。

创业失败的可能性

虽然按企业经营年数区分的死亡率是衡量创业失败风险的根本性指标，但是它同人按年龄区分的死亡率一样，在描述风险的时候可能不是太直观。所以我根据以上的数据和《全国内资企业生存时间分析报告》中介绍的数据推算和整理出不同地区新创企业三年内或五年内失败的可能性，供读者参考。

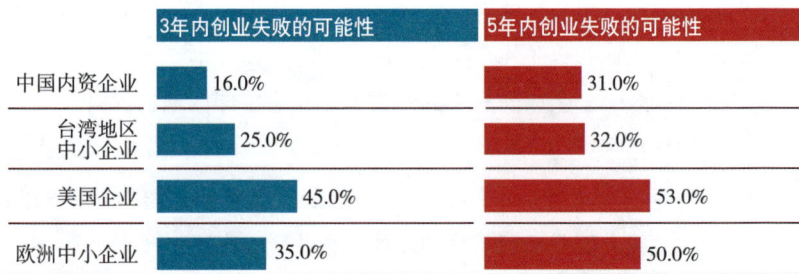

	3年内创业失败的可能性	5年内创业失败的可能性
中国内资企业	16.0%	31.0%
台湾地区中小企业	25.0%	32.0%
美国企业	45.0%	53.0%
欧洲中小企业	35.0%	50.0%

资料来源：《全国内资企业生存时间分析报告》，《台湾2007年中小企业白皮书》，美国劳动统计局网站。

图12-3 部分国家和地区新创企业3年或5年内创业失败可能性大小对比示意图

如图12-3所示：

- 美国初创企业有一半左右在3~5年后就不存在了，风险主要集中在前3年。
- 中国内资企业前3年内失败的可能性相对较小，5年内大概3家初创企业中就会有1家被注销。
- 3年内台湾4家初创的中小企业中大概就有1家被关闭，5年内大概3家初创企业中就会有1家被注销，这和中国内资企业的情况比较接近。

- 根据中国国家工商总局企业注册局信息中心2013年发布的《全国内资企业生存时间分析报告》的介绍："总的来看，我国企业的生存规律与这些国家相近，但企业存活率要高于发达国家，这与发达国家的企业准入门槛相对低有关。"

从以上两张图我们可以看出，无论是在发达市场还是在中国这样的发展中市场，创业失败的可能性都是非常显著的。

创业失败的可能性随诸多因素而异

首先，新创立企业的规模越大，创业失败的可能性越小。这条规律至少适用于中国、美国市场。以美国为例，如图12-4所示，规模越大的企业平均寿命越长、失败的可能性相对而言也越低。例如，对于中小企业而言，平均寿命不足7年，但是规模庞大的世界500强企业的平均寿命在40年以上。

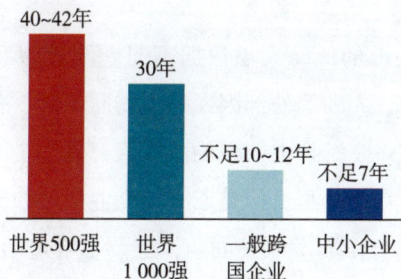

资料来源：《全国内资企业生存时间分析报告》。

图12-4 美国企业寿命与企业规模成正比示意图

其次，创业失败的可能性也因企业所在的行业而异，如图12-5所示，竞争激烈、流动性高的企业创业失败的可能性相比平稳型企业和增长型行业要高出很多。例如，金融业的出生率低但是死亡率也低，故而属于平稳型的行业；批发零售业企业的出生率和死亡率都相对较高，所以属于高流动性的行业。

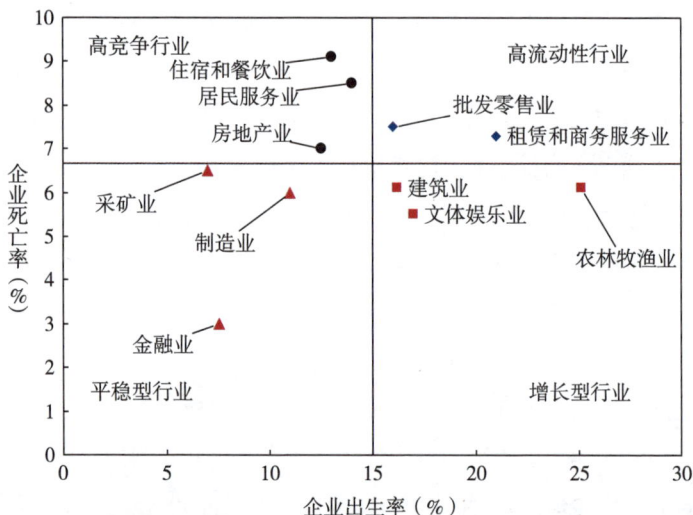

资料来源：《全国内资企业生存时间分析报告》。

图12-5 中国内资企业创业失败可能性因企业所在行业而异示意图

最后，创业失败的风险大小根据不同创业者的不同能力而不同，也根据天时、地利、人和等外部因素的不同而不同。企业的平均寿命、死亡率等概念只是一个统计上的平均测算值，具体个人的创业风险有多大，需要具体情况具体分析。但是宏观的创业失败数据至少给创业者提了一个醒，即使你自信满满地去创业，也要了解过半新创的企业会在5年到8年左右消失。

3. 怎么办？

虽然我可以搜罗一些关于创业失败的数据，但在创业的问题上我却没有什么发言权，毕竟我还没有创业的经验。以下文字只是粗浅的个人学习心得体会，仅供参考。

知晓

如果你打算创业，那么你在知晓了创业的风险所在和大致的风险大小之后，还需要了解你自己对待这个风险的倾向性态度、尤其是那些可能导致你创业失败的态度。

丹尼尔·卡尼曼教授在他的大作《思考，快与慢》中，专门用了第24章讨论创业者的决策心理和决策过程，这一章题为《资本主义的引擎》[125]，可谓字字珠玑。你如果打算创业，我强烈建议你化时间读一读《资本主义的引擎》，对"创业妄想"（大概指大多数人认为自己比他人在许多好的品质上要来得优越，例如90%的司机认为其驾驶技术高过平均水平；创业者则更是有可能觉得创业失败不会发生在自己身上，即使创业失败是个大概率事件）"规划谬误"（指不切实际的、过于趋近于最佳情形的规划，或者是那些可以通过参考类似案例和数据而得到提高的规划）"竞争忽视"（虽然新创企业成功的可能性在很大程度上取决于竞争的对手和环境，创业者创业时往往根本就没有将竞争考虑进去）"过度自信"（大概指创业后高管常常过高估计自己的经营能力和预测能力）等这些你在创业道路上也可能会犯的错，"有则改之、无则加勉"。

关键的一点是，你要认识到乐观积极是一把双刃剑，既驱动创业精神，又可能让创业者低估创业失败的风险。

知止

创业要有清晰的目标，是谋个生活、养家糊口，还是就一个问题提出一个更好的解决方案，通过为他人为社会创造价值而为自己创造财富。"更好的世界"，常常都是创业者引领创造的。

算计

孙子曰："夫未战而庙算胜者，得算多也，未战而庙算不胜者，得算少也。多算胜，少算不胜，而况于无算乎！"[126]创业前"多算"，制订计划，不失创业时的初心，但又审时度势，随机应变，防止"规划谬误"，应该能够帮助你减少创业失败的可能性。

应对

做好最坏的打算

创业意味着迎接挑战、主动承担风险，面对失败的风险，我个人的建议是，无论是为生活所迫还是希望能有提升，在朝着自己定下的方向努力进取的同时，也要做好最坏的打算，如果创业失败，保证起码还能有其他的法子生活下去，保证家庭的生活质量不至于大幅度下降。

用"事前验尸法"降低失败的风险

创业不易，创业成功更不易，最坏的打算只是为了保底，为了提高创业成功的可能性，还有一种名字虽然不太好听但是我觉得非常值得介绍的方法："事前验尸法"（Premortem），它也是卡尼曼教授在《思考，快与慢》一书中的《资本主义的引擎》一章中提出的。我翻译其原文供你参考[127]：

"想象一下，一年后，我们按目前的计划推进，但惨败。请花5到10分钟写下该惨败的简史。"

我相信，通过鼓励质疑和激发思考潜在的各种威胁所在，"事前验尸法"会帮助你减少创业失败的可能性，这应该也可以包括在孙子所说的"多算胜"里。无论是古人的"多算胜"还是洋人的"事前验尸法"，道理其实都是一样的：多费心力、多做准备、从多个角度分析问题，努力看清风险和威胁的所在，都会增加创业成功的可能性。

结语

在写作这个章节的时候，我中午带着许多参考资料去了香港铜锣湾一家创始于1860年的餐厅吃午饭。事后想起来，在有着150多年历史的太平馆餐厅里，边用餐边研究创业失败的风险显得格外有意思。这顿午饭我花了88港元。如果你打算创业，我借这个吉利数字，祝福你创业成功，长长久久，财源广进！

本章小结　创业失败的风险

险在哪?

- 没赚到钱、亏了本钱、浪费了机会成本
- 挫折感、没面子

有多险?

- 创业失败的可能性非常显著,过半新创企业5年到8年内可能就会消失
- 创业失败的可能性随企业规模、所处行业、创业者的能力、机遇、运气等诸多因素而异

怎么办?

- 知晓创业失败是大概率事件
- 知晓无论你自视多高,创业失败的风险也会有很大可能发生在你身上
- 避免过度乐观,保持审慎乐观
- 创业前方方面面都要多考虑、多算计
- 用事前验尸法分析那些可能导致你创业失败的风险因素
- 做好最坏的打算,保证即使创业失败了自己还有其他的活路

第四部分
家庭作业（填空题）

"君子爱财，取之有道"，我的生财之道是：

短期内：_____

_____

_____。

长期内：_____

_____

_____。

第五部分　谈谈保障

导言
人人皆得安享此生，人人皆得尽享此生

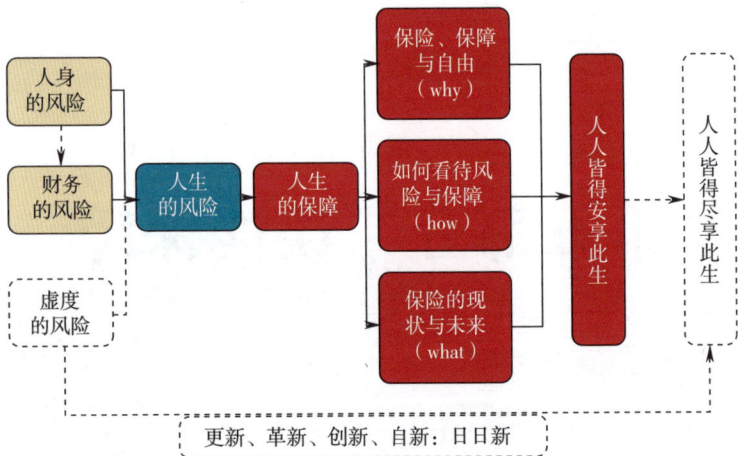

在本书的前四个部分里，我介绍和分析了人生里可能会遇到的各种人身风险（伤、老、病、死、残）、各种人身风险所致的个人与家庭的财务风险，以及外部经济因素或个人经济活动可能带来的个人与家庭的财务风险。如果能够合理、合宜地管理、应对好这些人生的风险，那么你和你的家庭应该就可以说在人身和财务两个方面上都非常安全、很有保障了，就很接近能够"安享此生"的人生目标了。

在本书的最后这一部分，我简要地谈谈我个人对于风险、保险和保障的一些想法，为你实现"安享此生"的人生目标再提供一些参考信息，为实现一个"人人皆得安享此生"的社会提供一些个人的浅薄之见。

第十三章《保险、保障与自由》主要是谈保险与保障对于你的意义、对于人生的意义，讨论的是"为什么"（Why）的问题。

第十四章《应该如何看待风险与保障》谈人们对于风险和保障的认知和态度，以及我对此问题的建议。这一章讨论的是"如何看"（How）的问题。

第十五章《保险与保障的现状、未来和更好的解决方案》谈保险业和社会保障的现状，并展望未来，探讨什么是更好的个人与家庭的风险保障解决方案。这一章讨论的是"是什么样""会是什么样"和"应该是什么样"（What）的问题。

如以上的第五部分结构图所示，一方面，"安享此生"是"尽享此生"的前提；另一方面，人生的风险还包括虚度此生的风险。

前苏联名著《钢铁是怎样炼成的》一书中的这句名言你也许已经熟知："人最宝贵的是生命。生命属于人只有一次。人的一生应当这样度过：当他回首往事的时候，不会因为碌碌无为、虚度年华而悔恨，也不会因为为人卑鄙、生活庸俗而愧疚。这样，在临终的时候，他就能够说：'我已把自己整个的生命和全部的精力献给了世界上最壮丽的事业——为人类的解放而奋斗。'应当赶紧生活，因为一场突如其来的疾病，一个意外的悲惨事件随时都有可能中断生命。"

自然，我们并不是每个人都希望终生"为人类的解放而奋斗"，但是人人都应该希望根据自己的目标和努力得以"尽享此生"。如我在第四部分所提到的，在这个问题上，我个人的观点是：你只要以你的目标为指引，不断进取努力，"日日新、又日新"，就会使你自己、你的家人和你身边的人都生活得更加美好，你也就会"尽享此生"。

除了"安享此生"所对的种种人身与财务风险外，与"尽享此生"相对的另一种风险可以用佛家所说的"人生八苦"中的"求不得苦"来总结[128]。我理解的"求不得苦"是在爱情、婚姻、子女教育、地位、相对重要性、职业、事业、理想等方面的追求不能如愿以偿，从而带来求之而不得的人生风险和人生痛苦。

在"求不得苦"的风险问题上，我个人认为应该既要本着"淡泊宁静""知足常乐""放宽心"和"色即是空"的精神态度，又要努力做到"正心诚意""日日新、又日新""好好学习，天天向上"，每天都努力做更好的自己，为自己、为家人、为他人创造更好的生活。

"安享此生"是本书的主旨所在，"尽享此生"不是，故不再赘述。

这一部分更多的只是我个人的一些看法和思考，并不专业，因此我也只是略写，供读者在思考、应对具体的风险与保障问题时参考。

第十三章 保险、保障与自由

图解：陈欣作图，表现的是我非常喜欢的电影《肖申克的救赎》片尾主人公银行家安迪成功越狱后重获自由、与好友海滨重逢的情景。值得指出的是，在越狱前安迪已经运用其财务知识和计谋规划好越狱后的海滨惬意生活，获得了人身和财务上的完整自由。

本章旨在概略回答如下问题：

1. 保险、保障和自由的关系是什么？
2. 为什么需要保险和保障？保险和保障的意义何在？

咬文嚼字地看保险、保障与自由的关系

"保险""保障""自由"等名词大概都是"舶来品"，虽然这一点我不是十分确定，但是还是让我来"咬一咬、嚼一嚼"这些词的英文词意，求本溯源，看看它们之间的内在关系。

保障

首先，让我们来看看"保障"这个词，英文中词意最近的应

该是"Security"一词，例如"社会保障部"译为"Ministry of Social Security"，"财务保障"译为"Financial Security"，"就业保障"或"工作保障"译为"Job Security"等。"Security"又有安全的意思，例如"中央国家安全委员会"译为"Central National Security Commission"。"安全"才有"保障"，有"保障"才能"安全"。

但是英语是如何解释"Security"的呢？根据《韦氏英语词典》[130]，"Security"一词的第一个意思是：

"the quality or state of being secure: as

a. freedom from danger：safety

b. freedom from fear or anxiety

c. freedom from the prospect of being laid off <job security>。"

从以上的解释可见英语中"保障"（Security）一词是由"自由"（Freedom）一词来解释的，这也难怪，"Security"一词首次在15世纪使用，而"Freedom"一词却在12世纪前就被首次使用了[131]，用一个旧的概念（Freedom）解释一个新的概念（Security）自然是常理之中的事。

自由

那么"自由"一词英语里又是如何解释的呢？《韦氏英语词典》给出的第一个解释是：

"the quality or state of being free: as

a. the absence of necessity, coercion, or constraint in choice or action

b. liberation from slavery or restraint or from the power of another：independence

c. the quality or state of being exempt or released usually from something onerous <freedom from care>

d. ease, facility<spoke the language with freedom>

e. the quality of being frank, open, or outspoken <answered with freedom>

f. improper familiarity

g. boldness of conception or execution

h. unrestricted use"

可见"自由"除了"选择和行动上的不受限制"（以上a解释）以外，还有"不被奴役、独立、自主"（以上b解释）、"不用为某种繁重的、让人烦心费心的事情而担忧的一种状态"（以上c解释）等意思。

保障与自由

"Security"一词中的"Freedom"应该是取以上"自由"的c解释，无须为危险担忧，或免于危险，即是安全；免于恐惧和忧虑；免于失业的风险。

由此可见，对个人与家庭而言，要达到真正的"自由"状态，首先需要免于危险、恐惧和各种担忧；如果真做到了免于危险、恐惧和各种担忧，也就算有了"保障"；有了保障，才能有真正的"自由"。

保险与保障

"保险"一词的英语"Insurance"从词根上看可以理解为"进入一种确定的状态"。风险即不确定性，"进入一种确定的状态"也就"保险"了。"保险"了也就可以"免于危险、恐惧和各种担忧"了，也就有"保障"了。

总而言之，咬文嚼字地来看，"保险"是一种"保障"的工具。想有"自由"，需有"保障"。"保险"和"保障"让个人与家庭免于为各种人生风险（尤其是财务上的风险）担心忧惧，从不确定的风险状态进入到一种相对确定的状态，从而促进个人与家庭的"自由"。

从常理来看保险、保障与自由的关系

从常理来看，"保障"和"自由"紧密相关也是显而易见的，例如：

- 国家建立强大的军队以抵抗侵略，提供国家安全保障。如果国家不独立不安全，那么个人与家庭何谈自由？
- 国家建立警察部队和法律法规以保障公民的人身和财产安全。如果生活不安全、无保障，那么个人与家庭何谈自由？
- 国家建立各种社会保障机制，让人无论贫富都起码能有尊严的活下去。如果生存没有最基本的保障，那么个人与家庭何谈自由？
- 如果总是担心人身和财务安全、为起码的生存繁衍担忧，对各种人生风险充满强烈的不确定感而导致忧心恐惧，个人与家庭何谈自由？

从常理来看，"保险"和"保障"的关系就更加容易理解：首先"社会保险"是"社会保障"的重要组成部分；"商业保险"为个人提供因人而异的"财务保障"，提高个人与家庭的保障感或安全感（即英语常用的"Sense of Security"），让人心态更平和、远离忧惧（即英语常用的"Peace of Mind"），财务上也更加自由（即英语常用的"Financial Freedom"）。

国内要扩大内需，老百姓只有感觉在医疗、教育、养老等人生大事上都更加有保障，才敢打开钱袋子花钱，内需经济才能扩大。

换句话说，我们普通老百姓只有感觉人生有"保障"了，"险"都"保"上了，才敢去花钱，才敢去"以财发身"而不是"以身发财"，才敢去享有花钱消费以满足自己其他非保障性"内需"的"自由"。

保险与保障对于个人、家庭和社会的意义

"自由"是一个所指宽泛的古老概念，自由意志、独立自主、远离危险、免于担忧等都是自由的内涵。"有保障"本质上是一种免于担忧、很有安全感的"自由"的状态。从这个意义上讲，人类社会种种保障机制本质上都是人类对"自由"的一种追求。

"保障"也是一个所指宽泛的古老概念，既可以指人身、财产上的安全，又可以指心理上的平和、免于忧惧。

"保险"只是众多"保障"手段中的一种，无论是社会保险还是商业保险，都旨在让被保险人得以从充满不确定性的人生中获得一些相对的，尤其是财务上的确定性，从而更有"保障"，财务上的自由度也更大些。对我而言，这就是保险和保障的意义所在。

此外，对于商业保险的意义和功用，我个人的观点和某些煽情的商业宣传也有些不同。商业保险作为一种基于古老精算技术的商品，并没有比其他商品来得更加高尚或伟大些，它的本质目的和功用与其他任何合法的商品都是一样的：就是要解决人们生活中的某个问题、让人们的生活在某个方面更加美好一些。

但是商业保险和一般的商品和服务有一个重大差别，那就是商业保险本质上是一种契约性商品，是一纸合同所规定的风险管理服务，大众对于保险的有效需求取决于大众的风险意识和保险意识。

然而，直面人生里的种种"晦气"的风险有可能让人心生不悦，从而不愿意主动去考虑风险、购买保险；另外，商业保险产品也是花样繁多，各家保险公司更是"王婆卖瓜，自卖自夸"，但是到底哪个产品好？哪家公司好？哪家公司的哪个产品更便宜，最适宜于你的具体情况？这些购物过程中最普通的问题放在商业保险上，对大多数消费者而言就可能都变成了让人无从下手的难题。

可见，保险公司"卖保险"、大众消费者"买保险"都是一件并不容易、需要费心费力才能真正做好的事情。但是根据以上的分析，商业保险对于个人与家庭的保障与自由有着非常重要的意义，所以个人与家庭花些时间和精力把"买保险"这件难事做好，还是非常值得、甚至可以说是必需的。

社会归根结底是由个人与家庭组成的。保险与保障服务好个人与家庭，也将有助于整个社会自由程度和文明程度的提高。正如中国政府2014年颁布的《国务院关于加快发展现代保险服务业的若干意见》开篇所提出的那样，"保险是现代经济的重要产业和风险管理的基本手段，是社会文明水平、经济发达程度、社会治理能力的重要标志"。"加快发展现代保险服务业，对完善现代金融体系、带动扩大社会就业、促进经济提质增效升级、创新社会治理方式、保障社会稳定运行、提升社会安全感、提高人民群众生活质量具有重要意义"。[132]

　　个人与家庭想把"买保险"这件难事做好，首先可以从正确地看待风险与保障开始。就此我在下一章谈一些我的个人看法供读者参考。

本章小结　保险、保障与自由

- 保险让充满诸多不确定性的人生多一份确定性，多一份保障
- 保障让人免于危险和忧惧，放飞人的身心，让人更加自由
- 自由是普世的价值追求，内涵包括自由意志、独立自主、免于危险和忧惧、自由的身心等
- 保险与保障通过促进个人与家庭的自由，提升整个社会的自由度和文明程度

第十四章　应该如何看待风险与保障

图解：图片《中国古典图案——飞奔的马和云纹构成的图案》来源于"红动中国网"[133]。文字部分摘自阿里巴巴集团主席马云先生于清华大学经管学院2014年毕业典礼上的演讲："这30年来，我天天在担心，但是我只是担心自己不够努力，我担心自己没看清楚灾难，我担心自己没把握好机遇。"[134]

本章旨在初步探讨如下问题：

1. 对风险事件，尤其是对那些小概率的风险事件，人们的倾向性态度是怎样的？
2. 应该以什么样的态度去面对和应对人生里的种种风险？
3. 个体风险和总体风险的大小有什么重大区别，这一区别对于个人与家庭而言意味着什么？
4. 我们应该如何应对人生里的小概率事件——风险与机遇？
5. 再问：如何得"宜保"？

　　如本章的开篇图所示，常怀"生于忧患、死于安乐"之心，努力洞悉潜在的风险、紧紧把握时势的机遇，可能是创立一家伟大企业所必需的态度之一。个人与家庭面对和应对各种人生风险和人生机遇，何尝不应该本着同样的态度，关注风险，把握机遇呢？

　　这一章我就应该如何看待风险与保障问题，分享一些我看到过的相关研究，谈一些我个人的浅见。

增强自知之明，了解人对风险的倾向性态度

丹尼尔·卡尼曼教授在其巨著《思考，快与慢》中多次谈及个人一般会如何看待风险并相应作出决策。如我在导言中提到的，我非常喜欢他的这本著作。我以下引用该书中一些有关风险的论述，希望这些论述能增强读者在此问题上的认知。

在《思考，快与慢》第13章《可获得性、情绪和风险》中，卡尼曼教授在列举了几个例子后指出："我们的大脑处理小风险事件的能力有一个基本的局限性：我们要么完全忽视这些风险，要么给与它过大的权重，没有中间状态。"[135]

在第30章《罕见事件》中，卡尼曼教授就此命题进一步展开论述，并总结说："由于记忆的验证性偏见，罕见事件的概率会（常常，但不总是）被高估。想着这个事件，在大脑里你会尝试将它视为真实。当某个罕见事件尤其吸引你的注意力它就会被过度高估……过度的关注、生动的画面、具体的概率表述和明确的提醒都会导致对罕见事件可能性的过高估计。当没有过高估计时，就是忽视。"[136]

他还指出，对可能性的不同描述也会导致人们对风险的不同态度，例如："一个好的律师如果希望陪审团对DNA的证据生疑，那他不会说'错误的可能性是0.1%'。而'每1 000个案例中就会有1次错误发生'这样的表述更有可能让陪审团对该证据产生疑虑。"[137]

我在我的这本书中，描述各种风险的大小时使用了各种各样的表述方法，我也使用了一些例子以建立"生动的画面"。通过展示这些风险的所在和大小，增加这些风险有关信息的"可获得性"。请注意，根据卡尼曼教授的论点，我的这些做法都有可能让你高估风险的可能性。

然而，我并无意让你高估风险的可能性，恰恰相反，我的本意是希望你能够理性地认识和对待风险。但是，如果卡尼曼教授"当没有过高估计时，就是忽视"的论断是正确的，那么我还是希望你与其忽视人生的种种风险，不如高估这些人生的风险，因为我认为"忽视"是最不可取的面对风险的态度。

以"君子之道"洞悉和应对风险

对于人生的种种风险，"忽视"不可取，高估也不太好，最好的态度还是"中庸之道"，理性地去面对和应对客观存在的风险。

《礼记·中庸》有云："君子之道，淡而不厌，简而文，温而理，知远之近，知风之自，知微之显，可与入德矣。"[138]我觉得"知远之近，知风之自，知微之显"三句话极好地表达了我认为的面对人生种种风险的最佳态度；"温而理"一句极好地表达了我认为的应对人生种种风险的最佳态度。

"君子"可以用"知远之近，知风之自，知微之显"的态度俯察万物，用在看待人生的种种风险上面，我觉得可以理解成知晓风险的客观性，知晓风险离自己和家人可能并不遥远；知晓风险是如何产生的、导致风险的因素有哪些；知晓风险的可能性虽然小，但是其所导致的损失程度可能会很严重、对人生和家庭的影响会很大。

"君子"可以用"温而理"的态度去应对所有世间事。用在应对人生的种种风险上面，就是既要温情又要理性地为种种人生风险设计、准备和实施各种保障举措。

如果你觉得我是在曲解圣人之意，就请对以上的话一笑置之。我希望是人人都能够做到这两点：理性地面对客观风险的所在，温情地为家准备适宜的保障。

接受"墨菲定律"的忠告，采取多种保险措施

英语中有一个常用到几近俗语的"墨菲定律"（Murphy's Law），

意思是有犯错可能的事就很有可能会被办砸（Anything that can go wrong will go wrong. ）。这个由军事工程师墨菲先生提出的观点据说是20世纪西方文化中的三大发现（"墨菲定律""帕金森定理"和"彼德原理"）之一。

下段文字摘录自百度百科对"墨菲定律"的解释中的"启示"部分[139]，我觉得这段话写得非常好，肯定比我自己写"墨菲定律的启示"要写得好，所以我全文引用如下：

"近半个世纪以来，'墨菲定律'曾经搅得世界人心神不宁，它提醒我们：我们解决问题的手段越高明，我们将要面临的麻烦就越严重。事故照旧还会发生，永远会发生。容易犯错误是人类与生俱来的，人永远也不可能成为上帝，当你妄自尊大时，'墨菲定理'会叫你知道厉害；相反，如果你承认自己的无知，'墨菲定律'会帮助你做得更严密些。'墨菲定律'忠告人们：面对人类的自身缺陷，我们最好还是想得更周到、全面一些，采取多种保险措施，防止偶然发生的人为失误导致的灾难和损失。归根到底，"错误'与我们一样，都是这个世界的一部分，狂妄自大只会使我们自讨苦吃，我们必须学会如何接受错误，并不断从中学习成功的经验。"

我们自然不希望自己或家人遭受到各种人生风险的困扰，但是事实和数据告诉我们，风险是客观存在的，总有人会遭受或这或那的风险。在人生的历程里，我们既要心怀"去病无灾、颐养天年"的美好期盼，更要未雨绸缪，采取多种保险的举措，以确保在风险事件不幸发生的情形下，自己和家人能够多有一份保障。

"精算"人生风险，留足安全边际

我在各章的"有多险"一节中，给出了种种风险的可能性大小参考数值，这里我想就这些风险的计量数值做一项重要的解释：这些风险的可能性大小数据是基于大数法则测算得来，是一个针对某个人群的总体的概念。

对于个人、个体而言，人群总体的风险大小数值具有相当的参考价值。但是个人、个体的具体风险大小会和总体的风险大小有着非常大的差异。因此，当我们在为应对种种风险作准备时，一般需要留有一些余地，留出一些安全边际。

作为一个精算师，我了解的精算实务工作基于非常多的、各种各样的假设条件，因此，通常需要在算账时留出一些富余以防假设的情况朝坏的方向发展。对于个人而言，精算人生风险，那就更加需要留些富余、留足安全边际了。

精算师通过观察、计数和计算足够多的人形成的人群中的风险事件，得出总体人群中风险事件发生的平均可能性大小。根据大数法则，当人群中的人数足够多时，个体风险的大量汇集使得总体风险的测算具有相对的精确性和稳定性。保险公司也因此可以对这种能够相对精确和稳定地测算的风险进行定价和管理。

"大数法则"对应的就是"小数定律"。小数定律强调的就是个体风险所具有的较大的随机性和不确定性，指出如果抽样样本太小的话，就不能测算得出稳定可信的可能性大小参考数值。所以对于个人而言，如果你看到"一天抽一包烟的人75岁前得肺癌的概率是25%"这样一个论述时，你应该知道这是对总体人群而言的，对某个一天抽一包烟的个人来说，他面临的得肺癌风险可能远远大于25%；而对另一个一天抽一包烟的吸烟者来说，他面临的得肺癌风险则可能远小于25%。

这种个体风险的差异性和不稳定性，意味着个人在做风险应对的规划时，需要留有一些余地，多留一些安全边际。例如，你如果预期活到85岁，规划养老金时可以考虑按活到90岁或95岁来计划，医学昌明，说不定你能活到100岁、成为世纪老人呢？

小结而言，"精算"的"精"，更多地体现在一种"坦然面对、精明应对"的态度上，而非计算本身的精确性，因为精算所算的都是不确定性的风险事件以及与风险事件相关的通常带有相当主观性的财务问题。精算师所算的风险基于大数法则，但是个体的风险具有非常大的差异性，这意味着个人在规划保险、保障时，最好要多留一些余地、多留一些安全边际。

区别对待"灾难性风险"和"创新的风险"

对于英年早逝、罹患重疾、发生意外、没钱养老等可能性小但是具有灾难性后果的事件，我的建议是宁可过高估计其可能性，也不要完全忽视它们。当然最好的态度还是"知微之显"和"温而理"。应对"单向向下"的风险，尤其那些恶果严重的风险，我们要有"底线思维"，明确人生的底线所在并且确保能够守住底线。

保险，就是要保住人生的底线；能够保底，也就算有了保障；有了保障，我们才可以更加自由地放手一搏，在自己的职业生涯里主动承担更多的风险，努力把握住人生中的机遇，追求进步和创新，为自己为社会努力创造更多、更大的价值。应对"双向波动"的风险，尤其是那些成果可能非常大的创新和创业的风险，与其害怕失败，不如乐观进取。

小结而言，我建议审慎地应对所有灾难性的人生风险；在拥有了相当的人生风险保障的基础上，积极地应对创新创业的风险。无论是应对灾难性的人生风险还是应对创新创业的风险，我们都可以向马云先生学习：天天担心自己没看清楚灾难，天天担心自己没把握好机遇。

"宜保"不易得，需费心费力定制

最后我想强调的一点是，正是因为个体风险具有非常大的差异性，所以为个人与家庭设计适宜的人生保障（即"宜保"）需要因地制宜、因人而异地定制。

如在本书中前面若干章节中讨论分析的，人生中面临的风险有许多种，应对的举措和选择也很多，"定制宜保"是一件并不容易的事情，需要费心费力才能做好。这本书并不能为 "定制宜保"提供完备的指南，只能提出一些我认为重要的人生问题、并为读者解答和解决这些人生的重大问题提供一些资讯信息和参考意见。

在下一章中，我将就"定制宜保"的议题稍加展开分析，讨论保险业的现状和未来，探讨什么是更好的个人与家庭的风险保障解决方案。

本章小结 应该如何看待风险与保障

- 人们倾向于要么高估人生种种风险的可能性，要么完全忽视这些风险的所在
- 看待风险，更好的态度可能是：
  1. 理性地面对各种风险的所在
  2. 温情地为家准备适宜的保障
- 个体风险较总体风险具有更大的不确定性，这意味着应对个体风险时需要留有余地或安全边际
- 对灾难性风险要保底，对创新性风险要勇于进取和担当
- "宜保"不易，需要定制

第十五章 保险与保障的现状、未来和更好的解决方案

图解：图片来自网络[141]。在伦敦俗称"管子"的地铁里，随处可见的"Mind The Gap"（"留心空隙，小心列车与站台之间的空隙"）的提示语；在世界其他地方的列车、地铁里也常有"请小心列车与月台之间的空隙"的广播，提示人们注意安全、以防意外受伤。因为英语"Gap"的字面含义宽广，不但指"空隙""沟"，也可以指"缺口"和"差距"，所以"Mind The Gap"一语常常被运用到其他的地方，比如要"关注"或者"留心""能力上的缺口""地区间的发展差距"、"理想和现实的差距"等。

本章旨在初步探讨如下问题：

1. 现在是什么样——部分国家和地区保险与保障的主要现状、保障缺口和差距如何？
2. 将会是什么样——全球保险业的未来可能会是什么样？
3. 将会是什么样——中国保险业向何处去？
4. 应该是什么样——对于个人与家庭而言，更好的风险保障解决方案是什么？

在本部分的前面两章里我分别简要地谈了为什么风险保障对于个人与家庭意义重大、个人与家庭应该如何看待风险与保障的关于"为

什么"（Why）和"该如何"（How）的问题。在本书的最后一章里，我想进一步探讨部分国家和地区个人与家庭可获得的风险保障的现状如何、未来可能会是怎样、更好的个人与家庭的风险保障解决方案应该是怎样的等关于"是什么"（What）的问题。

我想首先谈谈保险和保障在部分国家和地区之间的发展差距，以及这些差距所反映的这些国家和地区里的个人与家庭在风险保障上的差距和缺口。

因为中国市场是我个人最感兴趣的保险市场，我稍稍展开讨论中国保险与保障的现状与未来，提出一些关于缩小地区间保险保障差距的个人想法。

以上这些命题可以用一本或几本书来全面和深入地探究。我在此只是为你简单介绍一些我觉得很有意思的相关数据和事实，絮叨一些我个人并不完备的想法，旨在为你在思考和解决你自己和家庭的风险保障问题时做一些参考。

"关注地区差距，关注保障缺口"——部分国家和地区保险与保障的部分现状

在中国、台湾地区、香港地区和新加坡这几个我在本书中关注和提及的国家和地区，由于历史原因它们的社会保障和商业保险的发展历程和现状差异很大，放在一起比较着看，对我而言很有意思，相信对你而言应该也会有些启发。

首先，从商业保险市场看，中国的保险市场明显还是发展中市场，而台湾地区、香港地区、新加坡市场已经算得上是发达的保险市场。请注意，发达市场并不一定就意味着是保险保障充足的市场。

从图15-1中我们大致可以看出，在图中列出的国家和地区中：

- 中国人口最多，但是相对最穷（人均GDP最少），商业人寿保险

保障最少；随着社会经济的发展，中国的商业人寿保险保障水平
将有很大的提升空间。

● 台湾地区、香港地区、新加坡人口相对很少，但是都比较富裕、
商业人寿保险保障都比较充足。

● 台湾地区人均GDP虽然远没有香港地区、新加坡和美国的人均
GDP高，但是人均寿险保费收入非常高。在图15–1中比较的国家
和地区中，台湾地区的人均寿险保费收入（寿险密度）仅次于香
港地区，高于更加富裕的新加坡和美国。

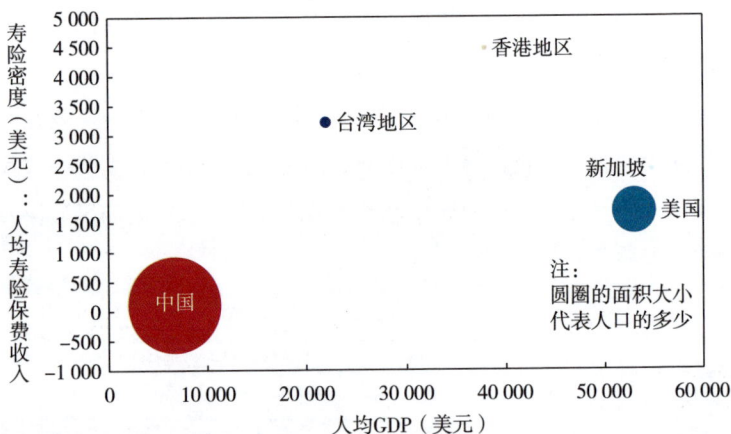

数据来源：Swiss Re sigma No 3/2014。

图15–1　关注差距——部分寿险市场发展程度比较示意图之一

进一步分析，如图15-2所示，我们大致还可以看出：

● 美国非常富裕、寿险市场也最大。但是美国在寿险密度和深度都
远不及台湾地区和香港地区。

● 新加坡的富裕程度、寿险密度和深度和美国大致相当。

● 台湾地区寿险市场深度最深，香港地区市场密度最高。考虑到台
湾地区总体上远没有香港富裕，台湾地区寿险市场的成熟度在全
世界都堪称非常高。

● 中国寿险市场当前在寿险密度和深度两个方面都明显落后，但是
这一点同时也显示着其未来巨大的发展潜力。

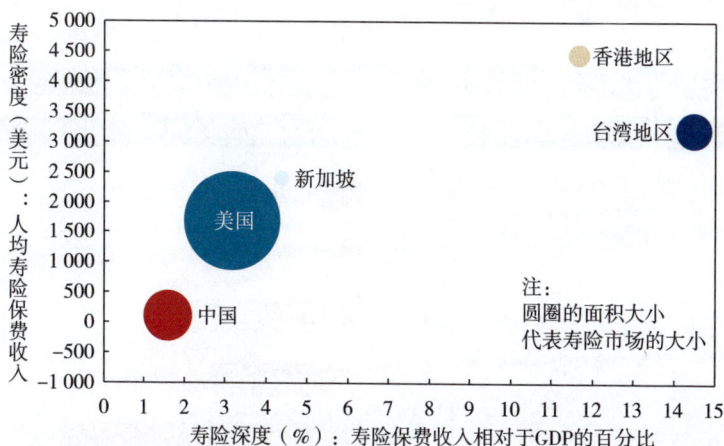

数据来源：Swiss Re sigma No 3/2014。

图15-2　关注差距——部分寿险市场发展程度比较示意图之二

　　综合以上两张图来看，中国台湾地区、中国香港地区、新加坡虽
然人口少，但是寿险市场相对还是比较大、非常成熟，所以中国台湾
地区、中国香港地区、新加坡的保险市场属于发达的市场，而中国的保
险市场当前则属于发展中的市场。考虑到中国和台湾地区、香港地区等
地文化上同源的特点，一旦全中国全面进入小康或者中等收入国家的行
列，中国寿险市场的未来前景将十分光明。

　　如在前文中指出的，即使在发达的保险市场中保险保障也不一定就
是充足的。例如，死亡风险保障在中国台湾地区、中国香港地区、新加
坡、美国这样成熟的保险市场里也都还存在着比较大的缺口。瑞士再保
险公司持续研究和追踪分析过世界部分国家和地区的死亡风险保障，如
图15-3所示。根据其研究结果，美国和中国总体的死亡风险保障缺口都
十分巨大，2010年在20万亿美元左右！从平均值来看，美国平均每个家

庭（或平均每个有家属的职工）的死亡风险保障缺口达到近38万美元，而中国平均每个有家属的职工的死亡风险保障缺口在5万美元，近30万元人民币左右。

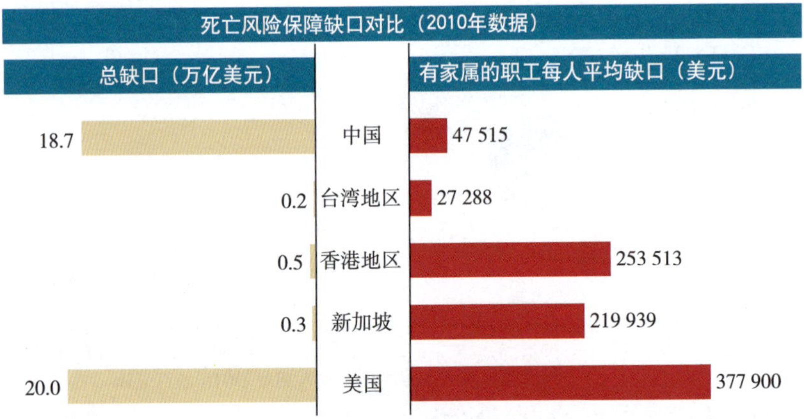

死亡风险保障缺口对比（2010年数据）		
总缺口（万亿美元）		有家属的职工每人平均缺口（美元）
18.7	中国	47 515
0.2	台湾地区	27 288
0.5	香港地区	253 513
0.3	新加坡	219 939
20.0	美国	377 900

数据来源：瑞士再保险公司出版物：sigma 4/2004, Mortality protection:the core of life; The Mortality Protection Gap in the US; Mortality Protection Gap: Asia-Pacific 2011。

图15-3　部分地区死亡风险保障缺口对比示意图

新加坡和中国香港地区平均每个有家属的职工的死亡风险保障缺口比较相当，在25万美元左右，台湾地区平均每个有家属的职工的死亡风险保障缺口则小得多，只有不到3万美元，这也再次印证了台湾地区人寿保险业成熟度世界领先的事实。

瑞士再保险公司将死亡风险保障缺口定义为需要维持家属生活水平所需要的财务资源的总和与现有可用财务资源之间的差值。图15-4中，我用一个家庭顶梁柱年龄在45~54岁的美国家庭的风险保障缺口为例，大致展示一个家庭的死亡风险保障缺口是如何计算得来的：家庭需要的总的死亡风险保障是未来收入的贴现值和家庭现有的负债，所需总的死亡风险保障减去存款、证券、人寿保险金等现有财务资源，就是家庭死亡风险保障的缺口。

从图15-4中我们也可见，家庭顶梁柱年龄在45~54岁的美国家庭的平均债务额稍高于拥有的存款和证券的价值，这反映了美国家庭借贷消费的情况。值得指出的是，死亡风险保障缺口和预期的生活水平、收入水平等诸多因素相关，预期的生活水平和收入水平越高、负债越少、存款越多、人寿保险买的越足，家庭死亡风险保障的缺口越少，这也是常理。

单位：美元

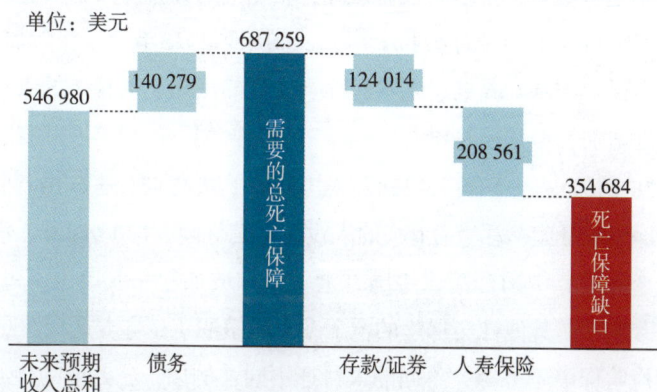

数据来源：瑞士再保险公司The Mortality Protection Gap in the US。

图15-4 美国家庭（家庭顶梁柱在45～54岁）风险保障缺口示意图（2010年预测数据）

除了死亡风险保障上有缺口以外，医疗费用保障上也有缺口。根据瑞士再保险公司所作的另外一个关注医疗风险保障的研究[142]《医疗保障缺口：亚太区2012年》预测，"亚太区医疗保健费用预计将每年增长8.2%，到2020年达到2.7万亿美元。2020年亚太区可能面临1 970亿美元的医疗保健资金缺口（作者按：2011年该缺口为90亿美元，2011—2020年年均复合增长率达41%），届时将需要增加财政开支或个人实际自付资金。期间新兴市场的医疗保健费用增长将更加迅速。"中国2020年的医疗缺口预计为730亿美元，2011—2020年医疗保障缺口的年均复合增长率根据该预测估计会达到42%左右！

大致分析了部分国家和地区人寿保险业的发展差距和风险保障缺口之后，我们再来逐一看看这些国家和地区保险和保障的部分现状。

中国保险与保障的部分现状

从个人与家庭的角度来看，我认为当前中国社会保障最重要的三个特点是：

1. 不是全覆盖，很多人没有保障：根据《2013年度人力资源和社会保障事业发展统计公报》[143]，2009年到2013年，虽然参加5项社会保险（基本养老、基本医疗、失业、工伤、生育）的人数大幅度增加，但是还是没有实现全覆盖。例如，2013年城镇就业人员38 240万人中只有32 218万人[144]参加了城镇职工基本养老保险，84%的覆盖率意味着16%的人没有养老保险，即6 022万人没有养老保险！中国台湾、中国香港、新加坡加起来人口也不过3 600万左右。其他社会保险的覆盖率比城镇职工基本养老保险更低。

2. 风险保障不平等，不同的人待遇不同：例如，公务员的待遇水平要比私人部门高出很多，许多目前退休的老人在改革开放的过程中从国家公务员转为事业制单位或企业的职工，退休后发现养老金比留在政府的前同事少一大截。此外不同地区的保障水平也不一样，例如，职工基本医疗保险政策内住院医疗费用基金支付比例为81.9%，而城镇居民的支付比例只有71.3%。广大农村居民、到城市打工的农村居民在社会保障上待遇相对而言就更加不平等。

3. 风险保障不足，只是保基本：基本养老、基本医疗已经明确指出只是保基本。国务院连续9年提高企业退休人员的基本养老水平，但根据中国人社部《2013年全国社会保险情况》的报告，

"2013年全国企业参保退休人员调整后的月人均基本养老金达到1 856元"。1 856元是否足够保持退休前的生活水平，因人而异，但是估计对大多数人而言只能维持基本的生活需求。可见在基本养老金之上，还需要个人与家庭积累和储蓄更多的养老金以满足其他更高层次的养老需求。

虽然中国的社会保障覆盖不全、不平等、不足，但是不可否认近年来还是取得了长足的进步，中国政府以"全覆盖、保基本、多层次、可持续"的方针[145]，进行着社会保障制度改革的顶层设计和持续改革。但是对于个人与家庭而言，因为"不全、不平等、不足"这些问题的存在，在死亡风险保障、养老、医疗等重要问题上，我个人认为起码目前还不应该过度依赖于国家和社会提供保障，需要自己承担更多的个人责任，根据自己的具体情况，为自己和家人做好全面、充足的风险保障规划安排。

然而，中国商业保险市场的发展目前也不如人意，社会保险意识有待加强，保险行业形象尚待提高，侧重分红险的业务结构也尚待完善。

你也许会直觉地体会到你所拥有的社会保障可能还不充足，养老、医疗等问题可能到最后还是得靠自己、靠家庭。种种这些因素，导致中国老百姓的安全感不足，不得不通过最传统的手段来应对风险——那就是用储蓄未雨绸缪、为未来做好准备。

台湾保险与保障的部分现状

台湾的社会保障制度经过半个多世纪的发展，虽然还是有或这或那的问题，但是从个人与家庭的角度来看，政府提供的社会保障还是比较好的。我个人认为台湾社会保障的重要特征有两点：

1. 普惠，相对公平。近十几年来，随着台湾政治和经济的发展，台湾"逐步发展出普惠式的年金和医疗保障"[146]，1995年颁布实施的《全民健康保险法》和2007年出台的《国民年金法》为宝岛居民的医疗和养老提供了强有力的保障。当然，全民健保中出现的医疗浪费严重[147]、社保费率偏低、养老基金精算预测有可能破产等问题需要台湾当局去解决，但是从老百姓的角度来看，社会保障还是非常不错的。

2. 全面，保护弱势。台湾的社会保障从保护儿童开始，逐步扩大到其他的弱势群体，并且通过立法的形式保障这些弱势群体的利益。从1989年的《少年福利法》开始，台湾进行了一系列的社会福利立法与修法，包括《老人福利法》《身心障碍者保护法》《储蓄互助法》《社会救助法》《两性工作平等法》《农民健康保险条例》《就业保险法》《特殊境遇家庭扶助条例》等，总体上我觉得比较全面，较好地实现了"保底"的社会治理效果。

台湾的商业保险业更是具有鲜明的特点，我认为其最大的两个特点是：

1. 寿险市场非常成熟。台湾的寿险深度（保费占GDP的比例）全球第一，2013年高达18%左右（中国大陆只有1.6%左右，世界平均3.5%左右）[148]；人均持有寿险及年金保险保单2.3件，人均年保费近3 700美元。

我曾经向我的几位台湾朋友询问过为什么台湾寿险业会如此成熟。有两点理由让我印象深刻。一个理由是，经过三十几年的发展，台湾的民众总体上对保险和保险公司的态度比较正面，或者说没有中国那样对保险业的"三个不认同"。我有一位在香港工作的台湾朋友，她有次回台湾老家前还约好她的保险代理人，等她回台湾度假时讨论她的保险保障，让我感触良多。第二个理由是一位来自台湾在香港生活多年的金融教授告诉我的，他说台湾是一个小岛，其社会是一个人情社会，保险营销在"你帮我、我帮你"的熟人社会中得以大行其道。当然，台湾保险业成熟度全球居冠肯定还有其他原因，但是以上这两个理由让我觉得最有意思。

台湾商业保险市场的成熟也体现在许多基础的数据统计工作和保险宣传上。在我所接触过的保险市场中，台湾保险业的各种统计资料可获得性最高、数据质量最高；保险商品的宣传小册子做得最好、最"以客户为中心"；台湾保险监管机构做的保险知识推广和普及网站[149]相对而言在同类型的保险知识推广网站中也是做得最好的。这些都是整个行业长期积累努力的结果，我认为值得其他市场的监管者和从业者学习借鉴。

2. 利差损问题非常严重：可惜的是，台湾的寿险市场存在着一个很大的问题。近年来台湾经济发展减缓，由于在全球低息的大环境下保险资金的投资收益率很低，台湾寿险业背负着巨大的利差损包袱，类似于中国大陆市场90年代末期出现的波及整个行业的寿险历史利差损问题。近年来很多外资保险公司因为利差损和盈利能力下降等问题纷纷撤离台湾寿险市场，问题的严重性可见一斑。为了解决利差损的问题，台湾监管机构逐步放宽了保险资金的投资范围限制。但是投资范围的放宽也意味着投资风险的增大，台湾寿险业是否能够通过进一步发展而逐步解决利差损问题，目前前景还不是十分明朗。

行业利差损的问题从老百姓的角度看，就是利差益。当然，台湾老百姓需要担忧保险公司破产的风险。最好的情况是整个保险行业稳健经营、公允待客，持续长久地为客户、为社会解决风险保障问题，为客户和社会创造价值。

小结而言，较发达的社会保障和非常发达的商业保险让台湾人民的生活有了较为坚实的风险保障。台湾保险行业虽然发达，但是专业能力，尤其是资产负债管理、投资端的专业能力总体上还需要大力提高。

香港保险与保障的部分现状

香港的社会保障制度设计受英国的影响较大。香港政府的执政思路基于"小政府"的理念，并没有为全民提供普惠的各种保障，但是在医疗上却有着同英国一样覆盖全民的公费医疗保障，比较有特色。

1. 养老问题上强调自己养自己。香港自2000年开始实行的强制性公积金计划（"强积金"）中只设有个人账户，没有类似中国内地的统筹账户和个人账户之分。这本质上是一个政府强制实施的个人储蓄计划，政府并不承诺退休金、并不承担社会养老财务责任。

2. 普惠的公立医院。同英国一样，香港政府设立公立医院，收取极低的、象征性的费用为全民提供医疗服务。就我个人在香港公立医院就医的经历来看，香港公立医院的服务素质还是非常好的。只是在公立医院看病需要排长队、等待的时间比较长，这也是香港同时也有许多私立医院的原因。香港的私立医院在服务上做得相对更好些，只要自掏腰包就可以尽早治病。因为香港社会整体比较富裕，所以私立医院虽然贵，还是有很多人选择去私立医院就医。

3. 社会保底保障非普惠。"综合社会保障援助计划"具有不好的"贴标签"和分化社会的作用。正如香港群策学社研究报告《香港社会保障制度的优劣》[150]中指出的，"香港社会普遍视福利为一种施舍"，综合社会保障援助计划只照顾低收入人士，中产家庭并不可能从中受惠，因此"标签效应明显较为强烈"。

香港的商业寿险业历史悠久，让我最感兴趣的特点有：

1. 寿险市场成熟度非常高。香港寿险业无论是寿险保费占GDP的比例（寿险深度）还是人均保费（寿险密度），在全世界的排名都是领先的。

2. 但是，即使在香港这样成熟的寿险市场中，对消费者的合理保护都还是有待提高。我妻子有一位来自中国的朋友曾经向我咨询到香港购买保险的事情，提到保险中介向她大力推销投资连结型保险。我就此对比分析了香港寿险市场上一些在售的投资连结型保险产品，还找了一些相关的监管规定文件，让我感到十分吃惊的是，香港有一些投资连结型保险产品的风险保障功能非常弱，而且各项收费明显对客户有失公允！

香港保险行业协会直到最近才开始重视这个问题，2014年前后，出台了或正在打算出台一些监管规定，一方面要求香港的投资连结型保险提高最低的死亡风险保障金额，一方面要求保险公司不可以设计那些明显收费过高、对客户有失公允的投资连结型保险产品。

由此可见，对消费者的保护、尤其是对保险消费者的保护，无论是在香港那样成熟的保险市场，还是在中国这样的发展中市场，都是一个任重而道远的工作，需要广大的保险从业人员本着职业良知从业，也需要大权在握的监管者切实为民监管。

新加坡保险与保障的部分现状

就我个人的观察，新加坡的社会保障比中国香港的社会保障还要有特色，有些地方做得明显比中国香港好，例如新加坡的组屋制度和总体住房制度安排。新加坡社会保障让我尤其感兴趣的地方有如下几点：

1. 强调个体责任，但是政府通过各种制度安排强力助推。在新加坡中央公积金制度（Central Provident Fund）实施之前，新加坡政府发现政府大包大揽的社会保障机制难以为继，所以实施了以个人、雇主和政府三方参与的中央公积金制度，经过多年的发展和不断完善，"从原来单一的储蓄式养老保障发展为包括养老、医疗、住房、家庭保护等项目的综合性社会保障体系。"[151]
新加坡在一些社会保障制度的设计安排上，通过和商业保险行业合作，有效地解决了一些风险保障问题，非常有特色。例如：

- 家属保障计划（Dependants' Protection Scheme）[152]——助推定期寿险。这是和商业保险公司合作推出的定期寿险计划。属于非强制性的定期保险，最高保额为46 000新元，16岁至60岁之间的属于新加坡公民或永久居民的中央公积金会员，在第一次缴纳公积金时均可获得这项计划的保障直至年满60岁为止。家属保障计划保额将在受保会员不幸去世或永久性丧失工作能力的情况下支付。

- 健保双全计划（MediShield）——助推大病、重疾医疗险。根据中央公积金局的网站介绍[153]，"健保双全是一项由中央公积金局管理的基本医疗保险，旨在帮助公积金会员支付因住院和某些门诊治疗产生的部分费用。该计划是公积金会员保健储蓄（MediSave）的补充，最适用于公共医院里的B2/C级病房。健保双全计划的保费可完全由保健储蓄来支付。""私人保险公司可以提供的经保健储蓄批准的私人综合健保双全计划（或简称为IP）。由于IP计划是与健保双全计划结合在一起，所以IP投保人仍可享有健保双全会员待遇，并将受益于IP目前无法提供的任何健保双全加强项目。"

- 乐龄健保计划（ElderShield）——助推长期护理保险。根据和新加坡政府合作参与管理此计划的一家新加坡保险公司的网页[154]介绍："乐龄健保是由卫生部推荐的保险计划。此计划旨在协助身罹严重残疾的人士。乐龄健保每月支付300元的生活费（最长期限为60个月）给那些无法自理6种日常起居活动中至少3种的人士。这6种活动是：洗澡、穿衣、进食、如厕、行动和移动。这笔钱可以帮助支付一类的护理服务，适合病人的需要（例：居家护理服务，日间康复，护理之家等）。

为了确保'乐龄健保计划'能迎合国人日益变化的需求,卫生部于2007年对此计划进行了改革。从2007年9月起,所有年满40岁的新加坡公民和永久居民将自动受保改革后新的乐龄健保计划。基本保险配套的赔偿额将有所增加,每月赔偿额将从目前的300元提高到400元,赔偿期从5年延长到6年。这意味着赔偿限额将从18 000元增加至28 800元,相当于60%或10 800元的增长。"

"所有年满40岁的公积金会员(新加坡公民和永久居民)都将自动受保,无须申请即可加入。"该计划也给与受保会员选择退出的权利,但"自动受保"是强有力的"助推"风险保障的措施。

"乐龄健保的保费定在大部分新加坡人都能负担得起的价格。并且,缴费方式也方便简易。"乐龄健保的保费可以从被保险人的保健储蓄户口中扣除。也可以选择用被保险人配偶、父母、子女或孙子的保健储蓄户口,也可以通过银行财路、支票或现金来缴付保费。我想,可以用被保险人配偶、父母、子女或孙子的保健储蓄户口来支付"乐龄健保"的保费,体现了长期失能的风险是整个家庭的重大风险,需要所有家庭成员来共同应对的特点。具体"乐龄健保"计划的运营管理由几家商业保险公司承办。

2. 具有普惠的性质,各个社会阶层都能受益。与香港救济性质的"综援"计划不同,新加坡的中央公积金制度惠及全体国民。新加坡的中央公积金制度解决的社会保障问题远多于香港的强积金制度。

新加坡寿险市场的成熟度虽然低于中国台湾和中国香港,但是总体上也算是发达的寿险市场。在新加坡政府强力助推保险保障、与商业保险公司携手合作的情况下，我相信新加坡民众对保险的认知度和接受度都要远远好于中国民众对保险的认知度和接受度。

新加坡政府和商业保险公司携手合作为新加坡民众提供普惠的、基本的各种风险保障，这一点让我认识到，无论是强制性的储蓄计划、商业保险公司、商业保险产品，还是各种社会保险和社会保障计划，对于人类社会而言都只是解决个人与家庭风险保障问题的某种工具、组织或技术手段而已。具体如何利用好这些工具、组织或技术手段来为人民服务、来造福人群，在制度的设计安排上还有很多可以创新的空间。

个人与家庭"问题份额"广度与深度——随想全球保险业的未来

以上的内容仅仅介绍了部分以华人为主的社会中，社会保障和商业寿险业对我个人而言最有意思的一些特征，相关描述并不完备。

在立足现实展望未来之前，我想介绍一些我对当前美国和英国保险市场的个人观察，并在此基础上随想全球保险业的未来，探讨个人与家庭和保险业的未来关系。

美国保险市场的一些特点及启示

美国保险市场最显著的一个特点是专业化经营。车险、健康险、寿险分离不说，对于寿险市场里的人寿保险、年金保险和其他养老产品，不少保险公司也设立独立的法人和管理主体进行独立运营、单独核算。

美国保险市场的另一个显著特点是各种保险产品中提供了种类繁多的各种最低保险利益保证。例如，人寿保险中的万能型保险卖的最好的一个子类型是含有不失效保证的万能险；年金保险里的可变年金保险更是提供了各种各样的最低保险利益保证，如最低死亡保险利益保证、最低年金收入保证、最低资产累积保证等。

这些最低保险利益保证对客户而言其实就是一种风险保障，对保险公司而言就是风险，并且是很难管理的风险。2008年金融危机前我在美国从事过人寿保险产品资产证券化的工作，其中有一些就是涉及含有不失效保证的万能险证券化项目，这些项目的主要目的是帮助保险公司解决这些最低保险利益保证所带来的过高监管要求的资本金问题。美国监管机构之所以对最低保险利益保证要求比较高的资本金，就是因为经营这些最低保险利益保证风险很大，监管机构需要确保保险公司的偿付能力充足。

2008年后金融危机中许多出售可变年金保险的公司股价都暴跌，就是因为可变年金保险中各样的最低保险利益保证使得保险公司的负债规模猛增，导致出现巨额的亏损。我在美国工作的最后一家保险公司就是专营年金保险的公司，我为其分析年金产品的价值和风险，得以一窥最复杂保险产品的运作机理。

综合以上两个特点来看，美国很多保险公司即使专业化经营管理某种保险产品或风险，对给客户带来风险保障的各种最低保险利益保证，也还是没有管理好其风险。可以想见，如果没有专业化经营，其风险定价和风险管理的效果可能会更差。

我回到中国后，发现大多数保险公司都不能提供美国市场中那些常见的各种最低保险利益保证，亚洲寿险产品大都相对简单，同质化程度高，即使在中国台湾、中国香港和新加坡这样成熟的保险市场也是一样。从保险公司的角度看，不去承担没有能力经营管理的风险固然是正确的；但是，从客户的角度看、从社会的角度看，那就是保险公司还没有专业能力提供更加专业化和更加先进的风险管理工具，来更好地解决个人与家庭乃至整个社会的风险保障问题。

英国保险市场的一些特点及启示

英国市场当前很有意思并且具有启发意义的一个特征是它的保险聚合网，也就是保险比价网。其最有名的保险聚合网名字取得也很有意思，叫"confused.com"。"Confused"大致是"不解的、被搞晕了的"

意思，我估计它取这个名字指的是保险消费者被各家保险公司各种各样的保险产品搞晕啦，不知道到底哪家的好、哪家的便宜，从而可以在这个网站上比较产品，选购便宜和适宜的保险产品。

英国的保险比价网非常发达，对于较为简单的车险、定期寿险和保障型产品，比价网已经发展成为最为主要的一个销售渠道。虽然目前其他国家包括美国在内的保险比价网都没有英国发展的好，但是我觉得长期来看，利用网络技术来解决一些保险和风险保障的问题，对保险公司和保险客户而言都是一件很有价值的事情。

当然保险商品确实容易让人晕菜（confused！），网络技术能在多大程度上解决这个问题还需要假以时日才能看清。

英国保险还有一个有意思、值得介绍的情况，这一点其实也是整个欧盟的情况，那就是为了防止性别歧视，在英国或整个欧盟出售的保险产品的价格不可以因性别而异。这项规定从2012年12月21日已经开始实施。众所周知，同样年龄的男、女，其死亡风险、长寿风险是不一样的，如果根据其风险特征定价，男、女的保费会不一样，这一点也是很容易理解的。但是欧盟还是规定保险定价不可以用性别作为一个区别定价的因素。

欧盟的这项规定虽然听上去好像有些漠视客观存在的事实和规律，但是我觉得欧盟这项规定还是有一些意义的。它促使我重新考虑公平、平等这些基本的重要概念，以及这些基本概念在保险和保障中应该如何得以体现。

随想全球保险业的未来

正在发生的变化——姗姗来迟的"以客户为中心"

早在1960年哈佛商业评论最佳论文《营销近视症》（*Marketing Myopia*）一文中，著名的市场营销专家、美国哈佛大学管理学院西奥多·莱维特（Theodore Levitt）教授就已经提出"以产品为导向"

（Product-oriented）和"以客户为导向"（Customer-oriented）的经营管理思路的差别；指出营销者目光短浅，不能根据消费者的需求变化而改变营销策略导致经营失败；提醒经营者要"以客户为导向"。

在近半个世纪之后，2000年以来尤其是在2010年前后，美国、欧洲和亚洲的一些保险公司才都开始反复提及同样一个经营理念："以客户为中心的战略转型"。翻阅美国大都会人寿、欧洲安联、中国的一些保险公司的年报中关于战略的部分，你就会发现，全世界的保险业好像突然之间一起聆听了莱维特教授的告诫，从以前"以产品为中心"开始转向"以客户为中心"了。例如[155]：

- 美国大都会人寿保险公司在其2011年年报中提出"我们现在着力成为一个以客户为中心的公司"。

- 德国安联保险公司在其2003年的年报中就开始提到"关注客户"，在其2007年年报中提到要采用"更加以客户为导向的方式"去经营管理。

- 法国安盛保险公司在其2008年年报中提出"以客户为中心是一个关键的差异化经营的手段"。

- 中国的中国人寿在其2011年年报中提到"将秉承'以客户为中心、以基层为重心，以价值为核心'的经营理念"。

- 中国的新华人寿在其2011年年报中分析论述道："道术已为天下裂。我们面对的保险消费者已体现出巨大的差异。遵循现代商业市场营销的基本规律，以客户为中心，从客户的需求出发研究设计保险产品和服务，根据客户意见制定品牌和营销策略，是不可阻挡的行业趋势。"

美国的学者1960年就已经指出"以客户为导向"才是管理经营和营销的正道，半个世纪后，全世界的保险公司终于认识到"以客户为导向""以客户为中心"也适用于保险行业，"是不可阻挡的行业趋势"。保险公司以客户为中心展开经营管理的各个方面的工作，对客户而言当然是件好事。然而，"以客户为中心"的经营模式下保险消费者能够如何获得什么样的保险产品和服务，目前还是一个看不太清楚的问题。但是这不影响我们从保险客户的角度出发，也就是从读者的角度出发来分析这个问题，随想一下全球保险业的未来，探讨一下我们个人与家庭在未来和保险业的关系可能会发展到什么程度。

从读者的角度出发，最关心的可能是保险行业或者某家保险公司到底能够为你解决什么问题、解决问题的效率和效果如何以及你需要为此支付多少钱、花费多少时间。

换句话说，在你所有的需要解决的问题当中，保险公司未来可能会占有多大的"问题份额"可能是你会关心的，这是一个"问题广度"的问题。从"问题深度"的角度看，保险公司是否能够完全彻底地为你解决某个问题可能也是你会关心的一个问题，例如，你所有的风险保障问题是否完全由保险公司来解决、还是部分由保险公司来解决这一问题。

我认为，保险业能为你我解决的问题的广度与深度决定了它的未来。保险业能否为我们更好地（深度）解决更多的（广度）问题，决定我们和它所建立关系的密切程度，而它和我们的关系也就决定了它的前途。

保险业要和我们"搞好关系"才有前途这一点毋庸置疑，但是直到最近才被保险业认识到，因为直到最近它才开始"以客户为中心"。保险业要和客户"搞好关系"大致会从两个方面着手，一是深化既有关系，二是拓展更多关系。

问题份额的广度——"拓展更多关系"需要发展新能力

让我们先来分析第二点"拓展更多关系"。关于保险业的未来，瑞士再保险公司2013年在其《西格玛》（*Sigma*）杂志《2012年度世界保险业：复苏之路漫长而曲折》一文[156]中指出，它早在20世纪70年代"就向保险公司建议成为'超级服务型'组织，提供从保险和金融服务直至自营的诊断中心、诊所、医院，甚至汽车修理公司等各种业务。"虽然"这一预见在某种程度上得到实现：保险公司的确沿着价值链进行整合，但是并没有达到作者们当时所想象的程度。"

　　未来保险业可能为个人、家庭和社会解决哪些问题呢？我想大致上保险业有可能解决的问题如下：

　　1. 人寿保险相关的问题

- 早亡风险保障

- 健康管理计划（例如和早亡风险定价挂钩的健康管理计划）

- 遗产规划

- 储蓄，理财，投资，资产管理

- 丧葬服务

- 生死教育

- 理财教育和相关服务

　　2. 年金保险相关的问题

- 长寿风险保障，为养老提供具有保底、终身、足够的收入现金流

- 通货膨胀风险保障，长期储蓄和投资以实现资产保值增值

- 各类养老社区、养老机构的建设与管理，老年人生活服务

　　3. 健康险相关的问题

- 一般医疗费用的支付

- 重大疾病的医疗费用支付

- 医疗费用的管控

- 医疗流程的优化

- 医疗资源的整合

- 医疗结构的设立与管理（体检中心、诊所、医院等）

- 长期护理机构的设立与管理

- 就医服务（如全球导医、全球专家会诊等）

- 健康管理和健康服务

- 健康咨询和健康教育

4.意外险、车险等相关的问题

- 意外导致伤害或损失风险的汇集与转移

- 安全生产、安全行车和安全生活等相关制度与措施的设计与管理

- 车辆维修相关汽车服务

- 安全教育和服务

对于以上那些"非保险"的问题，例如开医院、修车、存钱、理财、投资等，保险业唯有打造、具备了比其他行业提供更好的解决方案的能力，才有可能占据我们更多的"问题份额"、拓展和我们的关系，从而进一步占据我们更多的"钱包份额"。

保险业想赚更多的钱，需要拓展更多的关系，而它想和我们拓展关系，就首先需要发展新能力来为我们服务、为社会创造更多的价值。从这个意义上讲，是否能发展新的能力决定全球保险业的前途。

问题份额的解决深度——"深化既有关系"需要利用新技术

保险业想要拓展和我们更多的关系，首先需要深化和我们既有的关系，以便向我们、向社会证明其诚意和能力。在以上的这些问题当中，对于那些唯有保险业才能最好地解决问题，例如早亡风险保障、意外伤害损失保障、重大疾病风险保障等以风险保障为核心的问题，保险业需要利用新技术为我们提供更好的解决方案，才能深化和我们的关系。

以上美国和英国保险业的一些特点对保险业思考如何"深化既有关系"有启发意义。

英国保险比价网为客户创造的价值，我想主要是更好地解决了保

障型保险产品的比较和比价问题，通过减少客户的购买时间和购买成本为客户创造了价值。从这个角度看，它解决的还是现有保险产品的可得性、可比性、透明化和商品化的问题。

美国保险公司提供的各种与投资相关的最低保险利益保证，解决的是在不确定的投资市场中寻求相对确定性的长寿风险保障问题。从这个角度看，它解决的是扩展风险保障范围、为保险客户提供更好的风险保障的问题。

英国保险比价网利用的是网络数据技术。美国的各种最低保险利益保证利用的是复杂的金融风险对冲技术。时下热门的大数据技术，可以帮助保险公司更好地了解客户、减少交易成本、为个人与家庭匹配和提供更加合宜的保险产品，所以相信保险公司也可以利用它来为我们创造价值。

在未来，基于精算科学技术的保险业是否能够为我们、为社会创造更多的价值，在一定程度上取决于它是否能够利用好其他更新的技术手段来深化和我们既有的关系，以交易成本更小的方式为我们提供更多更有价值的人身和财务保障。从这个意义上讲，新的技术和利用新技术的能力决定全球保险业的前途。

对全球保险业未来的猜想

小结而言，我认为全球保险业的未来取决于保险公司是否能够更好地利用各项科学技术为社会提供更多、更易得、更好的风险保障产品和服务以及和风险保障紧密相关的各种产品和服务。精算科学和保险本质上是一种数据技术和金融技术；科学技术和社会经济的发展大大扩展了数据技术和金融技术的范围，保险业能否一如既往地利用好各项新的数据技术和金融技术为社会提供更好的风险保障解决方案，能否不断地打造并持续提升解决各种问题的能力，决定了它的未来。

从中短期来看，我对全球保险业的发展既充满乐观，又有些担忧。

以"深化既有关系"、开发更好的可变年金保险为客户解决长寿风险为例，风险对冲金融工具的可获得性在全球各地大不一样，各保险公司利用这些工具为客户提供更多更好的保险产品、创造更大价值的意愿和能力也大相径庭。

保险公司是否有能力为你我、为社会经营和管理一些它以前并不熟悉的风险，在这一点上，我并不乐观。以全球保险业巨头AIG为例就能清楚地理解这一点。AIG在金融危机前承保了大量的债券违约风险，似乎为次级债或美国整体债券市场解决了一个非常大的风险问题，但是它对它所承保的风险并不熟悉，并没有能力管理好这一风险从而为社会创造真正的价值，反而它最后濒临破产，需要美国政府用纳税人的钱来保它。

此外，从历史经验来看，保险公司不但不是最具创新力的人类组织，而且往往是一个比较官僚、不具最佳效率的社会组织。重大疾病保险的创始人，心脏外科医生伯纳德（Marius Barnard）先生就说过[157]，"为什么重大疾病保险由一个之前没有任何保险知识的心脏外科医生开发创新出来的，这一点让人感到非常奇怪。"《战略的主人》（*Lords of Strategy*）一书的作者也曾评论道，以前美国的保险公司也和大银行一样是"复杂的官僚机构""缺乏清晰灵敏的决策链"[158]。基于我个人在美国和中国保险行业里的工作经历，我也体会到保险业为客户、为社会提供更好的风险保障解决方案的意愿和能力还亟待大力提高，保险业不但需要嘴里高喊"以客户为中心"，更需要真正地从客户的角度和利益出发，努力提升自己经营管理各种风险的能力，通过实际行动为客户、为社会提供更多、更好、更有价值的风险保障产品和服务。

虽然我在中短期内对全球保险业只持有谨慎乐观的态度，但是从长期来看，我完全相信保险业的未来是十分光明的，随着科学技术日新月异的进步、社会经济不断向前发展，我相信保险业未来的能力会逐步完善、逐步扩大，不但可以更好地为个人、家庭和社会解决各种各样的风险保障问题，而且可以不断扩大它在人们所有需要解决的问题中的"问题份额"，充分发挥风险保障核心服务和风险保障相关服务的协同优势和协同价值，为我们提供更完备、更有价值、更易获得的风险保障和相关生活服务解决方案。

"中国向何处去？"——保险篇

简单讲过"世界大势"，我再来谈谈我最关心的中国保险市场的未来。经过几十年的发展，中国保险业在规模上依靠人多的最大特点取得了巨大的成绩；但是，时至今日（指2012年前后）落得个"消费者不认同""从业人员不认同"和"社会不认同"的"三不认同"的名声，让人唏嘘，更让人反思：中国的保险业向何处去？

首先，在探讨未来之前，有必要简略地分析一下促成中国保险业现状的根本因素，这有利于我们对症下药，设计具有针对性的举措，共同建设一个"消费者认同""从业人员认同"和"社会认同"的保险业。

中国保险业的"后发劣势"

保险业的发展依赖于社会经济的发展、人民群众的风险保障意识、金融资本市场的成熟度等诸多的外在因素。中国经济规模大但人均GDP低、人民群众保险意识不强、金融资本市场问题诸多并不成熟等这些外在因素自然影响和制约了中国保险业的发展，然而，我想更多地从"内因"的角度来分析探讨一下导致"三个不认同"惨状的部分因素。

因一篇《中国向何处去》的文章在"文化大革命"期间获刑十年的著名经济学家杨小凯教授，据称是华人经济学家里离诺贝尔经济学奖最近的一位，只可惜天妒英才，他不幸罹患肝癌，2004年56岁就英年早逝。在他去世前不久，他曾经指出中国改革开放可能面临"后发劣势"，2000年前后与另一位著名经济学家林毅夫关于"后发优势与后发劣势"的争辩据说在当时的中国石破天惊。

2001年，杨小凯教授在天则经济研究所发表有关"后发劣势"的演讲，其中还点了中国保险业的名[159]，他指出："政府垄断银行业、保险业、汽车制造业、电信业，并用模仿新技术和资本主义的管理方法来代替制度改革，也是中国的后发劣势。这种后发劣势的最重要弊病并不是国营企业效率低，而是将国家机会主义制度化，政府既当裁判，又当球员。在这种制度下，国营企业效率越高，越不利长期经济发展。"

让我沿着杨小凯教授的思路具体分析一下中国保险业尤其是寿险业是否有"后发劣势""国家机会主义制度化"在保险业的体现在哪、如果中国保险业确有"后发劣势"的话它又是如何导致了中国保险业的现状。

我个人认为"模仿新技术"虽然容易，但是模仿得好也需要时间和精力，而且需要不被"粗放经营"的巨大吸引力所迷惑。

我个人认为寿险业最核心的两个技术是精算技术和资产负债管理技术。精算还好说，资产负债管理最近这几年才被中国的保险公司重视，相关的理念、人才和能力与发达市场上的保险公司相比还有非常大的差距。我自身从事过一些精算和资产负债管理相关的工作，以我的观察，精算人员、资产负债管理人员在中国保险公司经营中的地位常常没有得到充分的发挥和运用。整个行业的发展更多地由市场营销或销售端的人才所驱动。

当然这种情况即使是在发达市场中的保险公司也是很常见的，只是在发达国家它们起码在技术上还是有大量的资源可以利用，而中国的核心技术专业人才队伍尚需很长时间建立。根据美国劳动局网站数据显示[160]，美国2012年有24 300个精算师工作岗位，年薪中位数是93 680美元；美国3.1亿人口，平均一个精算师服务14 000人左右。对比中国，根据中国精算师协会的统计数据[161]，截至2011年6月30日，中国有

1479名精算师或准精算师,如果算上精算学生和那些有外国精算师资格的中国人,那么在中国从事精算工作的人数应该大于1 479人,即使假设中国有3 000名精算工作人员,也不到美国24 300名精算人员的零头。考虑到中国有13.6亿人口,3 000个精算师每人平均服务超过45万人! 差距之大令人触目惊心。

　　过度的重视市场营销或销售,导致了对规模的过度追求,导致了普遍的"粗放式经营"。对规模的过度追求,导致了对客户风险保障需求的相对忽视。最终的结果,就是什么产品好卖、什么产品容易赚快钱,保险业就卖什么产品,从而导致最终出现了分红险独大的情况,出现了"三个不认同"的情况。整个寿险行业并没有最有效地去为客户、为社会解决各种人生风险保障的问题,社会又如何能够认同保险业呢?

　　当前的中国不被消费者认同的行业绝非仅有保险业,婴幼儿奶粉行业、食品行业、股票证券行业等,也都让消费者或投资者不认同。但凡这些不被消费者认可、不被社会认可的行业,都是在自己的本质工作上远远还没有做好的行业。

　　2012年我和我的朋友沈激先生在《保险研究——实践与探索》杂志上发表过一篇文章:《以客户需求为导向创新保障型万能险产品——美国万能寿险产品形态研究及启示》,其中,我们指出:

　　"中国寿险市场在20世纪90年代高利率的市场环境下,由于普遍缺乏风险管控意识,销售了大量的高利率保单,使得整个行业在利率下行后面临严重的利差损。为应对整个行业的利差损问题,当时成立不久的保监会于1999年直接设定了保险产品的定价利率上限,本质意义上讲这是对保险产品的价格进行管制。这一监管规定类似于中国央行对利率的管制。由央行直接设定的利率价格使得中国的银行业蓬勃发展,银行开门就赚钱,在很大程度上是因为在利率管制的环境下,高通货膨胀率形成了实际上的负利率,储户财富蒙受损失,而银行通过确保的利差稳定获得高额利润，社会财富由储户流向了银行。对保险行业而言，较低的定价利率上限推高了保费，也扼杀了通过市场竞争降低保费的可能性，保险业通过异常同质的储蓄型产品，从保户身上赚取类似于银行利差的利润，借此保险业消化了历史遗留的利差损问题，并随着中国整体经济的快速发展而逐步做大。然而，这种通过价格管制和不充分市场竞争的获利方法以牺牲储户和保户的利益为代价，这种做法的社会不公性决定了它的不可持续性，利率市场化和保险费率市场化只是时间问题，势在必行。"

说得好不如说得早，一年之后，2013年8月，中国保监会发布《关于普通型人身保险费率政策改革有关事项的通知》[162]，放松了对普通型人身保险产品的价格管制，从此"普通型人身保险预定利率由保险公司按照审慎原则自行决定"。虽然"分红型人身保险的预定利率、万能型人身保险的最低保证利率不得高于2.5%"，但是据说2014年相关价格管制也会放松。保监会的通知说，放松价格管制的目的之一是"切实保护保险消费者合法权益"。

以上粗略地分析了一些存在的问题，旨在探讨"中国保险业未来向何处去"这个问题。我个人认为，中国保险业的问题需要用改革和发展的办法来解决，如果能做好以下"务本"和"提升"两点，中长期内中国的保险市场就有望向中国台湾、中国香港、新加坡和美国的保险业靠拢，甚至有可能超越这些成熟的保险市场，引领全球保险业未来的发展方向。

"务本"

"务本"就是努力做好为个人与家庭提供更具价值的风险保障产品和服务的本职工作。中国保监会在2014年"'7·8'全国保险公众宣传日"活动期间向社会发布《中国保险业社会责任白皮书》。谈保险业履行的社会责任。就我个人看来，保险业最大的社会责任就是要为广大的人民群众、广大的保险客户提供最适宜的人身和财务保障，其他的社会责任都基于这个最根本的责任，比这个责任次要。

即使中国的保险业很大，有很多巨大的保险公司，但是只要生活在这片土地上的大部分老百姓还没有得到监管机构的充分保护以获得更便宜、更适宜的人身和财务保障，那么即使我们可以用储蓄性质的保费来支持国家其他领域的建设，那又有什么意义呢？

社会需要保险业首先解决的是各种风险的保障问题，保险业只有首先解决好老百姓的各种风险保障问题才能够算是成功，才有可能被社会认可。

中国保监会近期取消部分对消费者不利的价格管制，发挥市场的决定性作用，促进保险公司"公允待客"、想方设法提高自身的能力为客户提供更好的保险保障，在"务本"的道路上算是迈出了第一步。

第二步需要保险公司来走，保险公司是选择专注为客户提供风险保障，还是希望不断扩大客户的"问题份额"和"钱包份额"，在这个选择上可能需要有个平衡。保险公司是要开银行赚利差（例如，卖号称是保险产品但实质上是理财产品的超短期一次性付费储蓄型保险产品），还是要卖好保险，是一个需要回答的根本性问题。

只要监管者切实保护好消费者的利益，保险业切实卖好保险，中国保险业的短中期未来就可期待。难道不是这个理？

"提升"

"提升"是在"务本"的基础上"提升"。"君子务本，本立而道生。"[163]我并不反对保险业不断扩大客户的"问题份额"和"钱包份额"，恰恰相反，我认为中国保险业完全可以，甚至是应该为社会提供更多的让人安心、让家安心的风险保障和保障相关的产品和服务。尤其是在当前的中国，其他许多行业的问题并不比保险行业少，如果保险行业能比其他行业更好地解决某一个社会需要解决的问题，那么保险业为什么不可以去扩大"问题份额"、不去"提升"呢？在上一节"'问题份额'的广度与深度"中我已经大致谈了一些我相关的粗浅想法，这里就不再赘述。

我相信，长期来看，中国保险业和世界其他市场保险业的未来一定是会趋同的。中国保险业中长期来看向何处去，如同世界保险业一样也取决于以下三点：

1. 保险业能为客户、为社会解决多少问题；

2. 保险业能将涉及的问题解决到什么程度；

3. 就一个问题，保险业是否有能力比其他行业提供更好的解决方案。

随着中国经济的发展，中国的保险业肯定会越来越大，但是社会期望的，应该是一个不但大、而且好的保险业，这个"好"，部分地体现在保险公司的大小和盈利额上，最终体现在广大老百姓（也就是你、我和你我身边的人）能否很容易地从保险公司获得公道的、适宜的风险保障以及和风险保障相关的各种产品和服务。

就我个人的观察，目前中国的保险业已经开始逐步"务本"，一直以来都想着"提升"。短期内只要能够更多地着力于"务本"，中期内聚焦、积累和锻炼好"提升"所需要的为客户解决问题的能力，那么，中国的保险业在中长期内就一定会走向光明；"后发劣势"就会转化为"后发优势"，说不定有一天还会走在世界的前列。

"没有最好，只有更好"——更好的个人与家庭风险保障解决方案

关注地区差异、探讨"世界大势"和分析中国保险业向何处去，都只为你。

大至国家、小到保险行业，也应该"都只为你"，只为你而存在，存在也只是为你提供更有保障、更加美好的生活。你就是我，你就是她

和他，你就是我们每一个人。国家和社会是由人民组成的，自然应该为人民服务。

国家设立供养军队，军队召之即来、来之能战、战之能胜，我们就可以免于被凌辱和侵略。

国家设立警察部队，警察执法以公、除暴安良、维护治安，我们就可以免于被伤害和掠夺。

社会设立保底保障机制，弱势群体就有可能更有尊严地活下去，我们就可以免于失去人性、免于担忧自己哪一天也成为了弱势群体的一员。

社会设立普惠保障机制，我们所有人就都有可能完全或部分地免于担忧死、病、残、老等每个人都需要担忧的问题，从而活得更有保障、更加自由。

社会还有商业保险行业，因此在社保的基础上，你、我还有可能根据自身和自家的情况，获得更周全、更适宜的个人与家庭的风险保障解决方案。但是，我们能够获得更好的风险保障首先需要有两个基本的前提条件：

- 一是你知道自己有险要保，有钱买保险，愿意买保险产品解决风险保障问题；
- 二是保险行业愿意提供、有能力提供更好的个人与家庭的风险保障解决方案。

在以上两个基本条件得到满足的情况下，我们接下来需要辨别什么样的保险产品或个人与家庭的风险保障解决方案是更好的。

首先，好的保险产品或风险保障解决方案需要适合于你的具体风险、具体需求和具体情况，适宜的才是好的。其次，更好的保险产品风险保障解决方案一定是那些为你提供更大价值的产品或方案，价值更大的才是更好的。

为了进一步辨别何为更大的价值，如图15-5所示，我们可以将"价值"从两个大的维度分解成六个部分。第一个维度是价值两大组成部分，即价值等于收益减去成本，或者是好处减去花费。第二个维度是价值的三个相互关联的层面，即功能层面、交易层面和心理层面。

接下来我们可以利用这个价值分解示意图来逐一分析如何辨别何为具有更大价值的更好的保险产品或风险保障解决方案。

1. 功能层面的收益、好处

功能层面的收益、好处是最根本的价值所在。越是适合于你的具体风险、具体风险保障需求和目标的保险产品或风险保障解决方案，价值就越大。

2. 功能层面的成本、花费

这也是最根本的价值所在。无须多言：越是可以负担得起、越是便宜，价值就越大。

3. 交易层面的收益、好处

保险是一个难买、难卖的商品，保险公司在交易层面上为客户创造和提供的价值有待提高。交易过程越是让客户真心觉得得到了好处、越是让客户感受到容易便捷、越是让客户放心和愉悦，价值就越大。

4. 交易层面的成本、花费

保险是一个难买、难卖的商品，也因为保险公司或风险保障相关的服务业还没有很好地减少客户在交易过程中的成本和花费。交易所需花费的时间和精力越少，价值就越大。

5. 心理层面的收益、好处

保险和风险保障让人有安全感和确定感，心理层面的价值非常大。越是能够让客户感受到安全和确定性，价值就越大。

6. 心理层面的成本、花费

如果保险消费者对保险行业不认同，在报纸上老是看到保险业的负面新闻报道，较差的行业形象会增加消费者心理层面的成本，让保险消费者担忧是否被忽悠了、担忧买的保险是否适合自己、保障是否充足。此外，如果保险公司规模小、财务不稳定、经营不稳健，也会增加消费者心理层面的成本，削弱保险产品或风险保障解决方案的价值。保险公司和从业人员形象越好、专业能力越强、越稳健，其提供的产品或风险保障解决方案价值就越大。

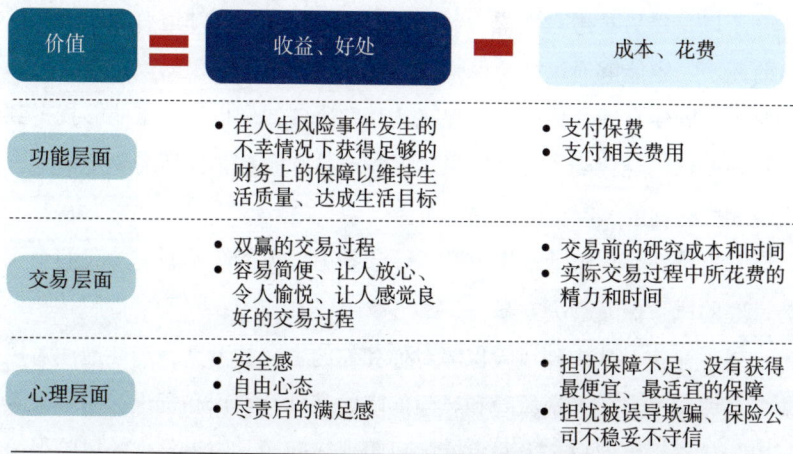

价值 =	收益、好处	−	成本、花费
功能层面	在人生风险事件发生的不幸情况下获得足够的财务上的保障以维持生活质量、达成生活目标		支付保费 支付相关费用
交易层面	双赢的交易过程 容易简便、让人放心、令人愉悦、让人感觉良好的交易过程		交易前的研究成本和时间 实际交易过程中所花费的精力和时间
心理层面	安全感 自由心态 尽责后的满足感		担忧保障不足、没有获得最便宜、最适宜的保障 担忧被误导欺骗、保险公司不稳妥不守信

图15-5 保险产品或风险保障解决方案的价值分析、分解示意图

以上"价值"的六个组成部分是相互关联的有机整体，分解来看是为了便于你对比、分析不同的保险产品或风险保障解决方案的相对价值大小。功能层面的价值是第一位的，虽然交易层面和心理层面的价值也不可忽视、不可轻视。

保险业未来的进步和创新也可以从"价值"的六个组成部分着手，提升产品客制化的程度，设计开发更多更好更适宜的风险保障功能，将产品和服务的价格降低到更合理合宜的范围，简化交易流程，缩短交易时间，创造让人有所收获、心情愉悦的客户体验，提升客户的安全感和保障感，让客户能够心无挂碍、可以"放一万个心"地去享受生活，努力为客户创造更多、更大、更新的价值。

我个人认为，这个世界上许多问题没有所谓的"最佳解决方案"，"没有最好，只有更好"。只要人类社会还没有实现共产主义，在风险保障这个问题上就不足言最佳解决方案。所以全世界的社会保障制度都在改变、在进步，未来相信也会继续改变、继续进步；我们的个人与家庭的风险保障解决方案也相应地需要不断改变、不断进步。

所以，最后我想对你说：对你而言，如果你已经知道有险要保，你目前还不一定能够通过社会保险或商业保险获得你期望的风险保障产品和服务；即使有适合你的风险保障产品和服务，你也不一定能够找得到它；即使你已经找到了合适的风险保障产品和服务，你还需要定期地去检视、修订你的风险保障解决方案。

只有你我、保险业和国家三方一起努力，才能够不断完善我们个人与家庭的风险保障解决方案。

对你而言，认识到风险保障对你和你的家庭的意义，理性地面对风险，获取一些有关人生风险和风险保障的基础性知识和资讯，明了大致可以如何着手去解决个人与家庭的风险保障问题，应该是你的风险保障解决方案中的首要一步。

希望这本小书帮助你迈出了这一步。希望你能继续着力解决你个人与家庭的风险保障问题。希望你和你的家庭能够早得"宜保"。

本章小结　保险与保障的现状、未来和更好的解决方案

- 以华人为主的地区里，社会保障和商业保险业的发展差距很大

- 目前中国的社会保障和商业保险都显得相对落后

- 中国保险业短、中期内还需要着力为客户提供更多更好的风险保障型产品，首先做好"分内事"

- 保险业的未来取决于它能为客户解决的问题的广度和深度，取决于它利用既有技术和新技术为客户创造更大价值的能力

- 个人与家庭的风险保障解决方案由个人、保险业和国家三方共同决定、共同定制、不断变化，没有最好，只有更好

- 更好的风险保障解决方案为消费者提供更大的价值。保险产品或风险保障解决方案的价值可以从六个方面进行分析和比较

- "个人关注和了解风险保障"应该是所有"个人与家庭风险保障解决方案"中的第一步

第五部分
家庭作业（问答题）

自问：为了给自己和家庭的未来提供更周全、更适宜的风险保障，我应该何时、何地、如何采取哪些行动呢？

自答：

尾声
助无保、低保、过保者易得宜保

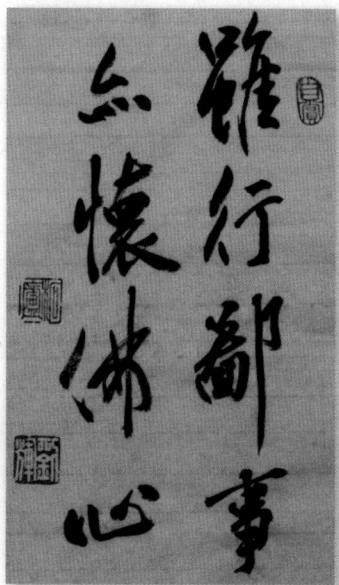

图解：作者自勉语"虽行鄙事，亦怀佛心"；刘辉书法。孔子有云："吾少也贱，故多能鄙事"。我认为，即使是干粗活养家糊口，咱也得本着度人度己、慈悲为怀的心，努力把活干好。

我有很多缺点，"好为人师"是其中之一。书如其人，你手里的这本书也有诸多不足，我"好为人师"地提出的诸多建议有可能并没有解决你有关保险与保障的问题是其中之一。

我虽忐忑，但也释然，毕竟，能够最终解决你的风险保障问题的人是你，而不是我。

　　这是因为，赚钱养你家的是你；纳税给国家养军队供社保的是你；储蓄以备家庭未来和不时之需的是你；买保险为你自己和你的家庭提供财务风险保障的是你；理财投资创业奔小康的是你；掏钱买这本书，看看能否找到些更好地保护自己和家人，为自己和家人提供更充足、更完备、更适宜的风险保障的，还是你。

　　唯有你，唯有你费心费力、温情而理性地采取一系列并不容易的行动，才能最终最佳地解决你自己和你家人的风险保障问题。

　　我能做的，只是助你，让你尽可能少费一些心、少花一些力，有一些起码貌似专业中肯的意见可以在你购买商业保险、作风险保障决策时参考。毕竟，我写此书的直接目的是分享我在个人与家庭风险保障领域的所学所思，协助那些没有保障（uninsured）、保障过低（under-insured）或保障过度（over-insured）的个人与家庭能够更加容易地得到更加适宜的风险保障。

　　以"助无保、低保、过保者易得宜保"为目标，我还会继续努力。

　　以"更加安全、更加健康、更有保障、更加自由"的生活为目标，你也许也应当继续努力。在你为你的理想和生活目标努力奋斗的历程里，我希望你能逢凶化吉、化险为夷。最后，再次祝福你能够"看透生死、去病无灾、赚钱日新、颐养天年"。

附　录

附录一　参考书籍

在写作此书的过程中我参考了很多书籍，可以说没有这些参考书籍，也就没有我的这本书。在此我对这些参考书籍的作者表示感谢和敬意。以下是我参考的主要书目：

《大学》、《孟子》、《论语》、《孙子兵法》等古文经典

我在本书里引用了许多经典的古书，这是因为我觉得古代先贤已就许多重要的人生问题给出了最佳的题解。

How to Read a Book by Mortimer Adler and Charles Van Doren

这本教人如何读书的书时时提醒在写作时将读者放在心中，尽量让读者能够更加容易地了解和把握我想表达的内容。

Nudge: Improving Decisions About Health, Wealth, and Happiness by Richard H. Thaler and Cass R. Sunstein

如在导言中提到的，*Nudge*这本书给我树立了一个榜样，直接促使了我写作这本旨在助推保险和风险保障的书。

On Writing Well by William Zinsser

我从这本书里得到诸多关于如何写好的教益，其中最重要的一点是：好的文字应该充满人性。该书激发并鼓励我在我的这本书中尽量多写些有人性的话。

Thinking, Fast and Slow by Daniel Kahneman

我多次引用这本巨著中的真知灼见。我最喜欢的、多次反复阅读的书之一。强烈推荐能读英文书的读者读其英文原著，这对你认识和解决风险保障问题也有参考价值。

The Minto Pyramid Principle: Logic in Writing, Thinking, & Problem

Solving by Barbara Minto

　　我这本书的总体结构、各部分以及各章节的结构设计都受此书极大的影响。

The 7 Habits of Highly Effective People by Stephen Covey和

Start with Why: How Great Leaders Inspire Everyone to Take Action by Simon Sinek

　　无论是Simon Sinek提出的"Start with why"还是Stephen Covey提出的"begin with the end in mind"，都时时提醒我为什么要写这本书，为什么个人、家庭和社会需要精算、保险和风险保障，提醒我做人做事都要"诚其意""正其心"。

附录二　参考网站

在写作此书时我通过网络获取并参考了大量的资讯和数据，在"注释"一节中我列出了这些参考信息的具体网址。以下是我多次参考的主要网站的列表：

中国哲学书电子化计划：www.ctext.org

中国保险监督管理委员会：http://www.circ.gov.cn

中国卫生和计划生育委员会卫生统计年鉴网站：http://www.nhfpc.gov.cn/zwgkzt/tjnj/list.shtml

中国人力资源和社会保障部：http://www.mohrss.gov.cn

中国统计局国家数据网站：http://data.stats.gov.cn/workspace/index?m=hgnd

台湾"金融监督管理委员会"保险局：http://www.ib.gov.tw/ch/

台湾"卫生福利部"统计处：http://www.mohw.gov.tw/cht/DOS/

台湾护理及健康照护司：http://www.mohw.gov.tw/cht/DONAHC/

台湾统计资讯网：http://www.stat.gov.tw

香港政府统计处：http://www.censtatd.gov.hk

香港保险业监理处：http://www.oci.gov.hk

新加坡金融管理局保险统计数据网站：http://www.mas.gov.sg/statistics/insurance-statistics.aspx

新加坡寿险行业协会：http://www.lia.org.sg

新加坡中央公积金局：http://mycpf.cpf.gov.sg

新加坡卫生部：http://www.moh.gov.sg

新加坡政府"MoneySense"计划网站：http://www.moneysense.gov.sg

新加坡理财通识学院网站：http://finlit.sg/about-us-chinese/

美国经济分析局：http://www.bea.gov

美国疾病控制和预防中心：http://www.cdc.gov

北美精算师协会网站：https://www.soa.org

纽约时报中文网：http://cn.nytimes.com

华尔街日报中文网：http://cn.wsj.com

伯克希尔公司网站：http://www.berkshirehathaway.com

世界银行公开数据中文网站：http://data.worldbank.org.cn

世界卫生组织：http://www.who.int

全球创业观察组织：http://www.gemconsortium.org

附录三　风险保障和金融理财
基础性知识中文网站推荐

我相信随着社会经济的不断发展，金融扫盲、保险扫盲、理财启蒙、保险启蒙、金融教育和风险保障教育的工作对于个人、家庭和社会而言都将越来越重要。

以下是一些中文网站，其中有关于理财、保险、风险保障等方面的基础性知识，很多基础性知识以PDF小册子的形式呈现，可供免费下载阅读。我建议你浏览这些网站，丰富自己的理财基础知识。

中国人民银行，金融知识网站：

http://www.pbc.gov.cn/publish/goutongjiaoliu/3396/index.html

中国保险监督管理委员会，保险知识大讲座网站：

http://www.circ.gov.cn/web/site47/tab4313

台湾金融智慧网：

http://moneywise.fsc.gov.tw/Main/FinanceClassRoomList.aspx

台湾"保险局"，消费者保护网站：

http://www.ib.gov.tw/ch/home.jsp?id=51&parentpath=0,5

台湾"风险管理与保险教育推广入口网"，

http://erm.ib.gov.tw/bin/home.php

香港投资者教育中心网站：

http://www.hkiec.hk/web/tc/index.html

香港投资者教育中心，保险网站：

http://www.hkiec.hk/web/tc/insurance/index.html

香港政府"办理身后事须知"小册子：

http://www.fehd.gov.hk/tc_chi/cc/die_todo_c.pdf

新加坡"存钱有方，理财有道"计划中文资料网站：

http://www.moneysense.gov.sg/resources-in-other-languages/chinese.
aspx

宜保.com

附录四 美国万能险产品简介及启示*

引言

近10多年来，中国寿险行业通过不断的产品创新，尤其是通过引进开发储蓄投资型保险产品，为市场提供了日趋多样化的保险产品和服务，保险业的总体规模也随之获得了较快的发展。然而，伴随着寿险产品类型的增多和市场规模的扩大，一方面，中国寿险市场风险保障类保险产品的发展相对乏力，保险保障功能发挥不足；另一方面，储蓄、投资型保险产品的发展受到外部经济环境和资本市场变化的影响较大，分红、投连、万能三大投资、储蓄型寿险产品都经历了冲高回落的剧烈波动；经过10多年的发展，目前分红险"一险独大"，占据大部分的市场份额，寿险行业结构调整和整体转型势在必行。

（一）目前中国寿险市场产品结构失衡，保险保障功能的发挥有待提高

1999—2000年，平安保险、中国人寿、太平洋保险分别推出了国内第一款投资连结型保险、分红险和万能险保单，这些新型的偏向投资和储蓄功能的寿险产品逐渐开始主导中国寿险市场。在经历了分别于2004年和2008年开始的两次行业结构调整后，分红险取得了绝对市场主导地位，投连险和万能险逐渐式微，行业整体风险保障功能偏弱。如图1所示，截至2010年底，经"2号解释"调整的各寿险险种（指人寿保险，不含健康险及意外伤害保险）的市场份额为：分红险占比88.3%，传统

---

*2011年我和我的朋友沈激先生合著，原名《以客户需求为导向创新保障型万能险产品——美国万能险产品简介及启示》，刊载于2012年第7期的《保险研究——实践与探索》杂志上。

险占比10.5%，万能险1.1%，投连险0.1%；即使在原保费口径下，分红险市场份额仍占77.0%。

在当前中国保监会"以风险保障型和长期储蓄型业务为发展核心"的行业结构调整指导意见下，在保险公司追求市场份额和看重排名的相关因素驱动下，各家寿险公司都大力发展长期期缴型的分红险，同质化竞争现象严重，而寿险市场的业务结构调整，更多地体现在渠道结构、缴费期限结构和产品利润率的调整上，缺乏实质性的对市场结构产生重大影响的产品创新。

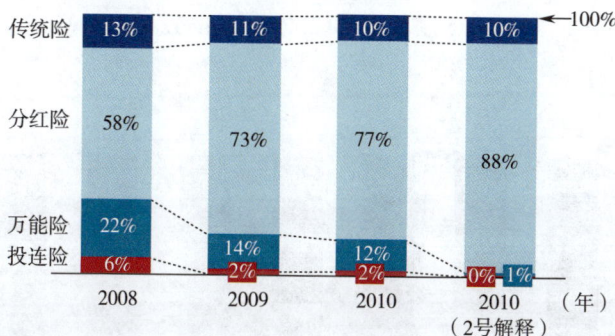

注：市场占比按原保险保费收入计，其中最后一列数据保费经"2号解释"调整。
资料来源：中国保险年鉴，公司年报数据整理、估算。

图1　2008—2010年中国寿险市场产品结构变迁

（二）万能险在中国寿险市场上发展乏力，但在美国市场上占主导地位

万能险产品在中国保险市场上已有11年历史，主要被视做是投资型产品，期间的发展和外部资本市场环境紧密相关、波动剧烈，例如，2008年万能险原保险保费收入年增长近72%，2009年则负增长27%；随着"2号解释"的实施，万能险对保险公司保费规模的贡献急剧减少，例如，2010年万能险原保费在寿险市场上的占比约12%，经"2号解释"调整后的市场占比约1%。这两点因素都直接导致了万能险在中国市场上逐渐被边缘化的现状。

与万能险在中国市场剧烈波动的发展历史和逐渐边缘化的现状相反，万能险在其发源国美国的人寿保险市场上却取得了较为稳定的发展，并逐步占据了市场的主导地位。如图2所示，2010年底，万能险保费收入占美国人寿保险市场（不含健康险、意外伤害保险和年金）的40%，同时传统终身险和传统定期险合计占比54%，风险保障功能发挥较充分。而万能险在美国的发展主要得益于20世纪90年代末创新的一种称为含有第二保证（也称为不失效保证、死亡保险金保证，英文为Secondary Guarantee，No-lapse Guarantee, or Death-benefit Guarantee）的万能险（以下简称ULSG，Universal Life with Secondary Guarantee）。

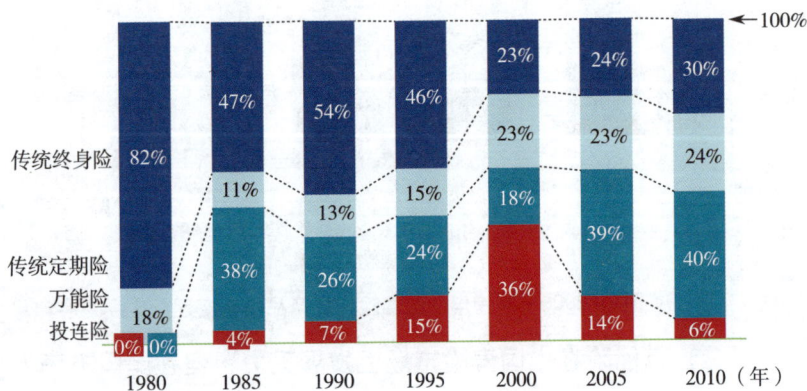

注：市场占比按（期缴保费+10%×趸交保费）计。
资料来源：LIMRA Internatiional。

图2　1980—2010年美国寿险市场产品结构变迁

（三）研究美国万能险及其相关历史对中国寿险业转型具有借鉴意义

美国和中国的寿险市场在发展历程、经济社会环境、市场规模、市场成熟度以及客户特征与需求等方面都大不相同，我们不能将万能险在美国和中国两个市场上的发展进行简单对比。但是，分析美国万能险在市场上占据主导地位的原因，研究美国万能险的产品形态，对我国寿险市场的业务结构转型和产品创新具有借鉴意义。笔者经非正式调查发现，国内保险业，即使是精算行业，对此类美国万能险产品，尤其是ULSG产品的了解目前比较少，相关研究并不充分。

相对传统风险保障型产品，ULSG产品可以满足细分客户群独特的保险保障需求，中国保险监管机构和保险公司可以借鉴美国万能险的产品形态，结合中国的实际情况，尝试试点、创新和推出类似ULSG的风险保障型万能险产品。而借鉴、引进、为我所用、适我所需地创新一款类似美国ULSG的保险产品至少需要做到以下三点：

- 监管主体和保险公司在了解美国万能险发展历史的基础上研究其产品的形态特征和客户需求
- 监管主体借鉴参考美国万能险监管的变迁历史，前瞻性地调整和制定适合中国市场的保险产品监管规定
- 保险公司理解ULSG的客户价值主张，开发适合自身投资能力、风险管控能力和销售能力的类似ULSG的风险保障型产品

一、美国万能险产品发展历史和ULSG产品形态简介

（一）美国万能险产品发展历史

1. 美国20世纪70年代末的高通胀环境催生万能险

70年代的美国处于高通胀阶段，如图3所示，1974年的消费者价格指数（CPI）高达11.0%，之后几年稍有回落，但1979年CPI重回11.3%，1980年甚至攀升到13.5%。高通货膨胀伴随着职工收入的增加，而增高的收入意味着更高的保险保障需求和满足保障需求的支付能力，同时，收入的增加也意味着更高的所得税率，而保险产品的免税特征也相应更具吸引力。

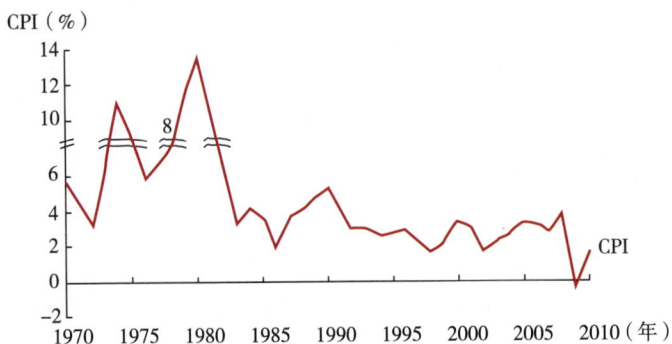

资料来源：US Bureau of Labor Statistics。

图3　1970—2010年美国消费者价格指数

正是在这种经济背景下，时任美国著名精算咨询公司通能咨询（Tillinghast & Company）总裁的安德森先生（James Anderson）在1975年指出传统的终身寿险不能满足当时经济环境下保户对死亡风险保障和财富增值的财务需求，并首次提出万能保险的概念。1979年，面对新的社会经济环境和客户需求，加利福尼亚人寿保险公司（Life Insurance Company of California，后改名E.F. Hutton和First Capital Life）推出第一款真正意义上的万能寿险（起初命名为Total Life，后来又称为Complete Life），第一次将万能险的两个基本要素融入同一张保单中，即可定期续保的定期寿险和可以抵御通胀和高税率的保险投资增值账户。

1980年有几家小公司跟进推出万能险产品，截至1983年底，几乎所有的美国大保险公司都推出了至少一款万能险产品；截至1985年，美国万能险产品几乎取代了非分红型的传统寿险产品，也促进了分红型传统险产品的升级换代。截至80年代末，经过10多年的发展，万能险产品逐步成为美国保险市场上的主打"正统"产品。

2. 20世纪80年代中后期至90年代利率下行过程中，大量万能保单的失效催生ULSG

80年代高利率环境下出售的万能险产品，其投资账户在利率下行的过程中结算利率不断下降，不少客户面临需要交纳更多的保费以维持死亡风险保障，或接受降低风险保额的现实，更有不少保单因为投资账户现金价值扣减相关费用和死亡风险保费后为负值而失效。面对这样的情况，如何满足保户通过灵活而相对便宜的万能险获得终身死亡风险保障的需求，成为保险公司的研究课题和新产品的创新点。

如图4所示，美国债券收益率80年代、90年代持续下降，万能险账户结算利率相应下调，致使不少万能险保单失效的情况发生，这种情况发展到90年代中后期，ULSG产品应运而生。

早期的ULSG主要是"规定保费形态的ULSG"（Specified Premium ULSG）产品，指保户只要按规定的保费表交纳最低保费，则无论投资账户是否出现零或负值，都享有终身的死亡风险保障或享受风险保障至100岁。这种规定保费形态的ULSG实质上起到了截至100岁的定期寿险作用，但又使保户享有万能险保费、保额灵活和具有增值功能的优点，满足了市场上对更低保费和更灵活的保险产品的需求，推动了万能险的发展。

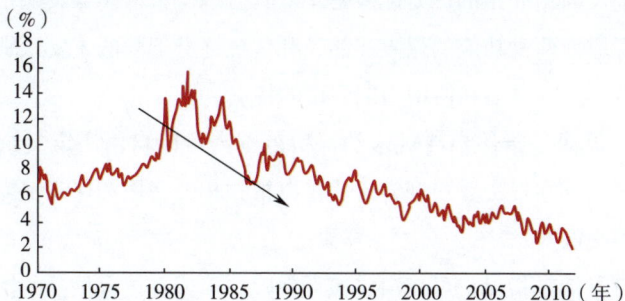

资料来源：finance.Yahoo.com.

图4　1970—2010年美国10年期国债收益率

3. 2000年后，监管规定和ULSG产品创新相互促进彼此的演变

20世纪90年代末，美国的保险监管方注意到规定保费形态ULSG

中死亡风险保证中所隐含的风险，从而提高了责任准备金标准。保险业为了降低责任准备金，同时继续以较低的价格满足ULSG的市场需求，对ULSG的第二保证部分进行了创新，开发了以影子账户第二保证（Shadow Account Secondary Guarantee）为主的ULSG产品，这种产品含有一个或几个类似于万能险投资账户的影子账户，影子账户和实际投资账户的运作原理一致，只是适用于不同的结算利率和费用、保险费率假设，影子账户第二保证规定只要影子账户不小于零，即使实际投资账户现金价值为零，保单还继续有效。随后，监管方又出台了新的监管规定以应对这种新的产品创新。下文将具体介绍。

近年来美国的寿险市场仍在不断创新，例如股市指数万能险（Equity Index UL）和投资连结型万能险在市场上已有一段历史，近期市场上又出现了一种新的定期险和万能险的混合体（Term UL），满足不同细分市场的不同需求。

（二）美国万能险产品形态和客户价值主张

1. 基本万能险产品形态简介及其客户价值主张

如前文简略介绍的，万能险是一款具有现金价值、兼具死亡风险保障和投资增值两种功能的保险产品，和传统终身寿险的主要区别在于其保费灵活、保额灵活和使用当期假设的特点。

保费灵活是指保户在规定的保费范围内可以自由决定交纳多少保费，甚至选择在投资账户现金价值足以抵扣相关费用和保险保障费用的情况下不交保费。

保额灵活是指保户可以决定减低保险保障或在核保核准的情况下追加保费。美国万能险一般提供三种保额选择，一种是水平的保额（一般称之为Option A），这和传统终身寿险类似；一种是递增的保额（一般称之为Option B），保额等于水平的风险保额乘以保费率再加上假设递增的账户价值；除了以上两种保额选择，市场上还有一种较少见的递增的保额（称为Option C），保额等于所交保费加上保额面值。

当期假设是指保险公司使用当期的死亡率、费用率扣减投资账户价值并使用当期决定的结算利率累增账户价值。一般相关的费率、死亡率和结算利率都设有最高或最低保证。

相对于所谓的第二保证（Secondary Guarantee）而言，第一保证或所谓的主要保证是指万能险保单在投资账户现金价值足以抵扣缴费当月应扣费用和保障保费（Cost of Insurance）的情况下，保证保单有效。这和传统终身寿险需要定期缴费以保证保单有效的合同约定不同。

万能险账户和影子账户的运行机制如下：

账户价值$_t$＝账户价值$_{t-1}$＋交纳保费$_t$－费用$_t$－保障保费$_t$＋结算利息$_t$

其中：费用一般由单位保费费用、单位保额费用和件均费用构成，单位保费费用和件均费用一般随时间线性递减到零。

账户现金价值$_t$＝账户价值$_t$－退保费用

其中：退保费用一般随时间线性递减，如在20年内退保费用递减为零。

以上基本形态的万能险产品和目前在中国销售的万能险产品基本一致，其客户价值主张主要包括以下四个内容：

（1）风险保障类价值主张

● 满足客户长期或终身的保险保障需求，这有别于短期的不可续保的定期寿险需求。

● 满足客户灵活缴费并设置保额的需求，这有别于传统终身寿险较不灵活的设计。

（2）投资增值、抵御通胀类价值主张

● 账户累积功能满足客户资产增值抵御通胀的需求。

● 在美国，法律规定有（Standard Nonforfeiture Law）最低的账户现金价值，这个特点与投资连结和可变年金有显著区别。

309

（3）税收优惠类价值主张

● 死亡保险金免税的政策满足客户遗产规划的需求。

● 投资额高于累积保费部分的投资收益只在退保或部分领取时交税，这种税收递延式的账户累积也满足了保户对税收优惠的需求。

（4）财务规划透明清晰的价值主张

● 万能险除了有别于传统险的灵活的特点外，还具有透明度高的优点。客户可以在定期的（如每年、每季或每月）账户声明书中清楚地看到当期所扣款项和结算利息，以及当前的账户价值。

灵活、透明的万能险正是因为满足了以上的客户价值主张，逐渐成为美国的主流保险产品。

2. ULSG产品形态简介及其客户价值主张

20世纪90年代美国股市的大繁荣使得投连险产品逐渐占据市场，到2000年，投资连结型产品在美国寿险市场上的份额高达36%。然而，伴随着21世纪初资本市场泡沫的破灭和始于2007年的次贷危机，投资连结型产品的市场份额逐步萎缩，取代其市场份额的主要是创新型的ULSG产品。90年代末产生的规定保费形态的ULSG产品推出后，美国万能险市场大致可以分为两个部分。

（1）侧重于投资增值：这部分的市场主要侧重于较高的投资收益和账户现金价值。满足这个市场的万能险产品在保险保障费用上更具竞争性，保费规模相对较大以增加投资收益。同时，这个市场更偏好低费用结构的保险条款，如无手续费的保单质押贷款等。

（2）侧重于风险保障：这部分的市场需求主要侧重于不失效死亡保障保证，通过支付较低的、支付方式灵活的保费获得终身的保险保障，投资增值不是保户最为关注的需求。

美国万能险的市场份额2000年只有18%，到2010年提升至40%，风险保障型的ULSG产品是推动万能险在美国市场占据主导地位的重要因素。据相关咨询机构预测，在美国近年来销售的万能险产品中，近50%的保单为ULSG产品。换言之，近20%的美国寿险市场为ULSG产品所占据。

美国主要的保险公司一般都同时提供投资增值型和风险保障型的万能险，以满足不同阶层客户的需要。另外，万能险投保人可以是个人（single life）或配偶双方（joint life），后者通常用于遗产继承财务规划。

以风险保障为导向的ULSG产品或在主险中直接标明第二保证或通过附加险的形式提供第二保证。第二保证的设计和形式主要有规定保费类第二保证、影子账户第二保证和年续保定寿（ART）设计的第二保证等三种形式。

（1）规定保费类第二保证只要保户按规定缴纳一定量的保费，即使保单账户现金价值为零，保单也将在一段时期内有效，或终身有效。有些保单还提供可追加保费的条款。

（2）影子账户类第二保证是目前第二保证的主要形式，其核心是设计一个所谓的"影子账户"，该影子账户只是个记账的概念，并不是保户实际的投资账户，但其利率结算、费用扣除的机理和实际投资账户一致，一般来讲，相对实际账户来说，影子账户的费用率更低，最低保证结算利率更高。影子账户类第二保证规定只要影子账户价值大于零，即使实际投资账户价值为零，保单也不失效。

影子账户类第二保证主要是应对监管规定的变化而创新推出的，这种设计更难以向客户介绍和演示。影子账户类第二保证实际上为保险公司提供了价格竞争的工具，一方面它帮助ULSG产品抢占了市场份额，但另一方面它使保险公司暴露在更多的投资风险之中，监管机构也因此要求保险公司提取更高的保险责任准备金，导致了ULSG产品利润率的下滑。

（3）年续保定寿（ART）设计的第二保证是一种规定保费类第二保证和影子账户类第二保证的混合体，规定保费可以是逐步递增的或是只需要支付一定年限的规定保费，即可终身享受死亡风险保障，同时还提供一定的规定保费缴纳灵活度。还有另一种混合型，例如前十年是规定保费类，而十年后是影子账户类。

在万能险基本产品形态的基础上，ULSG产品侧重于保障类的客户价值主张：即可以通过相对较低的保险保障费用获取终身的死亡风险保障，而以上所介绍的ULSG产品的特征是定期寿险和传统终身寿险所不具有的。

二、美国万能险监管规定变迁历史简介与启示

如前文提到的，美国ULSG产品的创新演化与保险公司和监管方的博弈息息相关。虽然中国保监会对保险产品开发的监管较美国保险监管更为严格（例如2.5%预定利率的规定实际上是对保险产品的价格进行监管），但是了解美国保险业通过产品创新不断规避监管要求而监管要求又不断进行调整修正以控制行业风险的历史，对中国保险监管政策的制定，以及推动行业业务结构调整，进一步发挥保险保障功能有借鉴意义。

（一）美国万能险法定责任准备金规定历史回顾

自20世纪90年代末至今，美国关于万能险的法定责任准备金提取规定经过了多次调整，每一次调整都是弥补旧有规定中的漏洞，试图控制产品创新过程中带来的新的经营风险。每一次出台新的法定责任准备金提取规定后，保险业往往一方面通过新的产品创新形式降低法定责任准备金要求，一方面通过其他的财务安排降低过高的法定责任准备金水平。

2000年前美国万能险法定准备金提取规定主要是由美国保险监督

官协会（National Association of Insurance Commissioners，NAIC）提出的
"万能险范本规定"（Universal Life Insurance Model Regulation）。随着
规定保费型ULSG产品的推出，旧有的规定无法对第二保证所带来的风
险进行科学衡量，并计提相应的责任准备金。

针对上述情况，2000年1月1日，NAIC出台"寿险保单评估范本
规定"（Valuation of Life Insurance Policies Model Regulation，也称为
Regulation×××），而这个规定将保费型的第二保证视做保证的定期
寿险，进而要求提取相应的责任准备金。然而，行业内普遍认为"寿险
保单评估范本规定"并不适用于影子账户型的第二保证。随之不少保险
公司开发含有影子账户型第二保证的万能险产品，以避免提取"寿险保
单评估范本规定"所要求的较高的责任准备金。

2003年1月1日，主要针对影子账户型第二保证，美国保险监管方又
出台了精算指引38号（AG38，又称Application of×××或A×××），
要求对影子账户型第二保证提取责任准备金。

2005年7月1日，针对旧有规定中的一些小漏洞和市场上又出现的一
些利用这些漏洞以降低根据A×××厘定的责任准备金，美国保险监管
方分别出台了一些针对A×××的修订政策。

2007年1月1日，针对A×××所要求的责任准备金过高的问题，美
国保险监管方又出台了一次修订政策，允许适用特定的评估死亡率和退
保率计算第二保证的责任准备金。

因为A×××是基于静态公式来计算万能险第二保证责任准备金
的，且其要求的责任准备金在经济意义上显得过于保守，在近10年的博
弈中，保险公司一方面通过不断设计新的第二保证以降低责任准备金冗
余度，一方面通过资产证券化、再保险、在海外设立子公司等多种形式
为第二保证提供财务安排。

目前，美国的法定责任准备金提取方法将过渡到基于风险管理原则

（Principles-based Approach，PBA），原本预计2010年实施，现在推迟到可能2013年实施*，随着PBA的实施，万能险监管规定在过去10年间的演变历程可能将就此画上句号，因为新的PBA责任准备金计提方法是基于原理而非静态公式的。

通过建模定量研究分析，如图5所示，A×××要求的责任准备金（A××× Reserve）远远高于"万能险范本规定"所要求的责任准备金（UL Model Law Regulation Reserve），而基于风险管理原则的计算方法（PBA Reserve）将减少在很大程度上减轻ULSG法定准备金的冗余度，从而允许保险公司更大力地扩展ULSG的市场。

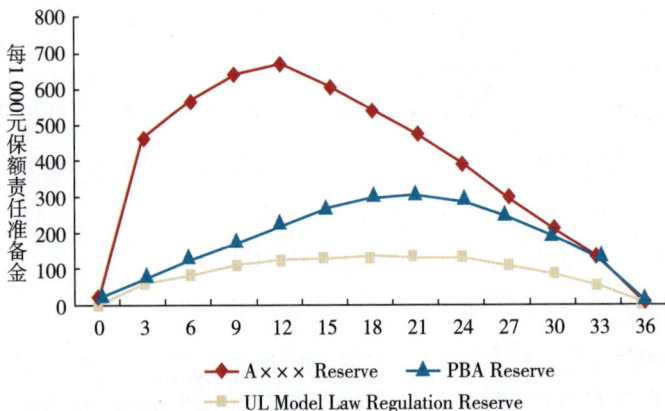

资料来源：作者建模分析，基于影子账户第二保证设计、65岁不吸烟男性模型点。

图5　美国万能险法定责任准备金比较

（二）保险监管的创新

为促进产品创新，中国保险监管方一方面要放开过紧的监管规定，一方面要前瞻性地防范产品创新所带来的新的行业风险。

---

*作者按：2012年12月2日由美国保险监管机构National Association of Insurance Commissioners正式采纳，具体实施时间由各州保险监管机构决定，估计在2015年之后。

在中国保险业90年代"利差损"背景下制定的预定利率监管政策（寿险保单的预定利率不超过年复利2.5%）一方面规范了市场秩序，让行业走出技术性破产边缘，直至做大做强；另一方面却也导致了保障型产品价格过高，消费者利益没有在行业竞争中得到最大化的问题。当前市场保险保障功能发挥不足与此规定关系密切。

如果想在中国保险市场上创新类似美国ULSG的保障型万能险，保监会需要转变现有的监管思路，可以先局部试行放宽一些监管规定，一方面让利于消费者，另一方面为保险业进行产品创新和差异化竞争创造一定的政策空间。

在鼓励创新、鼓励发挥保险保障功能和放宽监管要求的同时，保监会要汲取美国万能险监管规定演变的经验教训，对任何一种产品创新，都要前瞻性的、审慎的评估其风险，避免出台简单化的监管规定。在全球主要保险市场都开始过渡到基于风险管理原则的偿付能力监管、责任准备金监管和价值评估体系的时代，如果中国保监会能够准确地把握世界潮流和中国市场特征两个脉搏，那么将更快更科学地推动中国保险业的发展壮大。

三、以客户需求为导向开发创新的风险保障型万能险产品

在整个保险行业面临转型的关键时期，保险公司应以客户需求为导向，加大产品的研究力度，以开发适合自身战略发展方向、投资与风控能力和营销销售能力的创新型风险保障保险产品，推进自身和行业的转型。

（一）针对细分客户群价值主张设计风险保障型万能险产品

以更低的价格、更灵活的方式购买更长期的符合自身保障需求的风险保障型产品，是几乎所有中、低收入人群的真实保障需求，但是不同的客户群具有不同的保障偏好和需求，具有不同的保险保障支付意愿和支付能力，这就要求保险业提供丰富、多样化的产品，满足不同客户群的不同需求。

再以美国的保险市场为例，2010年定期寿险、传统终身寿险、ULSG等风险保障为主的保险产品约占整体市场的73%，这样的市场结构说明美国寿险市场较好地发挥了风险保障的社会功能。对比看中国保险市场，2010年定期寿险、传统终身寿险等普通保障型产品占整个寿险市场比重约10%，储蓄增值型分红险占到88%，风险保障的社会功能发挥严重不足，这也是中国保险业必须转型的原因之一。

加大发挥保险的保障功能，需要进一步放开和推动定期寿险、传统终身寿险等普通保障型产品的发展，更需要以客户需求为导向，细分市场，根据不同细分市场的不同价值主张开发设计不同的风险保障型产品。如上文提到了美国ULSG产品，它所满足的客户群的特征大致如下：

- 保险期限：希望确保获得终身保障，希望获得比普通定期寿险更长期的保障。
- 保费：偏好灵活的支付方式，希望支付比传统寿险更低的保费。
- 保障增值：希望具备一定的通胀抵御能力以确保保险保障在未来的购买力。
- 投资账户：希望享有清晰透明的独立账户管理。

万能险的灵活性、透明性等特征和定期寿险以及传统寿险所服务的客户群特征具有明显差别，故而兼具以上特征的客户群可以成为一个独特的细分市场，如表1所示，从单位保费、件均保费和保额三个维度看，美国万能险的市场特征和传统险及投连险有着显著的不同。中国的保险业在深入研究外国保险市场的基础上，需要进一步判断在中国市场上是否也同样有这样一个可以清晰界定的细分市场。如果当前的社会经济环境下还没有这样一个细分市场，则需要判断随着社会经济的发展，在未来的若干年内这样的细分市场是否会出现，进而在这些判断的基础上制定公司的区域、产品、渠道、销售策略以应对当前和未来的细分市场格局。

表1　美国各寿险产品平均保单特征（约数）：万能险市场和其他细分市场具有显著差别　　　　单位：美元

	每千元保额保费	件均保费	件均保额
传统终身险	18	940	51 000
传统定期险	2	860	392 000
万能险	14	3 870	286 000
投连险	20	10 700	542 000

资料来源：LIMRA International。

保险市场细分是一个复杂的战略问题，不是本文探讨的重点，下文仅举例探讨以客户需求为导向创新保障型万能险产品的一种可能方式，以供读者参考。

第一步，调研客户特征及需求。据作者了解，国内的保险公司也有不少因为万能险账户价值为负而失效、客户进而投诉的案例。对这些客户，保险公司主要考虑的是如何处理其投诉，而没有看到其中蕴藏的创新机会。保险公司市场研究人员首先可以将这些客户信息集中分析，按性别、年龄、职业、收入、地域、缴费历史等维度进行分群；在分群分析的基础上，选取一定数量的客户进行回访、调研，询问其当初购买万能险时的保险需求、当前的保险需求、为什么不缴纳足够的保费而致保单失效、是否有意愿再购买保险、偏好的支付方式和支付额等问题；最后根据失效客户分群分析和回访、调研的结果，将调研的范围扩大到存量客户，并进一步扩到到潜在客户，研究是否存在一个可开发的独特的细分市场。

第二步，根据细分市场特征开发针对性产品。假设第一步的结果告诉我们在北京、上海、广州、深圳等一线城市里35～40岁、已婚并有1个10岁左右的孩子、有200万元左右房贷、家庭年收入15万~30万元的中小学教师和事业单位工作人员形成了一个独特的细分市场，重大的家庭经济责任和相对有限的家庭经济收入水平使这些客户目前偏好保费相对低廉、风险保障比较充分的保险，以备家庭主要收入来源出现变故时能保障孩子的教育、支付房贷、并为家庭开支提供经济来源。这些客户偏好的保障期限是终身保障，在10~15年内希望有较高额度的风险保障，随着孩子就业、房贷付清、收入增加，未来的风险保障额度需求相对较低，但仍期望能有终身的保险保障，届时为养老而投资理财的需求也会增高。针对这样的客户群，保险公司可以考虑开发新型的万能险产品，提供类似于美国ULSG的死亡风险保障保证条款满足客户以较低保费获取终身保障的需求。客户可以根据其自身的家庭经济责任和当前的收入情况选择定制化的保险金额度，选择定制化的保障期限（如8年、12年等）和保费缴费期限来支付最低限度的保费以获取相对应得保险保障。在第一阶段保障期限到期时，客户可以根据当时降低的家庭经济责任相应降低保额，并且无须担忧死亡风险保费会随年龄的增大而大幅提升的不确定性，这对于定期寿险来说具有相当的吸引力。同时，这些从事教育和任职于国家事业单位的客户群具有一定的教育背景，青睐万能险独立投资账户的透明清晰和较为稳定的回报，在第一阶段保障期限到期后还可以自主选择增加保费以投资增值，满足退休后的风险保障需求和养老需求。这个产品的主要侧重点是第一阶段的风险保障。

第三步，测算新型万能险的风险与收益。满足客户需求的产品只有同时满足股东的盈利需求才具有可行性。产品形态初定后，需要测算新型万能险的风险与收益，确保风险可以承受，收益率超越既定的底线。对死亡风险保障保证的风险分析可能需要运用到随机模型以量化分析潜在的投资和利率风险，需要从产品开发的源头做好资产负债管理的工作，事先制定完备的资产负债管理和投资策略，确保在风险可控的前提下同时满足客户和股东的需求。

第四步，产品试点、品牌宣传与上市推广。针对细分市场开发的产品最终需要通过市场的检验，在全面推广前如果能通过试点测试得出最佳的渠道策略和销售流程，打造具有针对性的产品品牌和宣传、销售工具，这将大大提升新产品上市推广的成功概率。

总体而言，万能险产品在中国十多年的发展历史已经证明市场对万能险灵活、透明的特征是接受和认可的。如何在此基础上，开发出差异化的产品、更好地满足客户对风险保障的需求，需要保险公司提高精算和产品研发技术，更需要保险公司转变经营理念，找到特定的客户群并深入细致分析其需求和价值主张，并以此为原点因地制宜地引进、改造、创新美国的ULSG产品。

（二）产品创新要兼顾战略前瞻性和当前经营能力

中国总体较低的保险渗透率和快速发展的经济，使中国寿险业利用投资储蓄型产品在十多年内迅速做大。但是，保险业的本职社会功能是风险保障，长期来看，行业的发展方向一定是通过为社会提供更加多样化的财务风险控制手段来谋求更大的发展。

从美国寿险市场的发展历程看，寿险公司在最初主要提供死亡风险管理服务的基础上，逐步引入一定的投资和储蓄功能，以帮助客户应对通胀风险，直至后来发展到可变年金的阶段，保险公司不仅提供覆盖长寿风险的产品，还通过各种最低死亡和生存保障，实质性地为保户提供了资本市场风险的管理工具。从死亡风险、利率风险、长寿风险、通胀风险，到更为复杂的资本市场风险，成熟保险市场中的保险业为社会提供的金融服务和产品越来越多样化，管理和经营的风险也越来越全面、越来越复杂。这也是美国保险市场需要过渡到基于风险管理原则的方法（PBA）阶段、欧洲保险业要实行偿付能力监管2号的重要原因之一。

中国保险业进行真正意义上的产品创新，要以客户需求为导向，但从更本质的意义上讲，是要为客户提供更多种类的风险管理工具，因为客户对保险的本质需求是以更低的价格和更便捷的交易转移和管理各种风险。例如：ULSG产品主要满足客户以较低的价格和更灵活透明的方式获得终身死亡风险保障的需求，美国寿险业为了满足这种需求而创造了所谓的第二保证，使得保险公司承担了更多的资本市场风险，因为只要客户满足一定的条件，无论投资账户的表现如何，保单都持续有效。所以可以说ULSG产品在本质意义上是为保户提供了死亡风险管理和资本市场风险管理的工具，而保险公司向市场出售这些风险管理工具时，需要确保自身有能力管理和经营这些风险，并从中获得利润。

中国寿险市场在20世纪90年代高利率的市场环境下，由于普遍缺乏风险管控意识，销售了大量的高利率保单，使得整个行业在利率下行后面临严重的利差损。为应对整个行业的利差损问题，当时成立不久的保监会于1999年直接设定了保险产品的定价利率上限，本质意义上讲这是对保险产品的价格进行管制。对保险行业而言，较低的定价利率上限推高了保费，也扼杀了通过市场竞争降低保费的可能性。保险业通过异常同质的储蓄型产品，从保户身上赚取类似于银行利差的利润，借此保险业消化了历史遗留的利差损问题，并随着中国整体经济的快速发展而逐步做大。然而，这种通过价格管制和不充分市场竞争的获利方法以牺牲储户和保户的利益为代价，这种做法的社会不公平性决定了它的不可持续性，利率市场化和保险费率市场化只是时间问题，势在必行。

保险公司进行产品创新要有战略前瞻性就是要看清未来监管环境和市场环境的发展方向，对利率市场化和保险费率市场化早研究、早准备，着力分析、研究、借鉴其他保险市场的热销产品，一方面为未来5年到10年的市场竞争做好前期的产品储备，另一方面为未来的市场竞争做好知识和人才上的储备。

保险公司进行产品创新要兼顾当前经营能力，就是不要为创新而创新，对创新产品中的新增风险要有量化分析的能力，并在此基础上客观评估自身是否有能力和资本经营管理好创新产品中的风险。2007—2008年美国次贷危机中美国保险业在可变年金业务上亏损的原因之一就是不少保险公司低估了可变年金业务的潜在风险。迫于市场竞争的压力，同时被以销售和规模为导向的公司考核激励政策所驱动，不少保险公司纷纷低价出售各种最低保证，实质上就是通过价格竞争扩大保费规模而最终酿成巨亏，和中国保险业历史上利差损的形成有着非常类似的经营管理层面的驱动因素。中国的保险公司进行产品创新，应该以史为鉴和以夷为鉴，合理评估创新产品中的风险和自身的经营管理能力。

综上所述，中国的寿险业要进行产品创新，可以对现有产品的缴费期限结构、产品组合结构进行调整，但如果要有真正意义上的创新，则必须具有更强的风险管控和经营能力。如果中国的保险业考虑在中国市场上借鉴和改造ULSG产品，则需要有量化并管理其风险的能力，需要有更好的投资管理能力以确保产品的销量和利润，需要提升销售队伍专业能力以向客户介绍、推销此类更为复杂的保险产品。

结论

万能险在美国的发展历程证明万能险不仅仅是一种投资储蓄型的保险产品，通过创新万能险也可以满足特定细分市场的风险保障需求。中国保险业在推动"以风险保障型和长期储蓄型业务为发展核心"的行业结构调整和转型的过程中，可以加大力度研究以美国市场中侧重风险保障的万能险（ULSG）为代表的全球保障型产品，从其产品形态、发展历程和监管沿革中汲取有益的参考。借鉴国外成熟市场上的保障型寿险产品，首先，需要监管方放松过紧的产品监管政策，创造产品创新的环境；其次，保险公司要改变经营理念，通过研究并深刻把握细分客户群的价值主张，开发满足客户需求的保险保障产品，在产品创新的过程中，既要前瞻性地考虑市场的发展趋势，根据自身战略规划抢占竞争相对优势，又要兼顾自身的投资、风险管理和营销能力，确保产品创新在中长期符合自身和市场的发展方向，在短期可以让公司获得一定的风险可控的经营利润，为达成长期目标积累财力、能力和经验。

参考文献

[1] Douglas C. Doll. A Brief History of Universal Life[C]. Product Development Section Monograph. USA: Society of Actuaries, 1999. 111–113.

[2] David B. Atkinson, James W. Dallas. Life Insurance Product and Finance [M]. 1. USA: Society of Actuaries, 2000: 19–27.

[3] Elinor Friedman. Universal Life Secondary Guarantee[C]. PD Symposium, 2005, USA: Society of Actuaries, 2005: 3–15.

[4] Albert E. Easton, Timothy F. Harris. Actuarial Aspect of Individual Life Insurance and Annuity Contracts [M]. 1. USA: Actex Publications, Inc., 1999: 14–17.

附录五

宜保.com简介

Yi–Insurance.com
You'd better get appropriate coverage.

宜保.com之愿

（Why does Yi–Insurance exist？）

以"一个更加安全、更加健康、更有保障、更加自由的世界"为念，宜保.com（又名Yi–Insurance.com）助推保险与保障，希望更多的个人与家庭能够更加容易地得到更加适宜的人身和财务保障，更早地享有更大限度的人身和财务上的自由。

宜保.com之道

（How will Yi–Insurance.com perform？）

"吾道不易：易得宜，易得宜；日新月异。

吾道不易，一以贯之：行而宜之之谓义。一宜以义。"

我选择的道路并不容易走：让人们更加容易地得到更加适宜的解决方案，促进改变的发生，以使得问题得到更好的解决。每天都将思考哪里还有改善的空间，每个月都要提出更好的解决方案。

我选择的道路虽然不容易，但是我也不会改变。自始至终，我都将本着做对的事这一个原则行事。只有这样，我才成为我。简言之，我将坚持走自己的路，着力做对的事，努力把对的事做得更好。

宜保.com之献

（**What does Yi-Insurance.com offer?**）

宜保.com目前介绍并推广个人与家庭风险管理和财富管理相关的知识，涉及安全教育、健康管理、保险保障、理财投资、养老规划等相关领域，为个人与家庭整合并提供有价值的现代参考资讯。

宜保.com将持续更新。

宜保.com

Yi-Insurance.com

又名
a.k.a.

宜保.cn

Yi-Insurance.cn

《人生宜保》
同名微信

《人生宜保》
同名微博

《人生宜保》
同名微店

《人生宜保》
同名手机淘宝网店

注 释

引言

1. Simon Sinek，*Start with Why：How Great Leaders Inspire Everyone to Take Action*，*Penguin Books*

2.《论语·雍也》：子贡曰："如有博施于民而能济众，何如？可谓仁乎？"子曰："何事于仁，必也圣乎！尧舜其犹病诸！夫仁者，己欲立而立人，己欲达而达人。能近取譬，可谓仁之方也已。"

URL：http：//ctext.org/analects/yong-ye/zhs

3.《礼记·大学》：汤之盘铭曰："苟日新，日日新，又日新。"《康诰》曰："作新民。"《诗》曰："周虽旧邦，其命惟新。"是故君子无所不用其极。

URL：http：//ctext.org/liji/da-xue/zhs

第一章 英年早逝的风险

4. "Be the change you want to see in the world" 据说语出有印度圣雄之称的甘地，但也有文章或资料指出这句话并不一定最初是甘地所言，如刊载在纽约时报上的文章False Words Were Never Spoken（http://www.nytimes.com/2011/08/30/opinion/falser-words-were-never-spoken.html）和维基百科中关于甘地的词条（http://en.wikiquote.org/wiki/Mahatma_Gandhi）。无论是否是甘地所说，这句旨在说明个人改变重要性的话都颇有道理。

5.《孟子·尽心上》：孟子自范之齐，望见齐王之子。喟然叹曰："居移气，养移体，大哉居乎！夫非尽人之子与？"

URL：http：//ctext.org/mengzi/jin-xin-i/zhs

6. Keith Bradsher，《房地产市场大幅降温考验中国经济》，纽约时报2014年5月14日刊

URL：http：//cn.nytimes.com/business/20140514/c14chinaecon/dual/

7. 美国经济分析局US Bureau of Economic Analysis，*Table 2.4.5. Personal Consumption Expenditures by Type of Product*

URL：http：//www.bea.gov/iTable/iTable.cfm?reqid=9&step=1&acrdn=2#reqid=9&step=3&isuri=1&903=70

8. 世界银行，数据"出生时的预期寿命，总体（岁）"

URL：http：//data.worldbank.org.cn/indicator/SP.DYN.LE00.IN

9.《礼记·大学》：大学之道，在明明德，在亲民，在止于至善。知止而后有定，定而后能静，静而后能安，安而后能虑，虑而后能得。物有本末，事有终始，知所先后，则近道矣。

URL：http：//ctext.org/liji/da-xue/zhs

10. 新加坡中央公积金局，家属保障计划

URL：http：//mycpf.cpf.gov.sg/NR/rdonlyres/0711D8CD-EA0F-4A3B-ABBE-0E0020909D7D/0/DPS_leaflet_Chinese.pdf

第二章　寿终正寝的风险

11. 维基百科，词条"跑马地天主教圣弥额尔坟场"

URL：http：//zh.wikipedia.org/wiki/%E8%B7%91%E9%A6%AC%E5%9C%B0%E5%A4%A9%E4%B8%BB%E6%95%99%E8%81%96%E5%BD%8C%E9%A1%8D%E7%88%BE%E5%A2%B3%E5%A0%B4

12. 瑞士再保险公司，Sigma，2012年第1期：了解寿险业盈利状况

URL：http：//media.swissre.com/documents/sigma1_2012_ch.pdf

13. 世界银行

URL：http：//data.worldbank.org.cn/indicator/SP.DYN.LE00.IN

14. 世界卫生组织数据

URL：http：//en.wikipedia.org/wiki/List_of_countries_by_life_expectancy#cite_note-4

http：//apps.who.int/gho/data/node.main.688?lang=en

15. 据央视网，2011年4月2日"今日谈"154期《一个中国人的丧葬费清单》

URL：http：//news.cntv.cn/special/tan/11/0401/

16. 台湾殡葬资讯网，丧葬费用

URL：http：//www.funeralinformation.com.tw/Detail.php?LevelNo=3

17. 中国台湾网，《马英九母亲丧葬费仅8万新台币》

URL：http：//www.taiwan.cn/xwzx/bwkx/201405/t20140509_6131907.htm

18. 《北京晚报》2013年4月4日报道《香港丧葬之地一穴难求》

URL：http：//bjwb.bjd.com.cn/html/2013-04/04/content_61774.htm

19. 新加坡职总英康保险公司网站，丧葬服务（Funeral Service）网页

URL：http：//www.income.com.sg/restinpeace/chinese.asp

20. 央视网，图解新闻说明书第63期《一个美国人的丧葬费清单》

URL：http：//news.cntv.cn/illustration/63/index.shtml

21. 《英国每日邮报》MailOnline，2014年1月21日报道，*The rising cost of dying：Average funeral now costs £7,600 and thousands are struggling to afford a fitting send off*

URL：http：//www.dailymail.co.uk/news/article-2543006/The-rising-cost-dying-Average-funeral-costs-7-600-thousands-struggling-afford-fitting-send-off.html

22. 台湾财税基金会网站，遗产税网页

URL：http：//www.123.org.tw/docs/p0106.php

23. 香港特别行政区税务局网站，遗产税网页

URL：http：//www.ird.gov.hk/chs/tax/edu.htm

24. Inland Revenue Authority of Singapore，Estate Duty

URL：http：//www.iras.gov.sg/irashome/page04.aspx?id=1186

25. Ernst & Young LLP，2013 International Estate and Inheritance Tax Guide

URL：http：//www.ey.com/GL/en/Services/Tax/International-Estate-and-Inheritance-Tax-Guide---Country-list

26. 根据安永《国际遗产和继承税指南2013》介绍，美国居民有两种方法认定，一是获得久居留权或绿卡，二是一年内在美国住满183天以上在三年内按一种加权平均的公式算的住满183天以上。

27. 金融界网站引用《21世纪经济报道》的新闻稿《三星57亿美元天价遗产税单 李健熙家族交叉控股》

URL：http：//biz.jrj.com.cn/2014/06/16094917412840.shtml

http：//epaper.21cbh.com/html/2014-06/16/content_101914.htm?div=-1

28.《南方周末》，《第17届上海国际电影节，好故事首先是好的"选择题"——专访〈一次别离〉主演佩曼·莫阿迪》

URL：http：//www.infzm.com/content/101811

29.《论语·八佾》：林放问礼之本。子曰："大哉问！礼，与其奢也，宁俭；丧，与其易也，宁戚。"

林放问礼的本质。孔子说："这个问题十分重大！礼仪，与其隆重，不如节俭；丧事，与其奢侈，不如悲戚。"

URL：http：//ctext.org/analects/ba-yi/zhs

30.《论语·学而》：子曰："弟子入则孝，出则悌，谨而信，泛爱众，而亲仁。行有余力，则以学文。"

孔子说："年轻人应该孝顺父母，尊敬师长，认真诚信，广施爱心，亲近仁人志士。能轻松做到这些，才可以从事理论研究。"

URL：http：//ctext.org/analects/xue-er/zhs

31.美国PBS关于Andrew Carnegie的纪录片的介绍网页："Fond of saying 'The man who dies rich, dies disgraced', Carnegie amassed a fortune, then gave it away."

URL：http：//www.pbs.org/wgbh/amex/carnegie/filmmore/description.html

百度百科"巨富中死去"词条："在巨富中死去，是一种耻辱"这句话来自钢铁巨头安德鲁·卡内基。年轻时，卡内基拼命挣钱，年老时他仗义疏财，慷慨解囊，其主要任务就是捐钱。临死前卡内基只留微薄的钱给儿子，几乎捐出了全部家当。斯人已逝，但"我只是上帝财产的管理人，在巨富中死去是一种耻辱。"这句话却绵延后世。富豪为何需要慈善？这不仅仅是悲悯，更是一种精神坚守，还是一种对公平的追求。

URL：http：//baike.baidu.com/view/4586231.htm

第三章 发生伤害的风险

32.世界卫生组织，Health Statistics and Informatics Department，CAUSES OF

DEATH 2008 SUMMARY TABLES, May 2011

URL: http://www.who.int/evidence/bod

33. 鲁迅，《祝福》

34. 世界卫生组织，Health statistics and informatics Department，CAUSES OF DEATH 2008 SUMMARY TABLES，May 2011

URL：http：//www.who.int/evidence/bod

35. 世界卫生组织，URL：http：//apps.who.int/gho/data/node.main.A997?lang=en，；

香港运输署，URL：http：//www.td.gov.hk/sc/road_safety/road_traffic_accident_statistics/2010/index.html，表1.5；

香港政府统计处，

URL：http：//www.censtatd.gov.hk/gb/?param=b5uniS&url=http：//www.censtatd.gov.hk/hkstat/sub/sp150_tc.jsp?tableID=001&ID=0&productType=8；

台湾交通部门，URL：http：//www.motc.gov.tw/ch/home.jsp?id=850&parentpath=0，1&unitid=11

36. 香港运输署，URL：http：//www.td.gov.hk/sc/road_safety/road_traffic_accident_statistics/2010/index.html，表1.5；

香港政府统计处，

URL：http：//www.censtatd.gov.hk/gb/?param=b5uniS&url=http：//www.censtatd.gov.hk/hkstat/sub/sp150_tc.jsp?tableID=001&ID=0&productType=8；

37. OAG Aviation & PlaneCrashInfo.com accident database，20 years of data（1993–2012）

URL：http：//www.planecrashinfo.com/cause.htm

38. 台湾寿险业个人伤害保险年度经验损失率研究报告2009；台湾交通部门网站

URL：http：//www.motc.gov.tw/ch/home.jsp?id=850&parentpath=0，1&unitid=11

39. 世界卫生组织网页"自杀预防"

URL：http：//www.who.int/mental_health/prevention/suicide/suicideprevent/zh/

40. 联合国毒品与犯罪办公室《全球谋杀研究报告2013》，

URL：http：//edition.cnn.com/2014/04/10/world/un–world–murder–rates/；http：//

www.unodc.org/gsh/

41. 维基百科网站Wikipedia，List of countries by intentional homicide rate词条；联合国毒品与犯罪办公室，全球谋杀研究报告2013

URL：http：//en.wikipedia.org/wiki/List_of_countries_by_intentional_homicide_rate；

http：//www.unodc.org/gsh/

42.《孟子·尽心上》

URL：http：//ctext.org/mengzi/jin-xin-i/zhs

43. 北京市人口和计划生育委员会网，"安全意识的培养"网页："防祸于先而不致于后伤情。知而慎行，君子不立于危墙之下，焉可等闲视之。"

URL：http：//zhengwu.beijing.gov.cn/zwzt/rkyjt/jtrkwh/znwh/t1291996.htm；http：//blog.sina.cn/dpool/blog/s/blog_59fc39360100twxr.html

44. 世界卫生组织《道路安全全球现状报告2013》

URL：http：//www.who.int/violence_injury_prevention/road_safety_status/2013/zh/

45. http：//sphotos-h.ak.fbcdn.net/hphotos-ak-xpf1/t31.0-8/616651_455056751205575_2030465389_o.jpg

46. 参见王羲之的《兰亭序》

第四章　罹患重疾的风险

47. 香港医院管理局网站，Summary of cancer statistics in Hong Kong in 2011

URL：http：//www3.ha.org.hk/cancereg/Summary%20of%20CanStat%202011.pdf

48. 纪思道，A Possibly Fatal Mistake，纽约时报网站2012年10月14日

URL：http：//www.nytimes.com/2012/10/14/opinion/sunday/kristof-a-possibly-fatal-mistake.html?pagewanted=all&module=Search&mabReward=relbias%3As%2C%5B%22RI%3A6%22%2C%22RI%3A16%22%5D&_r=0；

http：//www.nytimes.com/2012/10/16/opinion/paying-the-price-of-being-uninsured.html?pagewanted=print

49. 中国医师协会网站，"重大疾病保险知识问答"网页

URL：http：//2009.cmda.org.cn/zhinengbumen/huiyuanbu/tongzhigonggao/2008-12-06/2135.html

50. 中国保险行业协会，《重大疾病保险的疾病定义使用规范》

URL：http：//insurance.jrj.com.cn/2007/04/000000123594.shtml

51. Association of British Insurers（英国保险行业协会），ABI Statement of Best
Practise for Critical Illness 2011（《重大疾病保险最佳实践指引2011》）

URL：https：//www.abi.org.uk/News/News-releases/2011/02/ABI-publishes-
updated-best-practice-to-improve-customer-understanding-Critical-Illness-
Insurance

52. Life Insurance Association of Singapore （新加坡寿险行业协会）

URL：http：//www.lia.org.sg/

53. 通用再保险公司，《重大疾病调查报告2004-2008》

54. National Cancer Institute，Surveillance，Epidemiology，and End Results Program
（Turning Cancer Data Into Discovery），SEER Cancer Statistic Review 1975-2010，
table 2.13

URL：http：//seer.cancer.gov/archive/csr/1975_2010/browse_csr.php?sectionSEL=2&
pageSEL=sect_02_table.13.html

55. 中国卫生和计划生育委员会，《2013中国卫生统计年鉴》

URL：http：//www.nhfpc.gov.cn/zwgkzt/tjnj/list.shtml

台湾卫生福利部统计处，2011年度死因统计

URL：http：//www.mohw.gov.tw/cht/DOS/Statistic.aspx?f_list_no=312&fod_list_
no=5012

新加坡卫生部，Principal Causes of Death

URL：http：//www.moh.gov.sg/content/moh_web/home/statistics/Health_Facts_
Singapore/Principal_Causes_of_Death.html

香港健康宝库——香港公众健康资讯及统计资料

URL：http：//www.healthyhk.gov.hk/phisweb/plain/gb/healthy_facts/disease_burden/
major_causes_death/major_causes_death/

56. 世界卫生组织网站，"仅靠治疗全球无法赢取与癌症的抗争"网页

URL：http：//www.who.int/cancer/en/；http：//occp.cancer.gov/cancertopics/wyntk/
cancer；http：//www.who.int/cancer/zh/

57. 中国网，2008年4月29日文章，《30年竟上升465% 肺癌已成我国首位恶性肿瘤死因》

URL：http：//www.china.com.cn/news/2008-04/29/content_15031609.htm

58. British Journal of Cancer（《英国癌症期刊》），2004年8月3日文章，The cumulative risk of lung cancer among current，ex- and never-smokers in European men

URL：http：//www.ncbi.nlm.nih.gov/pmc/articles/PMC2409903/#app1

59. 世界卫生组织，新闻稿《每年有700万例过早死亡与空气污染有关》

URL：http：//www.who.int/mediacentre/news/releases/2014/air-pollution/zh/

60. 和讯网所刊载文章，《目前一些重大疾病的医疗费用是多少？》

URL：http：//insurance.money.hexun.com/tools/jkx_mqyxzd.aspx

61. National Cancer Institute（美国国家癌症研究所），Annualized Mean Net Costs of Care（年均癌症治疗费用）

URL：http：//costprojections.cancer.gov/annual.costs.html#f3

62. 乔布斯在2005年斯坦福大学毕业典礼上的演讲，Prepared text of the Commencement address delivered by Steve Jobs，CEO of Apple Computer and of Pixar Animation Studios，on June 12，2005.

URL：http：//news.stanford.edu/news/2005/june15/jobs-061505.html

63. American Cancer Society（美国癌症协会），Cancer Facts & Figures 2013

URL：http：//www.cancer.org/research/cancerfactsstatistics/cancerfactsfigures2013/

64. 世界卫生组织，新闻稿《仅靠治疗全球无法赢取与癌症的抗争》

URL：http：//www.who.int/mediacentre/news/releases/2014/cancer-report-20140203/zh/

65. 美国梅奥医院（Mayo Clinic）网站，梅奥员工文章Water：How much should you drink every day?

URL：http：//www.mayoclinic.org/healthy-living/nutrition-and-healthy-eating/in-depth/water/art-20044256

66. 世界卫生组织，新闻稿《关于身体活动有益健康的全球建议》

URL：http：//www.who.int/dietphysicalactivity/factsheet_recommendations/zh/

67. Marius Barnard，Critical illness insurance. Past，present and future，20 April 2004

URL：http：//www.actuaries.org.uk/research-and-resources/documents/critical-illness-insurance-past-present-and-future

68. 纪思道，A Possibly Fatal Mistake，纽约时报网站2012年10月14日

URL：http：//www.nytimes.com/2012/10/14/opinion/sunday/kristof-a-possibly-fatal-mistake.html?pagewanted=all&module=Search&mabReward=relbias%3As%2C%5B%22RI%3A6%22%2C%22RI%3A16%22%5D&_r=0；

第五章 大病小恙的风险

69. 中国卫生和计划生育委员会，《2013中国卫生统计年鉴》

URL：http：//www.nhfpc.gov.cn/htmlfiles/zwgkzt/ptjnj/year2013/index2013.html

70.《2013中国卫生统计年鉴》表5-3-2，2012年医疗卫生机构住院服务情况

71.《2013中国卫生统计年鉴》表5-5，2012年医疗卫生机构床位利用情况

72. Centers for Disease Control and Prevention（美国疾病控制和预防中心），Hospital Utilization网页

URL：http：//www.cdc.gov/nchs/fastats/hospital.htm

73. 毛云璋，《中国人看病为何难？》，纽约时报中文网2012年9月12日

URL：http：//cn.nytimes.com/health/20120912/cc12doctors/

74. Elisabeth Rosenthal，《追求医疗服务性价比，美国患者出国就医》（The Growing Popularity of Having Surgery Overseas），纽约时报中文网2013年8月8日

URL：http：//cn.nytimes.com/usa/20130808/c08procedures/

75. 詹涓，《最后的希望，去美国看病》，纽约时报中文网2014年1月20日

URL：http：//cn.tmagazine.com/health/20140120/tc20hospital/

76. 中国人大网，《我国基本医疗保险制度基本情况和主要问题》

URL：http：//www.npc.gov.cn/npc/zt/2008-12/23/content_1463573.htm

第六章 残疾失能的风险

77. ALS Association网站，Have You Heard about the "Ice Bucket Challenge？"网页

URL：http：//www.alsa.org/news/archive/ice-bucket-challenge.html

78. 新华网2014年8月21日报道《民政部新闻办官微："冰桶挑战"应避免娱乐化倾向》

URL：http：//news.xinhuanet.com/2014-08/21/c_1112179016.htm

79. ALS Association网站，Facts You Should Know网页

URL：http：//www.alsa.org/about-als/facts-you-should-know.html

80. 中国人力资源和社会保障部，《2013年全国社会保险情况》

URL：http：//www.mohrss.gov.cn/SYrlzyhshbzb/dongtaixinwen/shizhengyaowen/201406/t20140624_132597.htm

第七章 "老不死"的风险

81. 中国保监会网站，中国保监会人身保险监管部负责人就变额年金保险试点答记者问

URL：http：//www.circ.gov.cn/web/site0/tab5207/info164462.htm

82. 中国保监会网站，《中国保监会关于开展老年人住房反向抵押养老保险试点的指导意见》答记者问

URL：http：//www.circ.gov.cn/web/site0/tab5207/info3919036.htm

第八章 "久病床前无孝子"的风险

86. 乔磊，新浪网新闻专栏，《李克强总理的软实力：夫人程虹》

URL：http：//news.sina.com.cn/zl/zatan/blog/2014-05-05/09101351/1569548481/5d8d68c10102efmw.shtml

87. 台湾护理及健康照护司，《台湾长期照顾十年计划摘要本》

URL：http：//www.mohw.gov.tw/cht/DONAHC/DM1_P.aspx?f_list_no=581&fod_list_no=1403&doc_no=3412

88. P. Kemper，H.L. Komisar，and L. Alexcih，"Long Term Care over an Uncertain Future: What Can Current Retirees Expect?" Inquiry, Vol. 42, No. 4, 335-350, Winter 2006.

89. 新加坡政府"MoneySense"计划网站，长期护理保险（Long Term Care Insurance）网页

URL：http：//www.moneysense.gov.sg/understanding-financial-products/insurance/types-of-insurance/health-insurance/types-of-health-insurance/long-term-care-insurance.aspx

90. 张莹，《日本介护保险制度中老年长期护理分级标准研究》，世界全科医学工作瞭望

URL：http：//wenku.baidu.com/view/72240d03f78a6529647d53e2.html

91.《美国长期照护产业概况》

URL：http：//www.taiwanservices.com.tw/org2/1/download_doDownload2/zh_TW/1005205

92. P. Kemper，H.L. Komisar，and L. Alexcih，"Long Term Care over an Uncertain Future：What Can Current Retirees Expect？" Inquiry，Vol. 42，No. 4，335-350，Winter 2006.；p.343

93. Anne Tergese，《购买长期护理保险时应避开的常见陷阱》

URL：http：//cn.wsj.com/gb/20140522/lux115716.asp

94. 新加坡卫生部网站和AVIVA公司网站，介绍"ElderShield"计划相关网页

URL：https：//www.moh.gov.sg/content/moh_web/home/costs_and_financing/schemes_subsidies/ElderShield.html

http：//www.aviva.com.sg/life-and-health/for-individuals/disability.html

第四部分 《赚钱日新》导言

95.《礼记·大学》：生财有大道。生之者众，食之者寡，为之者疾，用之者舒，则财恒足矣。仁者以财发身，不仁者以身发财。未有上好仁而下不好义者也，未有好义其事不终者也，未有府库财非其财者也。

URL：http：//ctext.org/liji/da-xue/zhs

96.《增广贤文》：君子爱财，取之有道。贞妇爱色，纳之以礼。

URL：http：//ctext.org/wiki.pl?if=gb&chapter=223724&remap=gb

97.《礼记·大学》：汤之盘铭曰："苟日新，日日新，又日新。"《康诰》曰："作新民。"《诗》曰："周虽旧邦，其命惟新。"是故君子无所不用其极。

URL：http：//ctext.org/liji/da-xue/zhs

第九章　钱变毛了的风险

98. 世界银行数据网站

URL：http：//data.worldbank.org/

99. 中国统计局网站数据

URL：http：//data.stats.gov.cn/workspace/index?m=hgnd

100. 加里·斯蒂克斯（Gary Stix），《货币幻觉是如何产生的？》，《南方周末》

URL：http：//www.infzm.com/content/32151

101. 新加坡理财通识学院网站

URL：http：//finlit.sg/about−us−chinese/

第十章　打工失业的风险

102. 李克强在中国工会第十六次全国代表大会上的经济形势报告

URL：http：//www.china.org.cn/chinese/2013−11/13/content_30582185.htm

103. 财新网报道，《张车伟：公布调查失业率时机已到》

URL：http：//opinion.caixin.com/2014−07−31/100711512.html

104. 台湾统计资讯网

URL：http：//www.stat.gov.tw/ct.asp?xItem=17144&ctNode=517&mp=4

105. 盖勒普咨询公司Gallup，"Gallup Daily：U.S. Employment"网页

URL：http：//www.gallup.com/poll/125639/Gallup−Daily−Workforce.aspx

106. 世界银行网站

URL：http：//data.worldbank.org/

107. 中国人力资源和社会保障部，《2013年全国社会保险情况》

URL：http：//www.mohrss.gov.cn/SYrlzyhshbzb/dongtaixinwen/
shizhengyaowen/201406/t20140624_132597.htm

108. 盖勒普咨询公司Gallup，"State of the Global Workplace"网页

URL：http：//www.gallup.com/strategicconsulting/164735/state−global−workplace.aspx

109. 盖勒普咨询公司Gallup，*State of the Global Workplace：Employee Engagement Insights for Business Leaders Worldwide 2013*；*State of the American Workplace：Employee Engagement Insights for U.S. Business Leaders 2013 Report*

URL：http：//www.gallup.com/strategicconsulting/164735/state-global-workplace.aspx

http：//www.gallup.com/strategicconsulting/163007/state-american-workplace.aspx

第十一章　投资亏损的风险

111. Warrant Buffett，伯克希尔公司2001年董事长致股东信

URL：http：//www.berkshirehathaway.com/2001ar/2001letter.html

112. Warrant Buffett，伯克希尔公司2013年董事长致股东信

URL：http：//www.berkshirehathaway.com/letters/letters.html

113. Warrant Buffett，Buy American I Am，《纽约时报》，2008年10月16日

URL：http：//www.nytimes.com/2008/10/17/opinion/17buffett.html?_r=0

114. 晨星（MorningStar）公司网站，投资教育频道（Investing Classroom），建立你的投资政策声明书（Creating Your Investment Policy Statement）网页

URL：http：//news.morningstar.com/classroom2/course.asp?docId=4439&page=1

115. Warrant Buffett，伯克希尔公司2001年董事长致股东信

URL：http：//www.berkshirehathaway.com/2001ar/2001letter.html

116. Daniel Kahneman，Thinking，Fast and Slow，Penguin Books，pp.214，215

117. Source of Portfolio Performance：The Enduring Importance of Asset Allocation，Vangard，July 2003

URL：https：//advisors.vanguard.com/iwe/pdf/SourcesofPortPerf.pdf

118. Liz Moyer / Jason Zweig / Ryan Wallerson / Liam Pleven / Leslie Scism / Kirsten Grind / David Benoit，《名人最珍视的理财建议》，华尔街日报中文网，2014年1月8日

URL：http：//cn.wsj.com/gb/20140108/inv073641.asp

第十二章　创业失败的风险

119. 新华网转载中国经济网文章《通往百年老店的必由之路》

URL：http：//big5.xinhuanet.com/gate/big5/news.xinhuanet.com/fortune/2006-04/21/content_4457494.htm

120. 全球创业观察组织（Global Entrepreneurship Monitor），《全球创业观察香港及深圳研究报告2009》

URL：http：//www.gemconsortium.org/docs/search?doc_cat_id=4&team_id=0&q=Hong+Kong

121. Deborah Gage，The Venture Capital Secret：3 Out of 4 Start-Ups Fail，The Wall Street Journal

URL：http：//online.wsj.com/news/articles/SB10000872396390443720204578004980476429190

122. 全球创业观察组织，《全球创业观察香港及深圳研究报告2009》

URL：http：//www.gemconsortium.org/docs/download/712

123. 全球创业观察组织，《全球创业观察2013年报》和《全球创业观察香港及深圳研究报告2009》

URL：http：//www.gemconsortium.org/docs/3106/gem-2013-global-report

URL：http：//www.gemconsortium.org/docs/search?doc_cat_id=4&team_id=0&q=Hong+Kong

124. 国家工商总局企业注册局信息中心，《全国内资企业生存时间分析报告》；

台湾经济部中小企业处，《台湾2007年中小企业白皮书》；

美国劳动统计局网页：

URL：http：//www.bls.gov/bdm/entrepreneurship/bdm_chart3.htm

125. Daniel Kahneman，Thinking，Fast and Slow，Penguin Books，p.255

126.《孙子兵法》，《始计》

URL：http：//ctext.org/art-of-war/laying-plans/zhs

127. Daniel Kahneman，*Thinking*，*Fast and Slow*，Penguin Books，p.264

第五部分　《谈谈保障》导言

128. 学佛网，《佛理感悟：求不得苦》

URL：http：//big5.xuefo.net/nr/article1/11272.html

第十三章　保险、保障与自由

130. 韦氏词典网站，"Security"一词的解释

URL：http：//www.merriam-webster.com/dictionary/security

131. 韦氏词典网站，"Freedom"一词的解释

http：//www.merriam-webster.com/dictionary/freedom

132. 中国国务院，2014年8月，国发〔2014〕29号文，《国务院关于加快发展现代保险服务业的若干意见》

URL：http：//www.gov.cn/zhengce/content/2014-08/13/content_8977.htm

第十四章 应该如何看待风险与保障

133. 中国古典图案——飞奔的马和云纹构成的图案

URL：http：//sucai.redocn.com/shiliangtu/1469175.html

134. 《清华经管学院顾问委员会委员、阿里巴巴集团主席马云在清华经管学院2014毕业典礼上的演讲全文》

URL：http：//news.tsinghua.edu.cn/publish/news/4205/2014/20140702101245085916693/20140702101245085916693_.html

135. Daniel Kahneman，Thinking，Fast and Slow，Penguin Books，p.143

136. Daniel Kahneman，Thinking，Fast and Slow，Penguin Books，p.333

137. Daniel Kahneman，Thinking，Fast and Slow，Penguin Books，p.330

138. 《礼记·中庸》

URL：http：//ctext.org/liji/zhong-yong/zhs

139. 百度百科网站，"墨菲定理"网页

URL：http：//baike.baidu.com/subview/440060/9859388.htm?fromtitle=%E5%A2%A8%E8%8F%B2%E5%AE%9A%E5%BE%8B&fromid=746284&type=syn

第十五章 保险与保障的现状、未来和更好的解决方案

141. http：//ukintaiwan.blogspot.hk/2012/11/mind-gap.html；

http：//kinkidt.i-cweb.net/New/drawing_mtr_3.htm

142. 瑞士再保险公司，《医疗保障缺口：亚太区2012年》

URL：http：//media.swissre.com/documents/nr_20121128_health_protection_gap_china_ch.pdf

143. 中国人力资源和社会保障部，《2013年度人力资源和社会保障事业发展统计公报》

URL：http：//www.mohrss.gov.cn/SYrlzyhshbzb/dongtaixinwen/shizhengyaowen/201405/t20140528_131110.htm

144. 中国人力资源和社会保障部，《2013年全国社会保险情况》

URL：http：//www.mohrss.gov.cn/SYrlzyhshbzb/dongtaixinwen/shizhengyaowen/201406/t20140624_132597.htm

145. 中国中央政府门户网站，《2013年第二季度人力资源和社会保障工作进展情况》

URL：http：//www.gov.cn/xwfb/2013-07/25/content_2455215.htm

146. 詹火生，《一甲子以来台湾社会福利政策的演变：从理念政策到制度实践》

URL：www.cares.org.tw/files/4200/80/主题演讲——詹火生.pdf

147. 孙敏，《当代世界与社会主义》2011年第4期，《台湾的社会福利制度及其经验与启示》

URL：http：//www.qstheory.cn/sh/shbz/201109/t20110927_113114.htm

148. 台湾财团法人保险事业发展中心，"财务业务重要指标"网页

URL：http：//www.tii.org.tw/fcontent/information/information03_01.asp?offset=1&P2b_sn=23

149. 台湾"风险管理与保险教育推广入口网"，

URL：http：//erm.ib.gov.tw/bin/home.php

150. 香港群策学社，《香港社会保障制度的优劣》

URL：http：//www.hkstrategy.com/

151. 新加坡万事通网站，《全面解读新加坡公积金系统》

URL：http：//hoteventlist.com/chat/quanmianjiedu-1218651

152. 新加坡中央公积金局，"家属保障计划"介绍网页

URL：http：//mycpf.cpf.gov.sg/Members/home.htm

153. 新加坡中央公积金局，"健保双全"小册子

URL：http：//mycpf.cpf.gov.sg/NR/rdonlyres/471457A9-863F-422C-A972-

AD2548CF1A45/0/Enhancement_Pamphlet_CHINESE.pdf

154. Great Eastern公司网站，"乐龄健保，增强您的黄金岁月的保障"网页

URL：http：//www.lifeisgreat.com.sg/eshield/jsp/cn/abt_eldershield.jsp

155. 部分保险公司年报

URL：

德国安联保险2007年年报：https：//www.allianz.com/v_1339500346000/media/
investor_relations/en/results_reports/annual_report/archive/2007_az_group_e.pdf

法国安盛保险2008年年报：http：//www.axa.com/lib/en/library/anr/group/5434.aspx

美国大都会2011年年报：http：//phx.corporate-ir.net/External.File?item=UGFyZW5
0SUQ9NDU5OTY2fENoaWxkSUQ9NDg3ODQ3fFR5cGU9MQ==&t=1

中国人寿2011年年报：http：//www.e-chinalife.com/IRchannel/files/report_annual_
report_2011_GB.pdf

新华人寿2011年年报：http：//www.iachina.cn/IC/xinxipilu/rsx/16/新华人寿保险股
份有限公司2011年年度报告.pdf

156. Swiss Re，Sigma，《2012年度世界保险业：复苏之路漫长而曲折》

URL：http：//www.swissre.com/sigma/?year=2013

157. Marius Barnard，Critical illness insurance：Past，present and future（《重大疾
病保险的过去、现在和未来》）

URL：http：//www.actuaries.org.uk/research-and-resources/documents/critical-
illness-insurance-past-present-and-future

158. Walter Kiechel III，The Lords of Strategy：The Secret Intellectual History of the
New Corporate World，Harvard Business Press

159. 杨小凯，2002年关于"后发劣势"的发言

URL：http：//view.news.qq.com/a/20080222/000022.htm

160. Bureau of Labor Statistics，Occupational Outlook Handbook-Actuaries

URL：http：//www.bls.gov/ooh/math/actuaries.htm

161. 中国精算师协会，《取得中国精算师（准精算师）资格证书人员名单》

URL：http：//www.e-caa.org.cn/affiche/afficheAction.do?method=viewAfficheContent
&affiacheId=153

162. 中国保监会关于普通型人身保险费率政策改革有关事项的通知

URL：http：//www.circ.gov.cn/web/site0/tab5245/info2350865.htm

163.《论语》《学而》：有子曰："其为人也孝悌，而好犯上者，鲜矣；不好犯上，而好作乱者，未之有也。君子务本，本立而道生。孝悌也者，其为仁之本与！"

URL：http://ctext.org/analects/xue-er/zhs